오바마처럼 말하라

목표와 비전이 담긴 연설의 힘

GCO

The McGraw-Hill Companies

Say It Like Obama: The Power of Speaking with Purpose and Vision

1 2 3 4 5 6 7 8 9 10 Gco 09 08

Original: Say It Like Obama: The Power of Speaking with Purpose and Vision
By Shel Leanne, Shelly Leanne
ISBN 978.0.07.161589.1

This book is exclusively distributed in Gco Science Publishing Co.
When ordering this title, please use ISBN 978-89-93601-03-9
Printed in Korea

오바마처럼 말하라

목표와 비전이 담긴 연설의 힘

SHEL LEANNE 지음 | 조원숙 옮김 | 김환영 감수

GCO

옮긴이 조원숙
부산대학교 영문학과를 졸업, 한국외국어대학교 통번역 연구소를 거쳐 현재 이화여자대학교 통역번역 대학원에서 강의, 말레이시아 사업 투자안내 및 미국 건축사협회정관 등 정부간행물 등을 국문으로 번역. 국내의 대법원 홈페이지 및 가족용 애니메이션 〈바리〉, 〈하얀 물개〉 등의 대본과 SBS 브로슈어와 아시아나 항공 기내지 등 정부기관과 국내 기업의 안내서와 애니메이션 및 전문기관의 홍보물 등을 영문으로 번역하였다.

감수 김환영
한양대학교 교육학 박사. 동 대학교 대학원과 가톨릭대학교에서 심리학과 인력 개발, 조직 개발, 코칭 등을 강의하였고, 경영 교육컨설팅을 수행, 코칭과 멘토링, 리더십 및 변화관리 관련 전문 강사로 활동하고 있으며, 에니어그램, NLP, EFT, MBSR 등의 기법들을 체계적으로 연구하여 의식 개발과 에너지 테라피를 적용하고 있다. 교육 및 경영 컨설팅 전문 업체인 메타 대표와 한국에니어그램 협회 회장직을 수행하고 있으며, 국제 비즈니스코치협회 공인코치, 에니어그램 트레이너, NLP 트레이너, EFT 코치 등을 역임하고 있다. 역서에는 〈코칭의 핵심〉, 〈리더십 성격이 결정한다〉, 〈나를 찾는 에니어그램 상대를 아는 에니어그램〉 외 다수가 있다.

오바마처럼 말하라
Say it Like OBAMA

발 행 일 2009년 1월 23일 초판 2쇄
지 은 이 Shel Leanne
옮 긴 이 조원숙
감 수 김환영
발 행 인 박성율
발 행 처 지코사이언스
Design OPS design
편 집 이윤아
교정·교열 호혜정

출판등록 제2-4387호
주 소 서울시 마포구 서교동 449-43 국일빌딩 401호
전 화 대표전화 02-2279-9771
도서주문 02-2279-9771
팩스주문 02-2279-9772

ISBN 978-89-93601-03-9 03300

값 12,000원

서문

"오바마는 연설의 대가이다.
연설의 기법을 완전히 마스터한 사람이다."

이 말은 버락 오바마의 연설 역량을 잘 설명해준다. 오바마는 2004년 민주당 전당 대회에서의 기조연설로 전 미국을 전율의 도가니로 몰아 넣었다. 2,300 단어가 채 안 되는 이 20분짜리 연설은 미국인의 상상력을 사로잡았으며, 세계 여러 곳으로부터 찬사를 받았다. 오바마는 자신의 주장을 잘 전달했으며, 수사법과 연설의 내용을 잘 조화시켰고, 강한 메시지 전달에 초점을 맞추었으며, 탁월한 전달력을 발휘했다. 그의 주장과 비전은 많은 사람에게 공감을 일으켰고 언론은 즉시 오바마를 "떠오르는 별"이라고 부르기 시작했다. 그리고 이 탁월한 기조연설을 바탕으로 정치인으로서 탄탄대로를 걷기 시작했고 하루 아침에 전국적으로 유명한 정치인이 되었다. 계속해서 오바마는 미국 역사상 가장 다양한 정치적 운동이라고 할만한 활동을 펼치게 되었고 200여 년 미국 역사의 장벽을 허물고 2008년 민주당 대통령 후보로 선출되었다. 오바마가 이렇게 정치적으로 상승하는데 있어 탁월한 연설 역량은 가장 큰 도움을 주었다.

「오바마처럼 말하라」는 버락 오바마의 연설 기법에 초점을 맞춤과 동시에 그를 최근 들어 미국에서 가장 탁월한 연설가의 지위로 올려 놓은 여러 가지 방법과 테크닉에 초점을 맞춘다. 오바마의 정치적 성공은 이 사실을 다시 한 번 잘 입증해준다. 즉 모든 분야의 지도자들은 탁월한 연설 기법을 개발하여 이익을 얻을 수 있다. 왜냐하면 비전을 제시하고, 자신감을 불어넣고, 설득하고, 동기를 유발하는 것이 효과적 리더십의 핵심이기 때문이다.

오바마의 연설 스타일을 이야기할 때 쓰이는 표현, 이를 테면 카리스마가 넘친다, 자석처럼 끌어당긴다, 에너지를 불어 넣는다 등의 표현은 연설가로서의 그의 역량을 잘 드러내준다. 그의 연설 앞에 붙는 수식어 역시 마찬가지이다. 유창하다, 영감을 불러일으킨다, 압도한다 등이 그것이다. 오바마의 연설이 워낙 탁월하기 때문에 그를 우리 시대의 위대한 연설가로, 마틴 루터 킹, 존 F. 케네디, 로버트 케네디, 빌 클린턴, 로널드 레이건 등과 비교하는 사람도 많다. 더 나아가서 전 세계적으로 오바마의 재능과 비전은 찬사를 모았다. 2008년 6월에 〈더 타임즈〉는 "마틴 루터 킹과 존 F. 케네디를 섞어 놓은 듯한" 오바마에게 유럽인들이 매력을 느낀다고 보도했고 "민주당 경선에서 오바마가 승리하자 행복감이 대서양을 건너 유럽으로 건너왔다…"고 덧붙였다.[i] 2008년 7월 독일 베를린에서의 연설은 단번에 200,000명의 청중을 끌어모은 것만으로도 오바마의 인기를 알 수 있다.

버락 오바마는 어떻게 이렇게 할 수 있었을까? 어떤 연설 기법을 썼기에 다른 후보 같으면 이겨내지 못했을 난관(인종, 성장 배경, "희한한 이름" 등)을 뚫고 무명 정치인에서 민주당에서 가장 중요한 인사 중 하나로 떠올랐을까? 다양한 사회 구성원을 한데 끌어 모으고 인종의 벽을 '초월시키고' 이른바 Y 세대 유권자들의 마음을 사로잡아 투표에 참여하도록 했을까? 어떻게 해서 오바마는 그 많은 장벽을 다 허물었을까? 청중과 얼마나 교감을 잘 했기에 사람들이 그의 비전을 가슴과 머리로 받아들이면서 행동에 옮기고 싶은 충동을 느꼈을까? 기업가, 정치가, 법률가, 비영리 단체 및 학계에 종사하는 모든 분야의 지도자들이 그로부터 배울 수 있는 것은 무엇일까?

오바마의 정치에 대해 어떤 생각을 하든, 2004년 민주당 전당대회 이래 오바마가 이루어낸 것들은 가히 눈부시다. 기조연설로부터 4년 밖에 안되는 짧은 시간동안 상원 서열의 밑바닥에 있던 새내기 의원 오바마는 '힐러리 클린턴계'를 압도하고, 불가능해 보이던 민주당 대통령 후보에 올랐다. 민주당 후보가 되는데 필요한 최소 대의원 표 수인 2,118표를 넘어서서 양대 정당이 내놓은 후보 중 최초의 흑인 대통령 후보 선출을 확정 지으며 오바마는 미국 역사에서 의미심장한 발자취를 남기기 시작했다. 이는 그야말로 역사적인 승리였고 미국 역사의 분수령을 이루는 일로, 많은 미국인들이 "내 생전에 이런 일은 일어나지 않을 거야"라고 생각한 일이기도 하다. 또한 오바마는 2008년 8월 28일에 민주당 대통령 후보 지명을 수락하였고, 이 날은 마틴 루터 킹 목사가 링컨 기념관에 서서 했던 유명한 "나에게는 꿈이 있습니다"라는 연설을 한 지 불과 45년째 되는 날이다. 이제는 고인이 된 정치 평론가 팀 루서트는 2008년 6월 3일에 다음과 같은 말로 이를 간단히 표현했다. "지금 벌어지고 있는 일에 대해 잠깐 동안만 생각해보자! 이 46세 된 젊은 흑인이 이제 민주당 대통령 후보로 지명되었다. 미국과 인종을 둘러싼 여러 가지 문제들이라는 배경에 놓고 생각해보라. 숨이 막힐 지경이다."

오바마가 이렇게 대성공을 거둔 데는 탁월한 연설 역량도 한몫했다. 예를 들어 오바마가 연설을 하는 행사에는 청중이 75,000명이나 모인 적도 있는데 이러한 엄청난 인기의 배경에는 탁월한 연설 역량이 있다는 뜻이다.[ii] 지지층을 유례없는 방법으로 확장하는 오바마의 모습을 본 전문가들은 그의 선거 운동이 단순한 득표 운동의 차원을 넘어 일종의 "사회 운동"이 되었다고 생각했다. 오바마에 대한 기부자는 거의 2백만 명 정도인데, 미국 대통령 선거 운동 역사상 가장 많은 숫자인 것으로 생각된다. 오바마의 영향력과 추진력을 본 민주당 중진들, 이를테면 빌 리차드슨, 에드워드 케네디, 존 케리, 존 에드워즈 같은 사람들은 오바마에게 감동하여 힐러리 클린턴이 아닌 오바마를 대통령 후보로 지지하게 되었다. 치솟는 인기로 인해 오바마와 관련한 신조어가 생겨나기도 했다. 오바마마마, 오바마칸, 오바마사이즈, 오바마노믹스, 오바마멘텀, 오바마마니아 등.

오바마가 이렇게 성공을 거둔 데는 정당, 경제, 성별, 종교, 지역, 인종 등 전통적인 경계의 벽을 뛰어 넘는 희망의 메시지 덕분이라고 믿는 사람들이 많다. 사실 그의 연설 주제는 많은 사람들에게 어필한다. 다음 주제들을 생각해보자. 여러분에게 이로운 변화, 미국을 위한 새로운 미래의 구축, 더욱 완벽한 단합, 아메리카의 약속 지키기, 아메리칸 드림 되살리기, 지금 이 순간이 우리의 순간, 변화를 믿어도 된다, 새로운 시작, 미국의 번영을 위한 우리 모두의 노력, 신성한 신뢰, 정직한 정부, 희망에 찬 미래, 미국의 제 모습 찾기 등.

힘이 넘치는 오바마의 메시지에 대해 빌 리처드슨 지사는 오바마의 출마를 가리켜 "미국을 위해 평생에 한 번 있을 기회"라고 부르며 오바마를 "평생에 한 번 나올까 말까 한 지도자"라고 불렀다. 2008년 1월 27일자 〈뉴욕 타임즈〉 기사에서 캐럴라인 케네디도 "내 아버지 같은 대통령"이라는 제목의 기사에서 리처드슨의 의견에 공감을 표했다.

이제까지 많은 사람들이 내 아버지의 대통령 시절처럼 미국인들이 용기와 희망을 얻을 수 있었으면 좋겠다는 이야기를 했고, 그것은 매우 감동적이었다… 내 평생 동안 사람들은 내 아버지가 그들의 삶을 바꾸어 놓았다거나, 아버지가 그렇게 해달라고 했기 때문에 공직에 종사하거나 정치에 입문했다는 사람들도 만났다. 아버지가 용기를 불어넣어 준 세대의 사람들은 이를 자기 자식들에게 물려 주었다. 존 F. 케네디가 대통령이었던 시절보다 훨씬 나중에 태어난 젊은 사람들도 내게 어떻게 하면 당신 아버지의 이상을 실현할 수 있느냐고 묻곤 했다. 나 스스로를 믿게 만들고, 그 믿음을 최고의 이상과 연결하여 모두 함께 위대한 일을 성취할 수 있다고 믿게 만드는 능력을 누군가가 갖고 있다는 사실을 깨닫기까지 시간이 좀 걸리기도 한다. 그런 사람이 등장하는 희귀한 순간이 오면, 우리는 우리의 계획을 일단 접고 우리가 가능하다고 생각하는 것들을 향해 함께 팔을 뻗어야 한다.

오바마 상원의원이 우리에게 그런 기회를 가져다 주었다.

중산층과 빈곤층을 대변하려는 사람은 오바마 말고도 있었다. 독특한 이력의 소유자도 많았다. 단합, 선의, 희망을 외친 지도자들도 있었다. 그런데 왜 유독 오바마만이 사람들을 압도할까? 왜 그의 메시지만 그렇게 강력한 여운을 남길까? 메시지 이상의 그 무엇이 있기 때문이다. 즉 메시지를 전달하는 방법이 다르다는 뜻이다. 이런 점은 심지어 공화당 측에서도 인정하고 있다. 루이지애나의 공화당 주지사인 보비 진달은 2008년 8월 10일에 이런 말을 했다. "오바마 상원의원은 이번 세대에 내가 본 사람 중 가장 뛰어난 연설가에 속한다. 이 정도의 역량을 갖춘 사람을 찾으려면 로널드 레이건 대통령까지 거슬러 올라가야 한다." 진달은 탁월한 연설을 통해 오바마가 많은 사람들에게 용기를 불어넣고 마음을 움직였다고 평한다.[iii]

연설가로서의 오바마의 장점은 많다. 울림이 풍부한 바리톤 음성을 타고난 것도 자산이다. 여기에 더하여 오바마는 자신의 목소리를 마치 정밀 음향 기기 조정하듯 다루는 능력이 있다. 오바마는 연설의 내용에 따라 사색에 잠긴, 분노한, 낙관과 결의에 넘치는 톤으로 목소리의 빛깔을 자유자재로 바꿀 수 있음을 보여주었다. 또한 오바마는 말을 빨리 하거나, 속도를 늦추거나, 음량을 높이거나, 필요하다고 생각되면 목소리를 끄는 등 다양한 기술을 구사한다. 그리고 오바마는 언제 잠시 침묵해야 하는지(침묵의 길이도 정확히 맞춘다), 논점을 선명히 하기 위해 인터벌의 길이는 어떻게 해야 하는지도 정확히 꿰뚫고 있다. 오바마의 또 다른 역량으로는 효과 만점인 보디랭귀지로 역동적인 이미지를 그려 사람들의 마음을 움직이는 것이다. 보디랭귀지는 가끔 손가락 하나로 이루어지기도 한다. 그리고 그는 다양한 수사법 중 무엇을 언제 써야 할 지를 잘 알고 있으며, 반복, 후진 반복 재생, 상징 등의 기법을 활용하여 연설을 더욱 영향력 있는 것으로 만든다.

오바마는 비전을 제시하거나 목표를 설정하는 것만으로는 부족하다는 사실도 알고 있다. 연설을 성공으로 이끌려면 고도로 설득력 있는 방법으로 이러한 비전과 목표를 전달하는 능력이 있어야 한다. 연설가로서 오바마의 역량을 설명하려면 연설의 내용과 전달 스타일을 분리해서 생각할 수 없다. 「오바마처럼 말하라」는 오바마를 성공으로 이끄는 바탕이 된 탁월한 연설 기법으로부터 배울 수 있는 바를 모색한다. 이 책은 연설역량을 키우고자 하는 기업계, 정계, 법률계, 비영리 조직 및 학계의 많은 지도자에게 길잡이 역할을 할 것이다.

제1장은 버락 오바마의 2004년 민주당 전당 대회 연설문 전문을 게재하여 주석을 달고 있다. 사실 모든 것이 이 연설에서 시작되었다. 이 연설문을 검토해보면 오바마가 그토록 남다른 연설 역량을 발휘하게 해주는 핵심 기법들을 찾아볼 수 있다. 그 이후

의 각 장들은 다양한 오바마의 연설문을 재료로 하여 그의 기법을 좀 더 깊이 연구함과 동시에 지도자들이 배울 수 있는 교훈을 찾아본다.

제2장 "신뢰와 믿음 얻기"는 오바마가 그렇게 많은 사람을 그렇게 짧은 기간에 감동시키고 카리스마를 발휘하여 자신에게 회의적이었던 사람들의 마음까지 사로잡은 기법들을 고찰한다. 오바마가 거둔 성공을 보면 강한 첫인상을 주는 것이 얼마나 중요한지, 그리고 좋은 두 번째 인상을 활용하여 어떻게 신뢰와 믿음을 얻을지를 알 수 있다. 여기서는 또한 오바마가 언어 이외의 요소와 단어 밑에 숨겨진 의미를 적절히 결합하여 놀라운 효과를 내는 모습도 관찰할 것이다.

제3장 "장벽 허물기"는 연설을 이용하여 배경이 저마다 다른 집단들을 하나로 뭉치는 오바마의 탁월한 능력을 들여다본다. 자신의 특이한 배경에 대한 솔직한 시인과 이러한 배경을 "전형적으로 미국적"인 것으로 투사하는 능력을 결합하여 공감대를 이끌어내는 능력은 그의 소중한 자산이다. 이에 더하여 감동을 주는 단어를 써서 오바마는 사람들을 떼어 놓기보다는 한데 모으는 능력을 발휘한다.

제4장 "청중의 마음 얻기"에서는 버락 오바마가 청중의 마음을 사로잡고 "마음을 뒤흔드는 연설이었다", "우리를 이해하는구나"와 같은 반응을 이끌어낼 수 있게 했던 스피치 테크닉들을 검토하고 있다. 그는 단순히 연설문을 외워 전달하는 것이 아니라 청중과 교감하는 탁월한 능력을 갖고 있다. 이러한 그의 능력의

관건은 청중을 철저하게 파악하고 그들이 가장 관심을 갖는 문제에 관해 말하는 것이었다. 우리는 그가 청중의 최우선 관심사안들에 어떻게 대응하여 청중과 감정을 교환하고 메시지에 개인적 친밀감을 불어넣는 데 성공했는지를 살펴볼 것이다. 듣고 있노라면 연단과 연설대가 사라지고 마치 저녁 식탁에서 그와 일대일로 대화하는 듯한 느낌을 불러일으키는 그의 비결은 무엇일까? 이 장에서 답을 얻게 될 것이다.

제5장 "비전 전달하기"는 버락 오바마가 효과적으로 청중에게 자신의 비전을 전달하기 위해 사용한 테크닉들을 고찰하고 있다. 이를 위해 서술적인 힘이 있는 단어들과 부수적 의미가 풍부한 다면적인 단어들을 사용하는 그의 기술에서 배울 수 있는 점들을 분석하고 있다. 관념적이고, 주제와 감정을 의인화하고, 이미지의 후진 반복재생 기법을 사용하며, 효과적으로 일화를 이야기하는 그의 능력과 전하고자 하는 메시지를 압축하고 구체화시켜 연설 후에도 오래 기억되도록 하는 그의 테크닉은 그를 다른 연설가들과 차별화시키는 요소라 할 수 있다.

제6장 "메시지 각인시키기"는 오바마가 중심 주제를 정할 때 덜 중요한 것은 걸러내고 다듬어, 청중의 마음 속에 인상적으로 부각시키는 테크닉을 심도 있게 분석하고 있다. 제한된 연설 시간에도 불구하고 오바마는 불과 20분 내에 매우 다양한 수사적 장치들을 절묘하게 구사하여 강력한 메시지를 전달하는 효과적인 연설가이다. 그가 사용한 수사적 장치들은 머릿구와 끝구 반복의 결합(conduplicatio), 머릿구 반복(anaphora), 끝구 반복(epistrophe), 중간

반복(mesodiplosis), 두운법(alliteration), 3행구(tricolon) 등인데, 화려한 이름답게 놀라운 정서적 효과를 발휘한다. 이 장에서는 오바마가 핵심 주제를 갈고닦는 데 사용한 테크닉과 오래 기억되는 인상적인 주제와 많은 사람들이 쉽게 암송할 수 있는 슬로건을 효과적으로 전달하는 테크닉들을 분석하여 정리해 놓았다.

제7장 "설득하기"는 사람들을 자신과 같은 생각을 하도록 이끄는 오바마의 테크닉에 대해 공부한다. 단순한 정보 전달의 차원을 넘어 사람들의 의견에 영향을 주고 행동을 촉구하려 할 때 오바마는 탄탄한 논리, 개념의 정렬, 스스로 제기한 질문에 스스로 대답하기 등에 특히 관심을 기울인다. 또 한 가지 특이할 만한 사실은 병치와 반명제 구조가 설득 스타일의 트레이드마크라는 사실이다. 생각을 비교하고 대비시키는데도 오바마는 탁월하다. 이러한 기법들이 어우러져 오바마는 설득된 청중으로부터 끄덕임 등을 비롯한 "예스"의 반응을 이끌어낸다.

제8장 "논란 뛰어넘기"에서는 탁월한 연설 역량으로 버락 오바마가 어떻게 구설수라고 할 논란을 뛰어넘어 불을 끄고 피해를 최소화하는가를 살펴본다. 실언에 대처하거나 제러마이어 라이트 목사의 문제성 발언에 대한 진화 작업을 하는 과정에서 오바마가 어떻게 연설 역량을 발휘하여 논란을 극복하는가를 보게 될 것이다. 오바마의 진실함, 그리고 잘못을 정면으로 시인하고 책임을 인정하는 한편 자신의 입장을 공고히 견지하는 모습으로부터 많은 것을 배울 수 있다.

제9장 "동기 부여와 강렬한 마지막 인상 남기기"에서는 오바

마가 사람들의 동기를 유발하여 행동으로 이끌어가는 기법을 검토한다. 또한 그가 긴박감을 이끌어내면서도 한편으로는 마치 일대일로 대화하는 것 같은 친근한 느낌을 불러 일으키는 스타일을 병행할 때 쓰는 도구도 검토한다. 버락 오바마가 어떻게 연설을 정점으로 끌고가 기억에 남을 만한 문구를 써서 "강력한 마무리"를 하는가도 탐구한다.

10장 "역사가 된 연설" 에서는 전 미국과 전세계를 흥분시킨 2008년 4월 28일 오바마의 민주당 대통령후보 지명 수락연설을 수록하였고 앞의 여러 장에서 분석해 본 오바마의 연설의 테크닉을 기억하며 되짚어 본다.

오바마를 우리 시대의 가장 탁월한 연설가중 하나로 만들어준 예술과도 같이 조화로운 여러 기법으로부터 많은 교훈을 얻기를 바란다.

옮긴이의 말

훈민정음 서문에 "마침내 제 뜻을 실어 펴지…"라는 표현이 있다. 여기서 "펴다"가 "글로 표현함"이라는 의미임은 말할 필요도 없지만, 글이든 말이든 가슴 속의 뜻을 펼쳐 보이고 싶은 것은 인간의 기본적인 욕구이다. 이렇게 해서 작게는 한 두 사람, 크게는 수백 명에서 수백만 명에 이르는 사람들의 마음을 움직여 내 '뜻'이 실현되도록 하는 것, 반대로 다른 사람의 뜻을 받아들여 그대로 움직여 주는 것이다. 사실 이 일은 일상의 한 부분이라고 봐도 된다. 이렇듯 사람은 서로 뜻을 교류하며 살아가며, 이를 "소통"이라고 한다. 말할 것도 없이 소통이 잘 되는 사람들끼리는 사이가 좋고, 그렇지 않으면 그 반대이다. 그렇다면 더 많은 사람들이 더 잘 소통하는 사회는 전체적으로 건강하고 행복한 사회일 것이다.

소통을 잘 하려면 무엇이 필요할까? 어떤 사람은 능란한 화술을 꼽을 것이고 어떤 사람은 좌중을 압도하는 카리스마가 중요하다고 할 것이다. 다 옳은 얘기다. 그러나 소통에서 가장 중요한 것은 "진심"이며, 이를 떠받치는 열정, 결의, 신명, 심지어 한(恨)일 수도 있는 추진력이다. 소설가 이청준의 〈서편제〉(영화감독 임권택의 서편제가 더 많은 독자들에게 친숙하게 느껴질 지도 모르겠다)에 보면 "가슴에 한(恨) 덩어리가 있어야 소리가 제대로 나오는 법"이라는 대목이 있는데, 이는 한처럼 절절한 진실도 없을 것이기 때문이다.

그러면 이것으로 충분할까? 유감스럽게도 그렇지가 못하다. 열정과 결의가 서 말의 구슬이라면, 이 구슬을 꿰어 보배로 만들 수 있는 끈과 기술이 있어야 한다. 사실 한국인은 신명이 넘치는 사람들로, "구슬 보유량"에 관한 한 세계적이라 할 수 있다. 심지어 우리가 자주 자성(自省)하는 음주문화의 문제도 넘치는 신명을 주체하지 못하기 때문인 측면이 아닌가 싶다.

이런 신명이 개인 차원이나 소집단 모임에서는 소통의 원동력으로 잘 활용된다. "붉은 악마"처럼 모든 구성원의 목표가 뚜렷하고 동일한 거대 집단일 때에는 엄청난 폭발력으로 표출된다. 그런데 왜 많은 한국인들은 좀 복잡한 내용을 대중 앞에서 스피치의 형태로 전달하라고 하면 '작아지는' 것일까? 왜 속주머니에서 주섬주섬 꺼낸 원고를 더듬더듬, 아니면 긴장해서 초고속으로 읽어 내리고는 연단에서 내려올까? 그 이유로는 대중 앞에서 자신을 거침없이 드러내는 행동을 "점잖지 못하다"고 보는 전통, 그리고 발표력과 표현력을 길러주기 보다는 암기를 위주로 하는 교육 등을 들 수 있겠다.

〈오바마처럼 말하라〉는 이러한 문제를 해결할 실마리를 제공한다. 이 책에서 저자는 스피치의 전통적인 기법, 세계적으로 공통적으로 쓰이고 있는 수사법과 표현들을 오바마가 여러 스피치에서 어떻게 활용했는가를 치밀하게 분석해서 보여준다. 오바마는 새로운 기법을 창출한 것이 아니라 이미 존재하는 것, 언어를 구사하는 사람이면 누구나 알고 있거나 금방 이해할 수 있는 방법을 각 상황에 적합하도록 절묘하게 활용하는 데서 탁월한 능력을 드러낸다. (사실 이 〈옮긴이의 말〉에서도 역자는 "자문자답"이라는 기법과 "주섬주섬", "더듬더듬" 등의 단어가 주는 소리의 효과를 활용했다.) 이에 더하여 제스처, 연단을 둘러싼 소도구 등으로 시너지를 극대화하는 역량도 뛰어나다. 물론 언어와 문화가 다르기는 하지만, 세계 어느 언어권, 어느 문화권에서도 그의 기법들은 거의 대부분 활용이 가능하리라고 옮긴이는 확신한다.

이에 더하여 그의 연설문들을 읽어보면 넘치는 오바마의 열정이 마음에 와 닿는다. 미국 사회의 온갖 왜곡, 부조리, 불평등, 속임수 정치에 종지부를 찍겠다는 결의, 소외된 사람들의 한을 어루만지는 따스함 등이 묻어나는 그의 연설문은 감동을 준다. 그의 연설장에 7만 명, 20만 명의 청중이 모인 것은 결코 우연이 아니었다.

오바마 못지 않은, 그 보다 더 뛰어난 '구슬'을 가진 많은 한국인들이 이 책을 길잡이 삼아, 소중한 보배삼아 시대의 주인이 되기를 바라는 마음 간절하다.

끝으로 이 책의 번역 전 과정에서 감수와 배려를 아끼지 않으신 이화여자대학교 통역번역대학원 이창희 교수님께 감사할 따름이고, 여러모로 부족한 저에게 귀한 책의 번역을 맡겨주신 지코사이언스에 깊이 감사드린다.

2008년 12월

옮긴이 조 원 숙

서평

험난한 시대를 헤쳐나갈 도구: 신간 〈SAY IT LIKE OBAMA〉는 CEO, 경영진을 비롯한 모든 계층의 지도자들을 위한 동기부여 자기계발서로 큰 인기를 끌 것이다.

● Directors & Boards Publisher(Jim Kristie)

이 책은 비상한 통찰로 가득한 책이다. 영감을 불어넣는 연설을 하려는 이라면 이 책을 적극 추천한다.

● Seattle Post Intelligencer blog

이 책의 목적은 독자들에게 스피치 능력을 향상시키기 위해 누구나 사용할 수 있는 모범적인 화법을 알리는 데 있다.

● Chicago Sun-Times Book Reviewer(Teresa Budasi)

추천사

오바마는 정치신인이자 흑인으로서 미국 대통령이 되어 금세기 최고의 지도자로 칭송되고 있으며, 그의 성공의 최고비결은 연설 능력이다.

오바마는 현실을 정확히 진단하고 구체적이고, 간결하게 표현하며, 정직과 진실로써 소통하고, 마침내 청중에게 영감을 불어 넣는 탁월한 연설가이다.
오바마의 적절한 제스처와 정확한 단어 사용 및 명확한 발음과 음성 등은 최고의 소통가가 지녀야 할 모든 요건들을 갖춘 것으로 정평이 나있다.
이 책은 이 모든 것을 상세하고 이해하기 쉽게 풀이하고 있으며, 넘기는 본문 첫장부터 가슴을 울리게 하고 있다.

양승함

(2007년 한국정치학회 회장/전 연세대학교 리더십센터소장

현 연세대 사회과학대학장/행정대학원장)

오바마처럼 말하라 차례

오바마처럼 말하라

Say It Like OBAMA

모든 것의 시발점이 된 연설

제1장은 버락 오바마의 2004년 민주당 전당 대회 연설문 전문을 게재하여 주석을 달고 있다. 사실 모든 것이 이 연설에서 시작되었다. 이 연설문을 검토해보면 오바마가 그토록 남다른 연설 역량을 발휘하게 해주는 핵심 기법들을 찾아볼 수 있다.

01

2004년 민주당 전당대회가 열린 밤, 단상에 오른 버락 오바마는 한 번의 기조연설로 전 미국을 전율시켰다. 감동적인 명연설로 널리 찬사를 받은 그의 연설은 목적과 비전을 갖고 능숙한 언변을 구사하는 오바마의 뛰어난 연설 역량을 잘 보여준다. 오바마의 연설을 통해 우리는 스피치의 요지와 스타일을 적절히 조화시켜 스피치의 효과를 높이는 법을 배울 수 있다.

제1장에는 오바마의 2004년 기조연설 전문이 실려 있다. 오바마의 정치 경력에 날개를 달아준 이 연설을 하면서 오바마가 실제로 사용한 제스처, 어조, 페이스 조절 테크닉 등에 대해 연설문에 주를 달아 놓았다. 이제 이 기조연설이 대성공을 거둔 비결을 살펴보자.

2004년 민주당 전당대회, 2004년 7월 27일

버락 오바마가 무대에 오르기 몇 분 전, 딕 더빈 일리노이 주 상원의원이 보스턴 청중과 텔레비전으로 전당대회를 지켜보는 수백만 미국인들에게 오바마에 대한 열정적인 찬사를 쏟아낸다. "오바마의 삶은 미국이 기회의 나라임을 보여 주며… 그의 가족은 이민자를 포용하는 국가에 대한 희망을 보여주며… 그의 가치관은 새로운 세대에 대한 우리의 믿음을 되살립니다…" 더빈은 오바마가 "온갖 다양한 배경의 사람들을 하나로 만드는 비범한 재능"을 가진 인물로 그를 소개한다.

버락 오바마가 활기차고 자신감에 찬 걸음으로 무대 위에 오른다. 그는 즉시 청중과 시선을 교환하며 청중과 함께 박수를 친다. 청중과의 연결고리를 만드는 첫 번째 제스처다. 오바마가 청중을 향해 한쪽 팔을 들어 손을 흔들고는 더빈 의원을 따뜻하게 안으며 소중한 친구에 대한 깊은 존경심을 표현한다. 우렁찬 박수가 계속되는 가운데 오바마가 힘찬 발걸음으로 어깨를 곧게 펴고 연설대로 다가간다. 그가 두 손으로 연설대를 잡는다. 자신감과 위엄의 제스처다. 턱을 들고 청중을 향해 가볍게 인사를 한다. 감사와 고마움의 제스처다. 박수가 계속되는 가운데 오바마는 청중의 열기에서 힘을 얻는 듯 연설대 위에 두 손을 가지런히 겹쳐 모으고는 겸손하게 미소를 짓는다.

박수 소리가 잦아들자 오바마는 더빈에게 감사의 인사를 한다. 그는 숨을 들이쉬고 울림이 풍부한 바리톤 목소리로 2004년 민주당 전당대회 기조연설을 시작한다.

연설문중 본문 볼드체는 연설자의 강조이고, 색괄호의 설명은 연설자의 보디랭귀지와 연설자의 심중을 분석한 저자의 설명이며, 먹괄호의 설명은 그에 대한 청중의 반응이다.

일리노이 주는 [청중이 박수를 치자 오바마는 자신이 상원의원으로 있는 일리노이 주를 언급한 자부심으로 눈이 빛난다] 미국 교통의 중심지이자 [잠시 멈춘다] 링컨을 배출한 곳으로, 이 위대한 주를 대표하여 이 전당대회에서 연설하는 특권을 누리게 해 주신 데 대해 진심으로 감사 드립니다. [감사의 표현으로 청중을 향해 두 손을 펴서 뻗는다]

오늘밤은 저에게 특별히 영광스러운 날입니다. 솔직히 제가 이런 자리에 선다는 것은 가능성이 희박했던 일이기 때문입니다. [한 손을 가슴에 올린다. 억양을 통해 이 상황의 아이러니함을 강조한다] 제 아버지는 케냐의 작은 마을에서 태어나고 자라 미국에 공부하러 온 외국인 유학생이었습니다. 아버지는 염소를 쳤고, 양철 지붕으로 된 허름한 판잣집 학교를 다녔지요. 아버지의 아버지, 그러니까 할아버지는 요리사였는데 영국인 가정의 요리사이자 하인이었습니다. [강조하듯 오른손 손가락으로 집는 동작을 한다]

하지만 할아버지는 아들에게 더 큰 꿈을 가졌습니다. [꿈의 크기를 가늠하듯 두 손을 위로 뻗는다] 아버지는 열심히 공부하고 끈기 있게 노력해서 미국이라는 **마법** 같은 나라에서 공부할 수 있는 장학생으로 선발됐습니다. **미국**은 이미 수많은 이들에게 자유와 기회의 등불로 여겨지는 나라였습니다. [오바마의 억양에서 애국적 긍지가 느껴진다] [박수가 터져나온다]

이곳에서 공부하는 동안 아버지는 어머니를 만났습니다. 어머니는 아버지의 고향으로부터 지구 반대편에 있는 캔자스에서 태어났습니다. [오바마는 먼 곳을 의미하듯 한 손을 들어 한 방향을 가리킨다. '캔자스' 란 말에 환호를 보내는 청중 쪽으로 밝은 미소를 보내며 그쪽으로 가볍게 손을 흔들어 보인다] 어머니의 아버지는 대공황 시절 대부분을 석유 굴착 현장과 농장에서 일하셨습니다. 진주만 공격 다음 날, 외할아버지는 자진 입대하여 패튼 장군 휘하에 들어가 유럽으로 갔습니다. 미국에 남아있던 외할머니는 아기를 키우며 폭격기 조립 공장에서 일했습니다. 종전 후 두 분은 '제대군인원호법(GI Bill of Rights)'의 지원을 받아 학업을 마치고, 연방주택관리국에서 대출을 받아 집을 장만하고, 새로운 기회를 찾아 서쪽으로, 멀리 하와이까지 옮겨 갔습니다.

그리고 두 분 역시 딸을 위해 더 큰 꿈을, 아메리카와 유럽 두 대륙에서 함께 키운 꿈을 품고 있었습니다. 저의 부모님이 함께 한 것은 보기 드문 사랑의 인연만이 아니었습니다. 이 나라의 가능성에 대한 **변함없는** 믿음도 함께했습니다. [오바마는 '변함없는' 이라는 단어에 자부심과 존경을 담아 말한다. 미국의 가능성에 대한 경외심을 함께 나누자는 듯 한 손을 청중을 향해 뻗는다]

부모님은 제게 '버락', 즉 축복받은 자라는 뜻의 아프리카 이름을 지어 주면서도 [한 손을 가슴에 댄다] **포용할 줄 아는** 미국 땅에서 [오른손 손가락으로 집는 동작을 한다] 이름이 성공에 걸림돌이 되지 않으리라고 믿었기 때문입니다. [박수] **비록 두 분은 부자가 아니었지만** 제가 미국에서 가장 좋은 학교에 다닐 수 있다고 **믿으셨습니다. 너그러운** 미국에서는 부자가 아니라도 [부가 성공으로 가는 길이라는 생각을 멈추라는 것처럼 손을 펴서 청중에게 들어 보인다] 잠재력을 마음껏 발휘할 수 있기 때문입니다. [박수] 지금은 두 분 모두 돌아가셨지만, 오늘 밤 분명 하늘에서 자랑스럽게 절 내려다보고 계실 겁니다.

제가 물려받은 이러한 다양성에 감사하는 마음으로, 오늘밤 이 자리에 선 저는 부모님의 꿈이 제 소중한 두 딸에게로 계속 이

어져 나가고 있음을 알고 있습니다. [그의 목소리 톤에서 진실함이 느껴진다] 저는 제 이야기가 미국 전체 역사의 일부이며 [청중 쪽으로 한 손을 내민다] 제가 이 자리에 선 것은 저보다 먼저 이 땅에 온 모든 이들 덕분임을 알고 있습니다. 그리고 지구상의 다른 어떤 나라에서도 저같은 이력으로 여기까지 올 수는 없다는 사실 또한 알고 있습니다. [이 말을 하며 손가락으로 집는 동작을 하고, 목소리는 자부심으로 벅차 오르는 듯 커진다. 청중 가운데 일부가 기립 박수를 하자 잠시 말을 멈춘다]

오늘밤 우리는 미국의 위대함을 확인하기 위해 이 자리에 모였습니다. 하지만 미국이 위대한 것은 고층 빌딩이나 군사력, 경제 규모 때문만은 아닙니다. 우리의 자부심은 200년 전에 작성된 선언문에 요약돼 있는 무척 간단한 전제에 기초하고 있습니다. "우리는 다음과 같은 것을 자명한 진리라고 본다. [목소리를 약간 높여 독립선언서의 문장을 신중하게 말하며 오른손의 두 손가락을 구부려 C 모양으로 만들어 마치 단어들을 허공에 배열하는 듯한 동작을 한다] 모든 인간은 평등하게 태어났으며 [박수] 창조주로부터 몇 가지 양도할 수 없는 권리를 부여 받았고 그 권리 중에는 생명과 자유, 행복의 추구가 있다."

미국의 진정한 비범함은 소박한 꿈들에 대한 믿음, 작은 기적들을 실현하려는 끈기에 있습니다. [박수] 밤에 아이들에게 이불을 덮어주며 편안히 재울 수 있고, 아이들이 잘 먹고 잘 입고 안전하다고 믿을 수 있고, 누군가 갑자기 대문을 두드리는 일을 겪지 않고도 [주먹을 쥐어 문을 두드리는 동작을 한다] 생각하는 바를 말하고 쓸 수 있고, 좋은 아이디어가 생기면 뇌물을 쓰지 않고도 사업을 시작할 수 있고, 보복의 두려움 없이 정치 과정에 참여할 수 있고, 우리가 던진 표가 그 가치를 발휘하는 것입니다. 적어도 대부분의 경우에는 그렇습니다. [못마땅한 듯 어조를 낮추어 논란이 된 2000년 미 대선 결과에 대한 비판적 시각을 나타낸다] [청중도 그의 입장을 지지하여 야유로 호응한다]

올해의 선거에서 우리는 우리가 추구하는 가치들과 공약을 다시금 확인하고, 냉엄한 현실에 맞서 그것을 지켜내고, 선조들이 남긴 유산을 지키고 미래 세대의 장래를 짊어질 역량이 있는지 살펴봐야 합니다. 민주당, 공화당, 독립당을 포함한 미국 국민 여러분, 오늘밤 여러분에게 말씀 드립니다. 우리에게는 할 일이 있습니다. [오바마는 이 문장을 강조해서 말하며 그의 어조는 도전하듯 선언하는 것처럼 들린다] 제가 일리노이주 게일스버그에서 만난 노동자들은 메이택 공장이 멕시코로 옮기는 바람에 일자리를 잃었습니다. 이제 시간당 7달러를 주는 일자리를 놓고 자기 자식들과 경쟁해야 하는 [인정할 수 없다는 어조로 말한다] 그들을 위해 우리는 더 많은 일을 해야 합니다. 일자리를 잃는 바람에 건강보험이 사라져 한 달에 4,500달러나 하는 아들 약값을 어떻게 마련할지 걱정하며 목이 메이던 아버지를 위해서도 우리는 더 많은 일을 해야 합니다. [그의 어조에서 아버지의 입장에 공감한다는 느낌이 전해진다] 이스트 세인트루이스의 한 젊은 여성을 위해서도 할 일이 많습니다. **성적도 좋고, 공부할 욕심도 있고, 의지도 확고한데** [이 말을 강조하며 잠깐씩 말을 멈추어 연설에 힘을 부여한다] 돈이 없어서 대학에 가지 못하는 그녀와 같은 수많은 사람들을 위해 더 많은 일을 해야 합니다.

오해는 말아주십시오. 소도시와 대도시에서, 식당과 사무실 지역에서 제가 만난 사람들은 정부가 그들의 문제를 전부 해결해

주기를 바라지는 않습니다. 이 분들은 남보다 앞서 나가려면 열심히 일해야 한다는 걸 잘 알고, 또 그러기를 원합니다. [손가락으로 집는 동작을 하며 자신의 말을 더욱 강조한다] 시카고 주위의 컬러 카운티 지역에 가 보면 사람들은 자신이 낸 세금이 복지 기관이나 **국방부에 의해** 낭비되는 걸 바라지 않는다고 말할 겁니다. [국방부 부분에서 목소리를 높여 이라크전에 반대하는 입장을 드러내고 청중으로부터 호응을 끌어낸다] 어느 곳이든 대도시 한가운데의 저소득층 지역에 가보면 사람들은 정부 혼자서는 결코 아이들을 가르칠 수 없다고 말할 것입니다. 그들은 부모 스스로가 부모 노릇을 해야 하며, 우리가 아이들의 기대치를 높여 주고 [바를 올리는 것처럼 위로 올리는 동작을 한다], 텔레비전을 끄고, 책을 들고 다니는 흑인 아이는 백인 흉내를 내는 것이라는[이런 생각을 가진 사람을 훈계하는 것처럼 검지 손가락을 흔든다] 비아냥거림을 뿌리뽑지 않는 한 아이들이 결코 좋은 성적을 낼 수 없다는 사실을 잘 알고 있습니다. 그들도 그런 사실을 잘 알고 있습니다. [열렬한 박수가 터져 나온다] 국민들은 정부가 모든 문제를 해결해 줄 것을 기대하는 게 아닙니다. [바로 그런 생각을 막으려는 것처럼 손바닥을 청중 쪽으로 들어 보인다] 하지만 국민들은 뼛속 깊이 느끼고 있습니다. [가볍게 주먹을 쥐어 내리치는 동작을 한다] 우선순위를 조금만 바꾸면[문 손잡이를 살짝 돌리는 것처럼 오른손 손가락 몇 개를 움직인다] 미국의 모든 어린이들이 삶에 희망을 품고, 모든 이에게 기회의 문을 열어줄 수 있다는 사실을 말입니다. 국민들은 우리가 더 잘할 수 있다는 사실을 압니다[손가락으로 집는 동작을 하여 강조한다]. 그리고 바로 그런 선택을 원합니다.

이번 선거에서[검지 손가락을 들어올린다] 우리는 바로 그 선택을 제시합니다. 우리 민주당은 우리를 이끌어줄 인물을 선택했고, 그는 이 나라가 제시해야 할 최상의 가치를 대표합니다. [어조에서 자부심이 느껴진다] 바로 존 케리입니다. [오바마의 어조는 단호하고 확신에 넘친다] [박수가 쏟아진다] 존 케리는 지역사회, 신념, 봉사의 이상적 목표들을 잘 이해하고 있습니다. 그런 것들이 바로 그의 삶을 이끌어 왔기 때문입니다. [손가락으로 집는 동작으로 단어 하나하나를 강조한다] 베트남 참전부터 검사이자 주 부지사 시절까지, 미 상원에서 20년간 활동하며 그는 이 나라에 헌신했습니다. [케리의 헌신과 봉사를 강조하며 선물을 주듯 양손 손바닥을 위로 편다] 우리는 케리 의원이 쉬운 선택도 있는데 힘든 선택을 하는 것을 몇 번이고 보았습니다. 그의 가치관과 걸어온 길을 보면 우리에게 무엇이 최상의 선택인지 확인할 수 있습니다. [어조를 다양하게 하며 목소리를 크게 낸다]

존 케리는 미국에서는 열심히 일하면 보답이 따라야 한다고 믿습니다. 그래서 해외에 일자리를 이전하는 기업들에게 세금 혜택을 주는 대신[오바마는 이 생각에 반대하듯 한 손을 오른쪽으로 움직인다] 국내에 일자리를 창출하는 기업들에게 세금 혜택을 줄 것을 제안합니다. [오바마는 사물을 원래 있던 자리로 옮기듯이 두 손을 왼쪽으로 움직여 케리가 일자리가 해외로 빠져나가지 않도록 하는 일에 얼마나 많은 기여를 할 수 있는지 보여준다] [박수가 쏟아진다]

존 케리는 미국의 모든 국민은 워싱턴의 우리 정치인들이 누리는 것과 똑같은 건강보험 혜택을 누려야 한다고 믿습니다. [박수] 존 케리는 에너지 독립을 통해 미국이 석유회사의 이익이나 외국 유전의 생산 중단에 볼모가 되는 일이 없어야 한다고 믿습니다. [멈춤 표시처럼 손을 들어 보인다] [박수] 존 케리는 전세계가 부러워하는 이 나라의 헌법 상의 자유를 옹호하며, 그는 결코 국민의 기본권을 희생시키거나 신앙을 이용해 국민을 분열시키지 않을 것입니다. [박수가 터지자 잠시 멈춘다] 그리고 존 케리는 위험에 처한 이 세상에서 때때로 전쟁을 선택할 수도 있지만 [검지 손가락으로 가리키는 동작을 하여 그 중요성을 나타낸다] 결코 전쟁이 **첫 번째** 선택이 되어서는 안 된다고 믿습니다. [박수]

얼마 전, 저는 일리노이 주 이스트 몰린의 해외참전용사회에서 셰이머스라는 청년을 만난 적이 있습니다. 그는 188에서 190센티미터 정도의 훤칠한 키에 맑은 눈과 편안한 미소를 가진 잘생긴 청년이었습니다 [오바마의 어조에서 감탄과 동경의 느낌이 전해진다]. 그 청년은 해병대에 입대했고 다음 주에 이라크로 떠난다고 했습니다. 그가 입대한 이유를 설명하며 이 나라와 이 나라의 지도자들에 대한 절대적 믿음, 국가에 대한 의무와 봉사를 다하겠다는 결의를 들으면서, 저는 이 젊은이가 우리가 자라나는 아이들에게서 기대하는 모든 것을 갖추었다는 생각이 들었습니다. [따뜻한 애정을 담아 말한다] 하지만 다음 순간 저는 자문하게 되었습니다. 셰이머스가 우리를 위해 봉사하는 만큼 우리도 그에게 봉사하고 있을까? 고향으로 돌아오지 못할 900여 명의 남녀들, 그들의 아들딸, 남편과 아내, 친구와 이웃들을 생각해 보았습니다. 사랑하는 가족이 떠나 있어 부족한 수입으로 생계를 꾸려가느라 힘들게 생활하는 사람들, 사랑하는 사람이 수족을 잃고 정신은 피폐해져 돌아왔지만 보충병이라는 이유로 장기 의료 혜택조차 받지 못하는 사람들이 떠올랐습니다. [그의 목소리에 실망감이 느껴진다] [박수] 젊은이들을 위험한 곳으로 보낼 때 우리에게는 신성한 의무가 있습니다[가슴에 손을 올린다]. 숫자를 조작해서는 안되며[멈추라는 듯 손을 들어올린다], 파병 이유의 진실을 감추지 말아야 하고, 파병된 젊은이들이 돌아올 때까지 그들의 가족을 돌봐주어야 하며[그 중요성을 강조하듯 검지 손가락으로 가리킨다], 돌아온 군인들을 잘 보살펴야 하고, **전쟁에 이기고, 평화를 확보하고, 세계의 존경을 얻기에** [표시한 단어들을 강조하여 목소리를 높여 점점 클라이맥스로 향한다] 충분한 병력 없이는 결코[잠시 멈춘다] **다시는**[목소리를 크게 높인다] 전쟁을 시작해서는 안됩니다. [일부 청중이 기립박수를 보낸다]

분명히 말씀 드립니다. [오바마가 검지 손가락을 들어올린다] 세상에는 진정한 적이 존재합니다. 이런 적들은 **반드시 색출해야 합니다.** [손가락으로 집는 동작을 한다. 잠시 말을 멈추어 이 말에 무게를 부여한다] 그들을 **끝까지 쫓아가서**[손동작으로 이 말의 중요성을 강조한다], **반드시 패배시켜야** 합니다. [이 단어를 말할 때 손가락을 집는 동작을 하여 그 중요성을 강조한다] 존 케리는 이 점을 알고 있습니다. 그리고 케리 **대위**가 베트남전에서 주저 없이 위험을 무릅쓰고 동료를 구했던 것처럼 케리 **대통령** 역시 미국을 안전하게 지키기 위해 우리의 군사력을 이용하는 데 한 **순간도**주저하지 않을 것입니다. 존 케리는 미국의 가능성을 **믿습니다**. 그리고 그는 우리 중 일부만 잘 사는 걸로는 충분하지 않음을 알고 있습니다. [검지 손가락을 들어 올린다] 우리의 유명한 개인주의 외에도 미국의 전설에는 또 하나의 중요한 요소가 있기 때문입니다. [그의 어조는 도전을 제시하는 느낌을 준다]

우리 모두 하나의 국민으로 묶여있다는 믿음이 바로 그것입니다. [목소리가 희망과 애국적 자부심으로 넘친다] 시카고의 사우스사이드에 문맹인 어린이가 있다면 그 어린이가 내 아이가 아니더라도 그것은 **내 문제입니다**[손을 가슴에 대며 진심에서 우러나는 말임을 강조한다] [진심이 담긴 말에 박수가 터져 나온다]. 어딘가에 사는 가난한 노인이 약을 살 돈이 없어서 약값을 내야 할까 집세를 내야 할까 고민하고 있다면 그분이 내 할머니가 아니더라도 나의 삶이 더 가난해집니다. [손을 가볍게 가슴에 올리자 더 큰 박수가 나온다] 아랍계 미국인 가족이 변호사의 도움도 받지 못하고 적법한 절차도 밟지 않은 상태에서[목소리를 높인다] 체포된다면 그것은 **내** 인권을 위협하는 것과 마찬가지입니다.[주먹을 쥐어 가슴을 두드리자 청중에게서 큰 환호가 나온다. 오바마는 박수가 계속되자 잠시 멈춘다] 그런 기본적인 믿음, 내가 우리 형제를 지켜야 하고[목소리를 더욱 높인다. 손으로 가르는 동작을 할 때 목소리에서 도덕적 진실이 전해진다], 내가 우리 자매를 지켜야 한다[다시 한 번 손으로 가르는 동작을 하며, 반대쪽 청중과 시선을 교환한다]는 믿음이야말로 이 나라를 움직이게 하는 원동력입니다. [박수] 그것은 우리가 개인의 꿈을 추구하면서도 미국이라는 하나의 가족으로 화합할 수 있게 해주는 것입니다[생각에 잠기는 듯한 어조]. "E pluribus unum." [각 단어를 또박또박 신중히 말하며, 오른손을 구부려 C 모양을 만들어 각 단어를 청중이 보도록 허공에 갖다 놓는 것처럼 한다. 그리고 잠시 말을 멈춘다] 바로 "여럿이 모여서 된 하나"죠. [목소리를 낮추어 번역된 문장을 강조하며 이번에는 왼손으로 C 모양을 만들어 단어를 배열하는 것처럼 한다]

지금 우리가 대화를 나누고 있는 순간에도, 원리원칙도 없는 정치를 신봉하며 허위 사실을 퍼뜨리는 사람들, 흑색선전을 유포하는 사람들이 우리를 갈라놓으려 하고 있습니다. 오늘밤 저는 그들에게 전합니다. **진보**의 미국과 **보수**의 미국이 따로 있는 게 아니라[목소리를 높인다. 이런 개념을 경멸하는 듯한 어조로 말한다] 하나의 **미합중국**[미합중국이란 영어 단어를 또박또박 끊어서 분명히 발음하며 필기체로 글자를 쓰듯이 손가락을 움직인다] [박수가 쏟아진다]이 있을 뿐입니다. **흑인의 미국**이 따로 있고 **백인의 미국**이 따로 있고 라틴계의 미국, 아시아계의 미국이 따로 있지 않습니다. 오직 하나된 주들이 모인 **미합중국**이 있을 뿐입니다. [다시 한번 미합중국이란 단어를 또박또박 말하여 극적인 효과를 준다] [박수가 쏟아진다] 정치 전문가들은 우리 나라를 붉은 주와 푸른 주로 나누기를 좋아합니다. [경멸하는 듯한 어조] 붉은 주는 공화당, 푸른 주는 민주당을 나타내죠. 하지만 그 사람들에게 해 줄 말이 있습니다. [그런 사람들을 나무라는듯 검지 손가락을 들어올린다] 푸른 주에 사는 국민도 **경이로운 하느님**[이 단어를 강조하며, 두 손을 들고 목소리를 높여 신의 위대함을 나타낸다]을 찬양하고, 붉은 주에 사는 국민도 연방 수사관들이 도서관을 함부로 들쑤시고 다니는 것을 원치 않습니다. [극적으로 속도를 점점 높여 요지를 강조한다] [박수가 나온다] 푸른 주의 부모들도 어린이 야구단 코치가 되고 붉은 주에도 동성애자들이 있습니다. [박수] 이라크 전쟁에 반대하는 애국자도 있고 찬성하는 애국자도 있습니다. 우리는 **하나의** 국민으로서, **우리 모두** 성조기에 충성을 맹세하고, **우리 모두 미합중국**을 지키는 국민입니다. [글씨를 쓰듯 손가락을 움직이며 미합중국이란 단어를 강조해서 말한다] [감동한 청중이 '오바마! 오바마!' 를 외치기 시작한다]

결국 이번 선거의 목적도 바로 거기에 있습니다. 우리는 냉소주의의 정치에 참여하고 있습니까[목소리를 낮춰 반대 의사를 나타낸다], 아니면 희망의 정치에 참여하고 있습니까? [희망과 기대를 나타내듯 목소리를 높인다] [오바마의 말에 대답하듯 청중이 '희망!' 이라고 외친다] 존 케리는 우리에게 희망을 가지라고 합니다. 존 에드워즈는 우리에게 희망을 가지라고 합니다. 저는 여기서 맹목적인 낙관론을 얘기하는 게 아닙니다. 맹목적인 낙관론이란 그저 생각하지 않으면 실업 문제가 사라질 거라고 믿고, 그냥 모른 척하면 건강보험 문제가 저절로 해결될 거라고 믿는 거의 의도적인 무지를 말합니다. 저는 그런 얘기를 하는 게 아닙니다. 저는 **좀 더 실질적인** 문제를 얘기하고 있습니다. 모닥불을 둘러싸고 앉아 자유의 노래를 부르던 노예들의 **희망**, 머나먼 땅을 향해 떠나는 이민자들의 **희망**, 메콩강 삼각주를 용감하게 정찰하던 젊은 해군 대위의 **희망**, 용감하게 가능성에 도전하는 공장 노동자 아들의 **희망**, 미국에 자신이 설 자리도 있다고 믿는 희한한 이름을 가진 **말라깽이 꼬마**[손을 가슴에 대며 그 꼬마가 바로 자신임을 나타낸다]의 **희망**을 얘기합니다. [양손 손바닥을 펴서 청중 쪽으로 향한다. 청중은 열렬하게 호응한다. 박수갈채가 계속되자 오바마는 환호와 함께 두 문장을 추가한다] 어려움에 직면했을 때의 **희망**. [문장을 추가함으로써 청중의 반응에 호응함을 나타낸다] 불확실성에 직면했을 때의 **희망**. [목소리를 계속 크게 유지한다] **담대한 희망!** [목소리가 커진다]

결국 그것이 바로 하느님께서 우리에게 주신 가장 큰 선물이며, 이 나라의 토대입니다. 눈에 보이지 않는 것에 대한 믿음, 더 좋은 날이 올 것이라는 믿음 말입니다. [목소리에서 열정이 느껴진다] 저는 우리가 중산층의 고통을 덜어 주고 근로자 가정에 기회의 길을 열어줄 수 있다고 **믿습니다**. 일자리가 없는 사람들에게 일자리를, 집 없는 사람들에게 집을 제공하고, 미국 전역의 도시 젊은이들을 폭력과 절망에서 구해 낼 수 있다고 **믿습니다**. 정의의 바람이 우리를 향해 불어오고 있고, 역사의 갈림길에 서 있는 우리는 올바른 선택을 하고, 우리가 직면한 도전에 맞설 수 있다고 **믿습니다**. **미국이여!** 오늘밤! [도전을 하듯 목소리를 높여 절정을 향해 나아간다]

여러분이 저와 **같은 에너지**를 느끼신다면, 저와 **같은 절박감**을 느끼신다면, 저와 **같은 열정**을 느끼신다면, 저와 **같은 희망**을 느끼신다면, 우리가 **반드시** 해야 할 일을 한다면, 11월에는 플로리다에서 오리건까지[손으로 가르는 동작을 한다], 워싱턴에서 메인까지[다시 한 번 가르는 동작을 한다. 미국 한쪽 끝에서 반대쪽 끝까지 지리적 거리감을 전달하기 위해 억양을 높였다 내린다] 미국 전역의 국민들이 일어날 것이며, 존 케리는 대통령으로 취임하고 존 에드워즈는 부통령으로 취임할 것이며, 이 나라는 희망을 되살리고 이 기나긴 정치적 암흑에서 벗어나 보다 밝은 시대가 올 것임을 **믿어 의심치 않습니다.**

여러분 대단히 감사합니다. [팔을 높이 들어 흔든다] 신의 축복이 함께 하시기를 빕니다. [열의에 찬 청중들이 전원 기립박수를 하며 일부는 '오바마! 오바마!' 를 외친다]

이 2004년 기조연설에서 우리는 버락 오바마를 당대의 가장 강력한 연설가로 우뚝 서게 한 수많은 특별한 연설 기법을 볼 수 있다. 오바마의 기조연설을 두고 대중과 미디어는 즉각적인 찬사를 보냈다. 울프 블리처는 "정말 수십 년 만에 들어본 명연설이다… 오바마는 떠오르는 스타"라고 했다. 이보다 더 좋을 순 없다…그는 민주당이라는 기반을 넘어 국가 전체를 상대로 이야기하는 사람이다… 정말 멋졌다." 정치 분석가 제프 그린필드의 평가다. 그 이후 언론은 기회가 있을 때마다 이 연설을 두고 연설의 걸작이라고 칭찬했다. 오바마가 기조연설에서 사용한 뛰어난 스피치 기법들을 여기서 한 번 살펴보자.

보디 랭귀지와 목소리의 효과적인 사용

2004년 기조연설을 하면서 버락 오바마는 뛰어난 보디 랭귀지 사용법을 보여주었다. 자신감 넘치는 발걸음, 곧게 편 어깨, 위풍당당한 자세는 청중을 사로잡고, 연설의 분위기를 조성하고, 청중과의 긍정적인 대화의 문을 열었다. 즉, 오바마는 대단히 강한 첫인상을 주었다. 그의 타고난 자산인 깊은 음색은 좋은 인상을 더욱 빛나게 했다. 적절한 때에 음량을 높이고, 필요할 때 반 옥타브 목소리를 높이고, 반대 의사를 표현할 때는 목소리를 단조로운 톤으로 떨어뜨리는 등 목소리를 자유자재로 다룸으로써 연설에 힘을 불어넣고 핵심 주제를 강조하였다. 때로는 동경하는 느낌으로 말하고, 때로는 타인에 대한 애정을 담아 말하고, 필요할 때는 분노를 드러내는 등 목소리 톤으로 다양한 감정을 표현하여 역시 연설에 깊이를 더해주었다.

오바마는 제스처 역시 효과적으로 사용했다. 주먹을 쥐고 문을 두드리는 동작을 하거나, 손가락으로 집는 동작을 하거나, 단어를 말하면서 허공에 단어를 갖다 놓는 동작을 하거나, 멈춤 표시를 하듯이 손바닥을 펴 드는 식이다. 이 모든 제스처가 결합되어 논점을 전달하는데 도움을 주었다. 마찬가지로, 중요한 순간마다 손을 가슴에 올림으로써 자신이 하는 말에 진정성을 전달하였다. 오바마는 진심으로 말하고 있는 것처럼 보였다. 그의 제스처는 연설의 중요한 요소였다.

공통 분모 만들기

우리는 또한 기조연설에서 버락 오바마가 "방 안의 코끼리"(분명히 존재하지만 터부시되는 문제), 즉 그의 특이한 출신 배경을 어떻게 다루었는지 보았다. 그는 이 문제를 이민, 고난, 아메리칸 드림의 전형적인 아메리칸 스토리로 솜씨 좋게 전달하였다. 오바마는 자신의 가족과 진주만, 패튼의 군대, 미국 폭격기 조립 공장, 제대군인원호법, 연방주택관리국의 대출금 이야기를 적절히 이어가며 자신을 지극히 미국적인 경험들과 연결시켰다. 이런 미국적인 제도와 이름들을 언급하는 것은 자신의 '이국적인' 이름에도 불구하고 그가 다른 미국인처럼 평범한 미국인임을 확인시키는 증명서가 되어주었다. 오바마는 미국 역사의 흐름과 함께 하고 있음을 분명히 하며, 자신도 대부분의 미국인과 같은 꿈을 갖고 있음을 보여주었다.

오바마의 어휘 선택 역시 청중과 공통 분모를 만드는데 도움을 주었다. '너그러운 미국, 자유와 기회의 등불, 이 나라의 가능성에 대한 믿음.' 이런 표현들은 청중들의 마음을 사로잡으며 애국적인 감성을 자극했다. 오바마는 또한 성경 구절을 능숙하게 인용했다. '보이지 않는 것들에 대한 믿음… 나는 내 남동생을 지키는 사람… 나는 내 여동생을 지키는 사람…' 오바마는 이런 성경 구절들을 '순수한 진리'로 표현했다. 성경 구절과 원칙들은 인종, 계급, 당파의 경계를 넘어 모든 이의 마음에 파고들어 청중과의 끈을 만들어 주었다. 동시에, 오바마는 성경의 진리를 얘기하고 이를 미국과 연결시키다가 자연스럽게 다시 자신이 믿는 진리들과 연결시킴으로써 강력한 연결고리를 만들어냈다. 이런 테크닉으로 오바마는 청중과의 장벽을 허물고 다리를 만들어 냈다.

청중의 관심사 언급하기: 머리와 가슴을 사로잡는다

오바마는 세부적인 내용을 언급하고 자신의 메시지를 개인화시켜 얘기함으로써 연설의 효과를 높여 청중의 주요 관심사에 파고드는 능력을 보여주었다. 낡은 정치에 신물이 난 많은 미국인들의 민심을 얘기하면서 그는 "진보의 미국이 따로 있고 보수의 미국이 따로 있는 게 아닙니다. 하나의 미합중국이 있을 뿐입니다"라고 했다. 존 F. 케네디 같은 지도자처럼 오바마는 청중과 의미 있는 연결 고리를 만들어 냈다.

오바마는 도전에 직면한 미국을 보여주는 구체적인 예를 제시하면서, (일자리를 잃고 아들의 약값을 마련해야 하는 아버지 얘기처럼) 미국 중산층의 관심사를 아주 잘 이해하고 이런 도전들을 잘 알고 있음을 보여주어 청중과 자신을 연결시켰다. 마찬가지로, 중산층과 근로자 계층 지원에 대한 굳건한 신념을 설명하며 자신의 메시지를 개인화시켜 전달할 때도 직접적으로, 친밀하게, 그들의 관심사가 곧 자신의 관심사임을 보여줌으로써 사람들의 마음을 사로잡았다.

개인화와 마음을 사로잡는 말을 통한 비전 전달

기조연설에서 오바마는 다양한 테크닉을 사용하여 자신의 비전을 전달했다. 생생한 표현, 상징적 어휘, 개인화시킨 아이디어들이 그의 스피치 무기에 속한다. 오바마의 말은 청중의 마음 속에 그림을 그려주었다. '우리를 갈라놓으려 한다… 우리는 하나의 국민으로서, 우리 모두 성조기에 충성을 맹세하고…' 그는 희망이라는 개념을 노예와 이민자들의 경험과 연결시켰고, 이라크전 문제를 셰이머스라는 특정한 병사를 언급해 개인화시켰다. 청중은 이 병사의 '편안한 미소'를 즉각 떠올릴 수 있었다. 이러한 표현들은 스피치에 풍부함과 다양함을 부여하며 비전과 아이디어를 훌륭하게 전달해 주었다.

요지 전달하기

오바마는 핵심 요지를 전달할 때 여러 가지 효과적인 수사법을 사용하였다. 그 중에서도 반복은 핵심적인 도구였다. 오바마는 세심하게 구성한 문장 구조에서 '희망'이라는 단어을 반복적으로 언급하여 주제를 강조했다. 마찬가지로, 6개의 문장에서 '존 케리는 믿습니다'라는 문구를 5번 반복하여 자신이 강조하려는 케리의 이미지를 부각시켰다. 오바마는 같은 단어를 적절히 반복하여 핵심 주제에 청중의 관심을 집중시켜 그 주제를 더욱 더 기억에 남도록 했다.

뛰어난 설득 기술

2004년 기조연설에서 우리는 또한 오바마의 트레이드마크인 설득 기술을 볼 수 있다. 비교와 대조를 위해 병치법을 사용하는 것이다. 가령, 오바마는 병치법으로 미국 건국 원칙의 중요성을 구체적으로 전달했다.

> 오늘 밤 우리는 미국의 위대함을 확인하려 이 자리에 모였습니다. 하지만 미국이 위대한 것은 고층 빌딩이나 군사력, 경제 규모 때문만은 아닙니다. 우리의 자부심은 200년 전에 작성된 선언문에 요약돼 있는 무척 간단한 전제에 기초하고 있습니다. "우리는 다음과 같은 것을 자명한 진리라고 본다. 모든 인간은 평등하게 태어났으며, 창조주로부터 몇 가지 양도할 수 없는 권리를 부여 받았으며, 그 권리 중에는 생명과 자유, 행복의 추구가 있다."

오바마는 또한 병치법을 통해 미국인들은 하나의 국민이며 단결하여 앞으로 나아가야 한다는 주장을 확실하게 전달했다. "진보의 미국과 보수의 미국이 따로 있는 게 아니라 하나의 미합중국이 있을 뿐입니다."

절정으로 끌고 가기와 강렬한 마지막 인상 남기기

마지막으로, 2004년 기조연설의 특별한 엔딩을 잊을 수 있는 사람은 거의 없다. 오바마는 능숙한 솜씨로 리듬에 변화를 주어, 중요한 순간에 단어를 강조하고 음량을 점차적으로 높이며 절정을 향해 나아갔다. 그는 박수 갈채가 쏟아질 때 연설의 추진력을 유지하는 법을 알았다. 일단 최고 정점에 도달하자 오바마는 도전을 제시하고 행동을 촉구하며 열정적으로 연설을 마쳤다. "오늘 밤! 여러분이 저와 같은 에너지를 느끼신다면, 저와 같은 절박감을 느끼신다면, 저와 같은 열정을 느끼신다면, 저와 같은 희망을 느끼신다면, 우리가 반드시 해야 할 일을 한다면…"

이 강력한 엔딩은 청중에 더욱 힘을 불어넣어 강력한 마지막 인상을 남겼다.

이런 고도의 효과적인 스피치 기법으로 명연설을 했던 오바마는 이 연설로서 정치 경력에서 큰 전환점을 마련했고 비중 있는 전국구 정치 거물로 등장했다. 이제 버락 오바마를 이 시대의 가장 뛰어난 연설가로 만들어준 스피치 기법을 자세히 들여다보자.

신뢰와 믿음 얻기

"신뢰와 믿음 얻기"는 오바마가 그렇게 많은 사람을 그렇게 짧은 기간에 감동시키고 카리스마를 발휘하여 자신에게 회의적이었던 사람들의 마음까지 사로잡은 기법들을 관찰한다. 오바마가 거둔 성공을 보면 강한 첫인상을 주는 것이 얼마나 중요한지, 그리고 좋은 두 번째 인상을 활용하여 어떻게 신뢰와 믿음을 얻을지를 알 수 있다. 여기서는 또한 오바마가 언어 이외의 요소와 단어 밑에 숨겨진 의미를 적절히 결합하여 놀라운 효과를 내는 모습도 관찰할 것이다.

02

훌륭한 지도자가 되고 싶다면 판단력과 윤리관, 지도자로서의 능력에 대한 사람들의 신뢰, 직위에 걸맞는 인물이라는 확신을 얻어야만 한다. 신뢰와 믿음없이는 아무 것도 따라오지 않는다. 따라서 지도자가 되기를 열망하는 사람의 첫 번째 과제는 사람들의 신뢰와 믿음을 얻는 것이다. 버락 오바마는 이 작업을 완벽하게 해내어 평범한 시민, 정치인, 고액 기부자, 정책 입안자, 언론 종사자 등 다양한 계층의 폭넓은 사람들의 신뢰와 믿음을 얻었다. 그는 이 신뢰와 믿음을 바탕으로 중요한 기회를 잡고 영향력을 확대해 나갔다. 핵심적인 연설 기법들은 오바마의 정치 여정에 힘이 되었다. 연설을 도구로 사람들의 지지를 확보한 오바마는 대단한 카리스마를 보여주었다. 그는 몇 가지 방법을 통해 강력한 첫인상을 심어주고 훌륭한 후속 인상을 만들어낸다. 오바마는 또 제스처를 효과적으로 사용하고, 소품을 능숙하게 활용하며, 스피치를 강하게 시작하고, 존경할 만한 윤리관을 보여준다. 이 장에서는 버락 오바마가 국내외에서 수백만에 달하는 지지자의 신뢰와 믿음을 얻도록 한 연설 기법들을 살펴보기로 한다.

지도자의 카리스마

대부분의 사람들은 카리스마는 한 눈에 알아볼 수 있다고 한다. 카리스마가 있는 사람의 눈에서는 불꽃, 열정, 위엄이 느껴진다고 한다. 그런 예로는 마틴 루터 킹 주니어, 로널드 레이건, 존 F. 케네디, 베나지르 부토 같은 정치적 지도자나 오프라 윈프리 같은 대중적 리더가 주로 꼽힌다. 모두 열정적인 지도자로서, 평범하고 따분하게 말하는 스타일이 아니다. 주제에 대해 심드렁한 연사들과는 거리가 멀다.

흔히 버락 오바마를 묘사할 때 "자석처럼 끌어당기는, 전율을 일으키는, 힘을 불어넣는, 마음을 움직이는" 같은 표현을 쓰는데, 모두 지도자로서의 카리스마를 말하는 것이다. 오바마는 청중의 신뢰를 얻고 그들의 마음을 움직이고, 행동에 나서게 하는 태도와 스타일을 갖추었다. 그는 청중을 사로잡는 능력이 있다. 자신감에 넘치는 걸음으로 청중 앞으로 걸어오는 순간부터 사람들은 그에게 열정과 위엄을 감지한다. 오바마는 밝고 환한 미소, 자신감으로 빛나는 눈빛, 성량이 풍부한 목소리, 위엄이 느껴지는 동작 등 수많은 비언어적 태도를 통해 카리스마를 발산한다. 그 카리스마의 일부는 자신의 열정과 열의를 효과적으로 전달하는 그의 능력과 관련이 있다. 그는 자신이 이야기하는 문제와 주제에 대해 깊은 애정과 관심을 갖고 말하며 열성적으로 그런 관심을 다른 사람들과 나누려 한다. 그의 열의는 남녀노소를 불문하고 사람들에게 열정을 불어넣는다.

카리스마 만큼이나 중요한 것이 카리스마를 이용해서 훌륭한 첫인상을 심어주는 능력일 것이다. 첫인상은 오래 간다는 말이 있는데 **이 흔한 말은 분명 진실이다**. 무명의 정치인에서 2008년 민주당 대통령 후보로 지명되기까지 빠르게 스타로 발돋움하면서 버락 오바마는 훌륭한 첫인상을 심어주는 대단한 능력을 보여주었다.

강력한 첫인상 심어주기-이미지와 보디 랭귀지

첫인상의 순간은 대단히 중요한 순간이다. 한 사람이 다른 사람 앞에 처음 나서는 순간 그 사람에 대한 평가가 이루어진다. 아직 말을 하기 전이라 해도 대화는 이미 시작됐고 이미지와 보디 랭귀지를 통해 이미 많은 것을 얘기한 셈이다. 버락 오바마의 강력한 첫인상은 몸 동작과 이미지가 말로 하는 언어만큼이나 청중에게 강력한 언어가 될 수 있음을 일깨워준다.

대단히 영향력 있는 기업인 상담가이자 「CEO 자질」의 저자 D.A. 벤튼은 맥킨지 컴퍼니의 젊은 지도자들을 모아 놓고 주변 사람들에게 자신이 시각장애우라고 믿게 하려면 어떻게 할 지 생각해 보라고 한 적이 있다. 남들에게 어떻게 보이려고 하고 어떻게 행동할까? 아마도 짙은 안경을 쓰고 하얀 지팡이를 구해 사무실에서 바닥을 두드리며 다니려고 할 것이다. 천천히 또는 머뭇거리면서 약간 불안한 듯 걸을 것이다. 맹인 안내견을 구해 거리를 안내하게 할 수도 있다. 간단히 말해, 그들은 시각장애우라는 역할에 맞게 입고,

시각장애우처럼 행동하고, 시각장애우과 관련된 적절한 소품을 구할 것이다. 그런 다음 벤튼은 남들에게 지도자로 보이고 싶다면 어떻게 해야 할지 그 젊은 지도자들에게 생각해 보라고 했다.

이 연습은 유용했다. 지도자로 보이고 싶은 사람들은 지도자처럼 입고, 지도자처럼 행동하고, 자기 주위에 그에 걸맞는 소품을 두어야 한다. 이런 행동들은 한 마디 말을 하지 않고서도 첫인상을 통해 대화를 시작하고, 권위를 불러일으키고, 신뢰를 얻고, 효과적인 리더십을 발휘하는 데 중요한 기반을 마련할 수 있기 때문이다.

버락 오바마는 훌륭한 첫인상을 심어주는 데 능하다. 확신에 찬 걸음걸이. 처음부터 청중과 시선을 교환하고 자신 있게 청중을 향해 손을 흔들며 청중과의 물리적 거리를 좁힌다. 이런 행동들은 일종의 양방향 대화를 시작하는 것으로, 청중들이 몸을 일으켜 연설에 귀를 기울이게 한다.

상대와 시선을 잘 마주치는 것도 오바마에게 소중한 능력이었다. 빌 클린턴처럼 오바마는 상대방과 시선을 마주치는 것을 주저하는 법이 없다. 그는 청중과 교감하는 능력이 뛰어나고 청중에 의해 지치거나 고갈되지 않고 오히려 힘을 얻는다. 이야기를 하면서 오바마는 방 한쪽을 보고, 때로는 고마움을 표시하듯 그 방향으로 가볍게 고개를 끄덕이고, 다시 다른 쪽을 본다. 그는 대화를 하는 동안 시선 처리를 다양하게 한다. 자연스럽고 매끄럽게 다양한 곳에 시선을 줌으로써 청중을 자신의 이야기 속에 몰입하게 한다. 청중은 이런 행동을 존중의 표현으로 인식한다. 자신을 환영하는 사람의 행동으로 받아들인다. 청중은 또 이런 행동들을 신뢰감을 주는 행동으로 해석한다. 기꺼이 상대의 눈을 보려는 사람의 행동인 것이다. 이런 좋은 첫인상은 오래 간다.

오바마가 무대에 올라 자신을 소개해준 사람의 등을 두드리며 포옹하는 것도 연설에 앞서 그의 편안한 자신감을 전달하는 행동이다. 그는 아주 편안하다. 청중 앞에 당당히 어깨를 펴고 굳건히 서 있는 모습은 청중에게 자신감과 위엄의 메시지를 전달한다. 연설대가 있을 때 그는 종종 두 손을 연설대 양쪽에 올려 놓으며 상황을 장악한다. 이때 오바마에게 연설대는 몸을 기대는 목발이 아니며, 연설대가 자신과 청중 사이의 장애물이 되게 하지도 않는다.

이런 자신감 넘치는 태도 대신 만약 오바마가 2004년 전당대회 무대에 턱을 내리고 주저하는 걸음걸이로 그저 소심하게 손을 흔들며 무대로 걸어 나왔다고 생각해 보라. 얼마나 다른 이미지로 비쳤겠는가. 반대로, 확신에 찬 걸음걸이로, 두 팔을 높이 들어 당당하게 손을 흔드는 지도자들은 청중에게 위엄을 주고 존재감을 높일 수 있다. 시작 단계에서 강한 인상을 주는 것이 최선이며, 어설픈 첫인상으로 인한 피해를 회복하려고 힘들게 노력해야 하는 상황은 피하는 것이 상책이다. 뛰어난 화법의 소유자들은 긍정적인 효과를 발휘하도록 이미지와 보디 랭귀지를 잘 이용한다.

후속 인상 심어주기—목소리와 억양

신뢰와 믿음을 얻는 또 다른 중요한 수단은 목소리와 억양을 효과적으로 사용하는 것이다. 지도자의 카리스마를 발산하며 위엄 있게 당당한 태도로 등장했다. 그 다음은 어떻게 할까? 목소리와 억양이 이 부분에서 역할을 할 수 있다. 둘 다 스피치의 효과를 높이는 중요한 도구다.

목소리

목소리에서 즉각적인 인상을 심어주는 한 가지 요소는 바로 음색, 즉 자연스러운 음조와 성량이다. 버락 오바마의 경우 위엄 있는 바리톤 목소리는 타고난 자산이다. 그의 목소리는 듣는 사람을 기분 좋게 만들고 또 위엄이 넘친다. 대개의 경우 연습과 발성 테크닉 습득을 통해 타고난 음색을 개선하고 강화할 수 있다.

타고난 음색을 넘어, 지도자들이 목소리를 정확하게 사용하는 것은 일차적으로 형성된 이미지와 스피치의 성공 여부에 중요한 영향을 준다. 스피치에는 실제로 하는 말 외에도 여러 가지 측면이 있다. 말을 '어떻게' 하는가가 밋밋한 암송 같은 연설을 강력한 연설로 바꿀 수 있다. 능숙한 연설가는 음량, 음색, 음조, 속도, 억양 등의 도구를 사용한다. 효과적인 목소리와 억양은 사람들에게 감동을 주고, 연설을 더 기억에 남게 하고, 스피치의 효과를 전체적으로 끌어올릴 수 있다. 효과적으로 전달된 말은 상대방의 '내면에서 뭔가를 끌어내는' 듯한 반응을 유발할 수 있다. 버락 오바마는 목소리와 억양을 능숙하게 사용하여 이런 반응을 유발하며, 이로써 자신이 전달하려는 메시지의 핵심을 강력하게 전달한다.

음량 높이기

버락 오바마는 중요한 순간마다 목소리를 높이는 테크닉을 보여주었다. 그는 청중이 자신의 의견에 동조할 때 음량을 높여 흥분을 고조시킨다. 그는 적절한 시점에서 중요한 단어를 강조하여, 청중과 공감한다는 느낌을 준다. 그는 연설의 절정, 즉 이야기의 클라이맥스로서 핵심 메시지를 강조하는 시점에 도달하면 음량을 높인다. 청중을 흥분시킬 때 목소리의 성량을 높이는 것처럼, 자신이 반대하는 사안을 이야기 할 때는 목소리를 점점 작아지게 한다. 목소리를 높이거나 낮추면서 오바마는 스피치의 효과를 높인다.

속도 조절과 의미 있는 침묵

오바마의 뛰어난 속도 조절 능력 역시 연설의 효과를 높여준다. 연설의 페이스를 잘 조절하여 청중의 마음에 확실히 인식시키려는 중요한 개념을 전달할 때는 천천히 말한다. 또 적절한 곳에서 문장을 끊어 요지를 확실히 전달한다. 속도를 높이고 낮춤으로써 전달하려는 가장 중요한 요점에 청중의 관심을 집중시킨다.

오바마는 또한 침묵하거나 의미심장하게 말을 멈추는 테크닉에 능숙하다. 말을 잠시 멈춤으로써 보다 중요한 주제에 관심을 집중하여 다음에 나오는 말이 더욱 돋보이게 한다. 그는 또 잠시 침묵해야 할 순간을 잘 안다. 극적인 순간에 말을 멈추고 침묵하는 행동은 종종 청중으로부터 강한 반응을 이끌어낸다.

음조와 음색

버락 오바마를 그토록 강력한 연설가로 만든 요소를 분석해 보면 그가 지루한 연설을 피한다는 점을 쉽게 알 수 있다. 그는 스피치 테크닉을 능숙하게 사용한다. 그는 음량과 음색을 다양하게 구사하는 기술을 갖고 있다. 다양한 억양, 즉 높낮이(음조)의 변화 역시 그의 장기 중의 하나다. 그는 핵심 단어를 말하는 법을 다양하게 하여 목소리에 높낮이를 주어 글만으로는 얻을 수 없는 방식으로 스피치의 효과를 높인다. 필요에 따라 목소리를 적절히 올리거나 내린다. 가령, 그는 낮은 음역을 써서 음의 높이를 떨어뜨리고, 칠판의 핵심 단어에 밑줄을 치듯이 특정 문제에 집중하고 싶을 때는 리듬을 늦추는 방법을 잘 안다.

오바마는 음색으로 스피치를 강력하게 전달하는 데 천재다. 그는 상황의 필요에 따라 동경하는 느낌, 희망적인 느낌, 경멸하는 느낌, 그 외에 수많은 다양한 감정들을 목소리로 전달할 수 있다. 효과적인 제스처와 더불어 감정이 묻어나는 음색을 바꾸는 그의 능력은 스피치의 효과를 상승시킨다.

적절한 시점에 단어를 강조하고, 리듬을 빠르게 하거나 느리게 하고, 음색을 다양하게 하고, 단어의 리듬에 변화를 주는 등 목소리와 억양의 적절한 사용은 결국 뛰어난 스피치 능력을 이룬다. 이로써 스피치와 연설은 역동적이고 강력한 효과를 낳게 되고 따라서 성공한 지도자의 전략적 무기의 일부가 된다.

효과적인 제스처 사용하기

오바마는 제스처의 사용은 절제해야 한다는 규칙을 깬다. 제스처를 자주 사용하는 것이 그의 연설 스타일이다. 이런 스타일이 효과가 있는 이유는 몸짓이 유연하고 말하는 내용의 연장선에 있으며, 그의 열정을 전달해 주기 때문이다. 제스처는 목소리와 어조의 변화에 나란히 보조를 맞추어 나오며, 그리하여 말에 생기를 불어넣어 연설을 더욱 빛나게 하는 것이다.

연설가로서 오바마는 제스처가 다양한 방법으로 스피치의 효과를 높일 수 있음을 보여준다. 우선, 제스처를 잘 사용하면 연사가 편안한 상태에 있고 청중과 잘 교감하고 있다는 인상을 준다. 특히 오바마의 경우, 그는 일대일로 대화하는 느낌을 주는 방식으로 제스처를 사용하여, 연단에 서서 청중을 상대로 연설하는 게 아니라 마치 바로 내 옆에 서서 이야기하는 느낌을 준다. 그의 제스처는 청중과 거리를 좁히는 데 도움을 준다. 청중에게 손을 뻗거나 적절한 시점에서 손가락으로 집는 동작을 하거나, 손을 올리는 등 그의 제스처는 스피치를 대화로 변모시키고, 듣는 사람으로 하여금 오바마 가까이 서서 활기찬 대화를 즐기는 듯한 느낌을 만들어 준다.

제스처의 사용은 또한 연사가 주제에 대해 잘 알고 있으며 사람들에게 자신의 주장을 이해시키려는 열의가 강렬하다는 인상을 준다. 가령, 진심 어린 느낌으로 한 손을 가슴에 올리는 동작은 청중의 마음에 강한 감정을 자극한다. 효과적인 제스처는 또 연설을 보다 생동감 있고 흥미롭고 기억에 남게 만든다. 허공에 단어를 늘어놓는 것처럼 손가락으로 C 모양을 만들거나, 야단치는 것처럼 검지 손가락을 좌우로 흔들거나, 손가락을 자기 쪽으로 움직여 가까이 있는 사람을 부르는 동작을 하기도 한다. 경멸하듯 손으로 쫓아버리는 동작을 하기도 하고, 가볍게 주먹을 쥐거나 주먹을 꽉 쥐기도 한다. 멈추라는 듯 청중을 향해 손바닥을 들어 보이기도 한다. 이 외에도 수많은 다양한 제스처로 연설에 생명력을 불어넣을 수 있다. 오바마가 보여주었듯이 정확한 제스처의 사용은 연설 내용을 사실적으로 전달하고 핵심 아이디어를 강조하여 연설의 효과를 높여준다.

효과적인 소품 사용

소품의 사용은 이미지를 전달하고 핵심 메시지를 강화하는 또 다른 중요한 방법이 될 수 있다. 앞에 나온 예를 생각해보라. 사람들에게 자신이 시각장애우라고 믿게 하고 싶다면 어떤 소품을 사용하겠는가? 선글라스, 개, 하얀 지팡이? 이제 이 예를 확장시켜보자. 정치인이 대통령감으로 보이고 싶다면 어떤 소품을 사용하겠는가? 연설대 양쪽에 커다란 국기를 세울지도 모른다. 연설자가 외교 정책에서 강력한 입장을 부각시키고자 한다면 어떤 소품을 동원할까? 자신의 외교 정책을 발표할 때 군사 지도자들을 초청하여 뒤쪽에 세워놓을 것이다.

연설자가 지도자로 보이고자 한다면 어떤 소품이 적당할까?

청중의 유형과 분위기, 연설의 주제와 목적 등 상황에 따라 그 대답은 조금씩 달라지겠지만 이미지 연출에서 소품이 하는 역할을 간과해서는 안 된다. 민주당원이 공화당과 친밀한 관계를 모색한다면, 붉은 넥타이를 매어 은근하게 그런 메시지를 전달할 수 있다. 자신의 종교관을 드러내고 싶은 지도자라면 연설 장소를 교회로 선택할 수 있을 것이다. 교회라는 공간적 배경이 연설의 기본 틀을 만들어주는 것이다. 마찬가지로, 편안한 공간에서 권위를 나타내고 싶은 지도자라면 자켓과 넥타이는 하지 않고 청중보다 그저 조금만 더 편안한 복장으로 나올 수 있다. 연단과 연설대가 있는 딱딱한 공간보다는 연단을 없애고 원형으로 의자를 배치하는 식으로 청중이 편안한 느낌을 갖도록 공간을 연출할 수도 있다. 소품(무대 연출이라 부르는 사람도 있다)은 비언어적 메시지 전달에서 중요한 기초이다. 연설을 하거나 사람들을 이끌 때 배경을 세심하게 선택하는 것이 중요하다. 배경은 연설의 기본 틀을 만드는데 도움이 된다.

버락 오바마는 소품 사용과 무대 연출로 자신의 메시지를 부각시키는 데 상당한 솜씨를 보여주었다. 가령 오바마는 2007년 2월 10일, 대통령 선거 출마 의사를 선언하면서 일리노이 주 스프링필드에서 입후보 연설을 했는데, 이 곳은 존경 받는 에이브러햄 링컨 대통령의 기억을 자연스럽게 불러일으켰다. 오바마는 배경의 중요성에 관심을 기울인 것이다. 그는 연설에서 이렇게 말했다.

동서남북이 합쳐지는 곳, 바로 여기 스프링필드에서 저는 미국 국민의 기본을 새삼 떠올렸습니다. 이 곳에서 저는 그 기본을 바탕으로 보다 희망찬 미국을 건설할 수 있다고 믿게 되었습니다.

바로 그런 까닭에, 링컨 대통령이 한때 분열 대신 단합을 호소했던 곳이며, 모두의 희망과 꿈이 여전히 살아있는 이 곳 일리노이 주의 옛 주의회 의사당 건물 그늘 아래서, 오늘 제가 여러분 앞에서 미국 대통령 출마를 선언하는 것입니다.

저의 출마 선언이 좀 주제넘고 대담하다는 것을 인정합니다. 저는 워싱턴의 방식을 배우는데 많은 시간을 보내지 못했음을 압니다. 하지만 워싱턴 방식에 변화가 필요하다는 것을 알 만큼은 거기 있어 보았습니다.

미국을 건국한 분들의 탁월한 점은 변화가 가능한 정부 시스템을 만들었다는 사실입니다. 이제 우리는 용기를 내야 합니다. 예전에도 변화를 이루어낸 경험이 있기 때문입니다. 폭정에 맞서 일군의 애국자들은 제국을 무릎 꿇게 했습니다. 연방이 분리될 위기에 처했을 때 우리는 나라를 단결시키고 노예를 해방시켰습니다. 대공황에 맞서, 우리는 일자리를 만들고 수백만 명을 가난에서 구했습니다. 우리는 이민자들을 반겨 주었고, 서부까지 철길을 놓았으며, 달에 인간을 보냈고, '정의를 강물처럼 흐르게 하고 서로 위하는 마음 개울같이 넘쳐 흐르게 하라' 는 킹 목사의 호소를 들었습니다.

매번, 새로운 세대가 나서서 필요한 일을 해냈습니다. 오늘날 우리는 다시 한 번 변화의 부름을 받았습니다. 이제 우리 세대가 그 부름에 대답할 때입니다.

그것이 우리의 변함없는 믿음입니다. 불가능한 상황에 직면했지만, 국가를 사랑하는 국민이 그것을 바꿀 수 있다는 믿음입니다.

에이브러햄 링컨 대통령도 그 점을 알고 있었습니다. 그에게도 의심이 있었습니다. 패배도 겪었습니다. 실패도 맛보았습니다. 하지만 강한 의지와 언어로 이 나라를 움직여 사람들을 해방시켰습니다. 링컨과 대의를 함께 한 수백만의 사람들 덕분에 우리는 더 이상 남과 북으로, 노예와 자유인으로 갈라져 있지 않습니다. 링컨이 세상을 떠나고 오랜 시간이 흐른 뒤에도 자유를 위한 행진을 계속 해온 모든 인종, 모든 계층의 남녀들 덕분에 우리는 오늘 하나의 국민, 미국인으로서 새천년의 도전에 함께 맞설 수 있습니다.[i]

마찬가지로, 제러마이어 라이트 목사의 논란을 언급하면서 오바마는 조심스럽게 비언어적 메시지를 고려하였다. 논란을 일으킨 목사와의 친밀한 관계 때문에 오바마는 라이트 목사의 선동적인 발언에 대해 언급할 필요가 있었다. 목사의 발언은 수많은 미국인들에게 인종차별주의로 비쳤고 오바마가 옹호하는 가치들과 상반되는 것으로 보였다. 오바마와 라이트의 친밀한 관계 때문에 이런 논란은 대권을 노리는 오바마의 정치 기반을 위협했다. 오바마는 커다란 성조기를 양쪽에 세운 연설대에서 이 문제를 언급했다. 오바마가 라이트 목사의 분열적인 발언을 비난할 때, 오바마 뒤의 커다란 성조기들은 그가 충실하고 애국심 넘치는 미국인이라는 인상을 부각시켰다. 이 배경은 연설의 기본 틀을 만들어 주고 긍정적인 메시지를 전달했다.

강하게 시작하기

버락 오바마가 신뢰와 믿음을 얻는데 도움을 주는 또 다른 스피치 테크닉은 "강하게" 시작하는 것이다. 청중을 지배하는 분위기를 간파하고, 긴장된 분위기를 가볍게 하고, 관심을 집중시키는 식으로 이야기를 시작한다는 뜻이다. 스피치를 강하게 시작하는 방법은 매우 많다. 감동적인 말을 인용하거나, 생생한 일화를 얘기하거나, 마음이 가벼워지는 농담을 하거나, 논의할 주제에 대해 직접적으로 이야기하는 등 여러 가지가 있다.

연설을 할 때 일관되게 '강하게' 시작하는 것으로 보아 오바마는 약하게 연설을 시작하면 사람들의 관심을 다시 집중시키고 상황을 회복하는데 시간이 많이 걸린다는 점을 날카롭게 인식하고 있는 듯하다. 실제로 그의 모토는 '처음부터 제대로 시작하라' 고 정의할 수 있다. 오바마가 성취한 결과를 보면 초반에 주의를 사로잡고 청중의 관심을 가장 중요한 주제에 집중시키는 것이 강력한 효과가 있음을 잘 알 수 있다. 가령, 노스 캐롤라이나 경선에서 승리했을 때 오바마의 연설을 생각해 보라. 그는 연설 첫머리에서 자신의 선거 운동이 보여주는 추진력 쪽으로 청중의 관심을 이끌었다.

아시다시피 어떤 사람들은 노스 캐롤라이나 주가 이번 선거전의 양상을 변화시킬 것(승패를 좌우할 것이라는 뜻임-옮긴이)이라고 했습니다. 하지만 오늘, 노스 캐롤라이나 주의 선택은 변화가 필요한 유일한 곳은 워싱턴이라는 사실을 보여주었습니다.

저는 우선 인디애나 주에서 클린턴 상원의원의 경선 승리를 축하 드립니다. 그리고 저는 노스 캐롤라이나 주민들에게, 제가 민주당 대선 후보가 된다면 승리를 위해 경쟁하게 될 중요한 경합주에서 우리에게 승리를 안겨주신 데 대해 감사 드리고 싶습니다.

이 선거운동이 시작됐을 때 워싱턴은 우리에게 큰 도움이 되지 않았습니다. 하지만 여러분이 이 추운 날씨에도 나와 집집마다 찾아가 문을 두드리며 친구들과 이웃들에게 우리의 대의에 동참하기를 권유했고, 우리가 잘 할 때나 못 할 때나 냉소주의자, 회의주의자, 반대자들에 여러분이 용감히 맞서주셨고, 이제 변화를 위해 우리가 나서야 할 때라는 사실을 여러분이 여전히 굳게 믿고 있기 때문에, 이제 우리는 민주당 대선 후보 확정에 필요한 대의원 수가 200명도 남지 않았습니다.[ii]

경선에서 패배한 주에서도 오바마는 훌륭한 언어로 이를 표현했다. 예를 들어 펜실베이니아 주 경선에서 패배한 후 그는 연설에서 "격차를 줄였기 때문에 승리"한 상황으로 부각시켰다.

먼저 오늘밤 클린턴 의원의 승리를 축하 드리며, 오늘 저를 지지해주신 수십만 펜실베이니아 주민들에게 감사 드리고 싶습니다.

처음 경선을 시작했을 때는 이처럼 치열한 레이스를 예상하지 못한 사람이 많았습니다. 하지만 우리는 열심히 싸웠고, 워싱턴을 넘어 대도시, 소도시, 공장, 해외참전용사회 모임 등을 다녔습니다. 그리고 이제 6주가 흐른 지금 우리는 격차를 좁혔습니다. 모든 연령과 인종, 배경의 사람들이 우리의 대의 아래 모여들었습니다. 이분들이 처음 정치에 관심을 가졌든 오래간만에 관심을 보였든 우리는 기록적인 숫자의 유권자를 확보했고 이 분들은 11월에 우리 당을 승리로 이끌 것입니다.[iii]

'강하게' 시작하는 것이 얼마나 중요한지 잘 아는 오바마는 뜻밖의 어색한 상황에 처하면 연설을 진행하기 전에 반드시 분위기를 바꾼다. 2006년 12월, 캘리포니아 남부 새들백 교회의 에이즈 컨퍼런스에 모인 2천 명의 기독교인들 앞에 오바마가 연사로 나섰을 때가 그 좋은 예다. 오바마에 앞서 또 다른 정치인 샘 브라운백 상원의원이 연설을 했다. 교회 연단에 선 브라운백은 자신과 오바마 모두 최근 전미유색인지위향상협회(NAACP)에서 연설한 사실을 언급하며 연설을 시작했다. 그러면서 "그 분들은 제게 대단히 정중했지만 '캔자스에서 온 저 사람은 대체 누구지?' 라고 생각하는 것 같았습니다"라고 했다. 반면 그는 NAACP와 그 청중이 오바마에게는 마치 록스타처럼 열광한 것을 불만스러워 하면서 그런 차이가 인종의 차이였다는 식의 암시를 했다. 브라운백은 연단 위, 그의 뒤에 앉아있던 오바마를 돌아보며 이제는 상황이 달라진 것 같다고 농담을 하며 "내 집에 오신 것을 환영합니다"라고 말했다.

당시 그 장소에 있던 나는 청중 가운데 많은 사람들이 보여준 충격을 기억한다. 버락 오바마는 기독교인이고 우리는 교회에 앉아있었다! 브라운백의 발언은 옳든 그르든 인종차별적인 뉘앙스가 있었다. 그의 말은 오바마가 기독교인이기는 하지만 청중의 대다수가 백인이었기 때문에 교회는 오바마의 집이 아니라는 인상을 주었다. 브라운백은 물론 그런 뜻으로 말한 것이 아니라 청중의 보수적인 성향을 언급했을 뿐이라거나 잘못 말했다고 주장하겠지만 문제의 발언은 대단히 모욕적이었으며 오바마 의원을 매우 어색하게 만들었다.

브라운백이 몇 분 후 연설을 마치고 오바마가 연설대에 서자 많은 청중들은 오바마가 이 모욕적인 발언을 과연 언급할 것인지 숨 죽이며 기다리는 듯했다. 그 행사에 오바마가 나온다는 사실을 알고는 일부 복음교 신도들이 오바마의 초청을 막으려 했다는 사실은 이미 알려져 있었다. 오바마는 자신이 다니는 교회의 인사말을 전하며 자신이 기독교인임을 의도적으로 강조했다. 그런 다음 브라운백 의원에 대한 칭찬을 이어나갔다. 내가 기억하기로, 오바마는 많은 중요한 문제에서 브라운백 의원과 함께 하게 된 것이 얼마나 큰 영광인지 얘기했고 또 브라운백의 리더십을 칭찬했다. 오바마는 상당히 길게 이런 칭찬을 이어갔다. 자신이 받은 모욕을 비추어 볼 때 대단히 품위 있게 연설을 시작한 것이다.

그런 다음 오바마는 상당히 영리한 행동을 했다. 본격적인 연설에 들어가기 전에, 돌발적인 행동을 자제하고 도덕적으로 탄탄한 기반을 마련한 상태에서 오바마는 뒤쪽에 앉아있던 브라운백 의원을 돌아보았다. 그는 미소를 지으며 이렇게 말했다. "한 마디만 덧붙이죠, 샘. 이곳은 제 집이기도 합니다. 이곳은 하느님의 집이죠."

청중 사이에서 박수가 터져 나왔다. 청중의 지지를 업고 오바마가 말했다. "그냥 분명하게 해두고 싶었습니다!" 그는 상황을 바로잡은 것이다. 그렇게 하지 않았다면 연설은 무기력하게 시작했을 것이고 상당히 불리한 입장에서 나아가야 했을 것이다. 그러면 결국 연설의 효과가 크게 손상되었을 것이다. 하지만 그는 성공적으로 대화의 분위기를 바꾸었고 긍정적인 분위기 속에서 연설을 시작했다.

존경할 만한 윤리관 전달하기—테플론 효과 만들기

마지막으로, 존경할 만한 윤리관을 갖췄음을 보여주는 것은 신뢰와 믿음을 얻는 중요한 방법이다. 지도자가 훌륭한 윤리관을 보여주고 이런 가치관이 일관적인 행동을 통해 뒷받침될 때 사람들은 그의 인물 됨됨이와 선택에 큰 믿음을 갖게 된다. 강력한 윤리관을 갖췄음을 사람들에게 인식시키면 '테플론 효과'의 혜택을 볼 수 있다. (테플론은 프라이팬의 코팅 재료로 쓰이는 물질로, 이 물질을 코팅해놓으면 조리 과정에서 음식물이 잘 들러붙지 않는다-옮긴이) 즉 지도자가 도덕적으로 대단히 고결하다는 평판이 확립되면 비난과 논란도 해를 끼치기는커녕 오히려 튕겨나간다는 것이다. 논란이 일면 사람들은 '아니야, 지금까지 내가 아는 그 사람은 그런 일을 할 사람이 아니야'라고 반응할 가능성이 더 높다. 그들은 해명을 기다리고 지도자에게 기회를 주려 할 것이다.

대중 연설을 할 때 버락 오바마는 늘 자신의 높은 도덕적 기준과 원칙에 입각한 가치를 소중히 한다는 입장을 드러낸다. 2007년 일리노이주 스프링필드에서 대선 출마 선언을 할 때의 연설을 살펴보자.

오늘 제가 여기 오게 된 과정을 말씀드리고자 합니다. 대부분이 아시겠지만 저는 이 훌륭한 주에서 태어난 사람이 아닙니다. 저는 20년 전에 이곳 일리노이 주로 옮겨 왔습니다. 당시 저는 대학을 졸업한 지 1년 밖에 안 된 청년이었습니다. 돈도 없었으며 시카고에는 단 한 사람도 아는 사람이 없었습니다. 하지만 한 교회 단체에서 제게 연봉 13,000달러에 지역사회 활동가로 일해 보지 않겠느냐고 제안했습니다. 저는 아무 것도 몰랐지만, 소박하고도 강렬한 단 하나의 동기에서 그 일자리를 받아들였습니다. 그것은 바로 제가 보다 나은 미국을 건설하는 데 작은 역할이나마 할 수 있으리라는 것이었습니다.

그 일을 하면서 시카고에서 가장 가난한 지역으로 가 보았습니다. 그때 저는 몇몇 목사님들과 신도들과 함께 공장 폐쇄로 황폐해진 지역들을 담당했습니다. 그 과정에서 그곳 사람들이 직면한 문제의 본질이 단순히 지역적인 것이 아님을 알 수 있었습니다. 제철소 폐쇄 결정은 시카고에서 멀리 떨어져 있는 본사 간부들이 내린 것이었습니다. 학교에 교과서와 컴퓨터가 부족한 것은 수천 마일 떨어진 곳에 있는 정치가들이 우선순위를 잘못 정했기 때문이었습니다. 아이가 폭력을 저지른다면 아이들의 가슴에 어떠한 정부도 메워주지 못할 구멍이 뚫려 있는 것입니다.

바로 이런 지역에서 저는 평생에 걸쳐 최고의 교훈을 얻었고 **기독교 신앙의 진정한 의미를 배웠습니다**.

3년간 그 일을 한 뒤 저는 로스쿨에 들어갔습니다. 형편이 어려운 사람들을 위해 법이 어떻게 작용해야 하는지 알고 싶었기 때문입니다. 저는 **인권 변호사가 되어 헌법을 가르쳤고**, 얼마 후 우리가 소중히 여기는 자유와 평등의 권리는 깨어 있는 유권자의 적극적인 참여에 달려있다는 사실을 알게 되었습니다. 주 상원의원이 되어 이곳에 왔을 때 저는 이런 생각을 품고 있었습니다.

저는 이곳 스프링필드에서 농부와 교사, 사업가와 노동자들, 모든 미국인이 하나가 되는 것을 보았습니다. 모두들 할 이야기가 있었고, 모두들 자신의 자리를 찾아, 모두들 소리 높여 자신의 목소리를 내려는 모습을 보았습니다. 저는 이곳에서 영원한 우정을 얻었고 오늘 이곳 청중들 속에서도 친구들이 보입니다.

불쾌함을 주지 않고도 **당당히 반대하는 법을 배운 곳**이 바로 이곳이었습니다. **결코 타협할 수 없는 원칙들을 알고 있는 한 타협할 수 없으며**, 서로의 말을 경청하고자 하는 한 사람들에게서 최악이 아닌 최선을 기대할 수 있다는 사실을 우리는 배웠습니다.[iv] **[볼드체는 저자 강조]**

인생의 선택들을 간략하게 이야기하면서 오바마는 자신이 원칙으로 삼고 있는 가치관, 도덕, 지역 사회에 대한 애정을 강조했다.

마찬가지로 오바마는 경쟁자를 비판할 때도 신중을 기해 존경할 만한 도덕성을 보여준다. 가령, 공화당 대통령 후보 존 매케인을 비판할 때 오바마는 대개 처음에는 매케인이 미국을 위한 봉사한 사실을 칭찬한다. 이렇게 함으로써 인신공격을 한다는 인상을 피할 수 있다. 다음의 예를 보자.

이제 몇 달 후면 공화당은 아주 다른 목표를 가지고 세인트폴에 도착할 겁니다. 그들은 이 나라를 위해 영웅적으로 헌신한 존 매케인을 지명하러 올 겁니다. **저는 국가에 대한 그 분의 봉사를 존경하며, 그가 이룬 수많은 업적을 존중합니다. 비록 그 분이 제가 이루어낸 것들을 부인하려 한다 해도 말입니다.** 저와 매케인의 차이는 개인적인 것이 아닙니다. 차이는 이번 선거운동에서 그가 제시한 정책에 있습니다.[V] [볼드체는 저자 강조]

오바마는 강력한 윤리관을 사람들에게 세심하게 전달함으로써 위기를 헤쳐나가고, "여러분이 신뢰할 수 있는 리더십"과 "여러분이 믿을 수 있는 변화"와 같은 주제를 중심으로 한 역사적인 선거운동을 추진할 수 있었다.

이번 장에서 배운 것 — 신뢰와 믿음을 얻는 화법

오바마가 이룬 엄청난 성공에서 볼 때, 지도자들은 사람들의 신뢰와 믿음을 얻기 위해 오바마의 뛰어난 스피치 테크닉에서 배울 점이 많다. 우리는 신뢰와 믿음을 얻는데 있어 카리스마가 중요한 역할을 한다는 점을 확인했다. 반짝이는 눈빛, 열정과 위엄 등은 카리스마가 있는 사람은 금방 알아볼 수 있다. 카리스마는 지도자들이 사람들에게 힘을 불어넣고 동기를 부여하는데 도움을 준다. 이미지와 보디 랭귀지 역시 강력한 첫인상을 심어주는데 중요하다. 경험 많은 지도자들은 첫인상을 주는 순간을 잘 이용한다. 그들은 몸 동작과 이미지를 능숙하게 이용하여 일종의 양방향 대화를 시작하고 훌륭한 첫인상이 오래 가도록 한다. 이렇게 하면 위엄과 권위를 얻고 리더십을 발휘하는데 확고한 기반을 마련할 수 있다.

첫인상을 준 후 후속 인상도 아주 좋다면 강력한 첫인상이 더욱 견고해진다. 유능한 연설자들은 목소리, 억양, 제스처를 능숙하게 사용하여 자신감과 지도자로서의 자질을 갖추었음을 강조한다. 유능한 연설자는 또한 말을 하는 방식을 통해 연설을 강력하게 만들 수 있음에 늘 유념한다. 그들은 목소리와 억양을 뛰어나게 사용한다. 마찬가지로, 제스처도 스피치의 도구로서, 말과 자연스럽게 연결돼 스피치에 생기를 불어넣고 연설의 효과를 한층 높인다.

강력한 연설자는 핵심 주제를 강화하는 부차적 메시지를 전달할 때 소품과 무대 연출의 중요성을 기억한다. 그들은 이야기를 할 때 '강하게' 시작하여, 청중을 지배하는 분위기를 파악하고 유리한 기반에서 이야기를 시작할 수 있도록 노력한다. 또한 뛰어난 연설자는 기회가 있을 때마다 자신의 강력한 윤리관을 전달하여, 먼 훗날에도 도움이 될 신뢰와 믿음의 기반을 더욱 공고히 한다.

장벽 허물기

"장벽 허물기"는 연설을 이용하여 배경이 저마다 다른 집단들을 하나로 뭉치는 오바마의 탁월한 능력을 들여다본다. 자신의 특이한 배경에 대한 솔직한 시인과 이러한 배경을 "전형적으로 미국적"인 것으로 투사하는 능력을 결합하여 공감대를 이끌어내는 능력은 그의 소중한 자산이다. 이에 더하여 감동을 주는 단어를 써서 오바마는 사람들을 떼어 놓기보다는 한데 모으는 능력을 발휘한다.

03

2004년만 해도 2008년에 오바마가 미국 대통령 후보가 된다는 생각은 기껏해야 '가능성이 희박한' 일로 받아들여졌을 것이다. 많은 미국인들이 이렇게 비웃었을 것이다. "이름때문에라도 안 될 거야." 그의 성(姓)인 오바마는 "오사마"와 발음이 비슷하며, 그의 미들 네임은 후세인이니까. 그리고 인종적 배경은 말할 필요도 없다. 그러나 2008년이 되자 버락 오바마는 "세계를 바꾸고 구원할 인물"[i]로 널리 환영 받았으며 강력한 대통령 후보로 인식되기 시작했고, 그가 승리하면 흑인과 백인, 부국과 빈국, 부자와 빈자로 오랫동안 갈라져 있던 세계를 치유하는데 도움이 될 것이라는 생각이 널리 퍼지기도 했다. 대통령직을 꿈꾸던 많은 지도자들에게 넘을 수 없는 장애물로 작용했던 이 장벽들을 버락 오바마는 어떻게 허물었을까?

여러 가지 답이 있겠지만 그 중 하나는 사람들 사이의 차이에도 불구하고 이들의 공통 분모를 찾아 한 자리에 모으는 오바마의 탁월한 연설 방식도 중요한 역할을 한다. 사람들을 뭉치게 하고, 동지의식을 만들어내고, 공통의 목표가 있다는 의식을 불어넣는 능력은 크게 성공하는 지도자라면 누구에게나 핵심적인 역량이다. 이 분야에서 오바마가 특히 심오한 역량을 갖추고 있다는 사실은 그의 정치적 업적의 규모로 잘 알 수 있다. 2008년에 민주당 대통령 후보 지명을 끌어낸 사실은 세계사에 비추어보아도 예외적인 일이다. 미국 하나만 놓고 보아도 모든 인종과 다양한 연령대의 사무직 근로자, 육체 노동자, 학생, 전업주부, 기업가 등 고도로 다양한 집단을 오바마가 어떻게 포용했는가는 여전히 경탄의 대상이다. 오바마는 다음과 같은 이야기를 여러 번 한 적이 있다. "이 선거는 기업, 종교, 또는 남녀 양성간의 대결이 아닙니다. 부자 대 빈자, 청년과 노년의 대결도 아닙니다. 흑백간의 대결도 역시 아닙니다. 이번 선거는 과거 대 미래의 문제입니다."[ii] 그런데 오바마는 어떻게 해서 해묵은 분열을 제쳐놓을 수 있었을까? 이 장에서는 오바마가 장벽을 허물고 다양한 집단 사이에 끈을 만들어낼 수 있도록 해준 특별한 연설 방식을 살펴보고자 한다.

뛰어넘기

버락 오바마는 매우 효과적인 연설 방법을 통해 고도의 "초월"을 성취해냈다. 오바마는 사람들이 일단 자신을 알기만 하면 보통 "내 편이 된다" 고 강력히 주장하면서 이러한 사실을 스스로 암시하곤 했다. 그러면 사람들은 어떻게 오바마를 "알게" 될까? 연설 등 많은 사람이 모인 자리에서 하는 스피치를 통해서이다. 오바마의 연설 방식은 워낙 효과적이어서 지지자들이 폭발적으로 늘어난다.

몇 가지 특별한 스피치 방식을 이용해서 오바마는 고도로 다양한 사람들을 한 자리에 모으고, 이들이 서로간의 차이가 아니라 공통점에 주의를 기울이도록 이끈다. 오바마가 어떻게 차이를 인정하면서도 공통의 가치, 소망, 역사, 경험으로 사람들의 주의를 이끌어가는지를 살펴보면 소중한 교훈을 얻을 수 있다. 오바마가 역사적 정치 연설, 공통의 원칙, 성경의 진리, 미국 아이콘의 발언 등을 효과적으로 이용하여 듣는 이의 심금을 울리는 방법에서도 많은 것을 배울 수 있다. 이제 오바마의 뛰어난 스피치 기술을 살펴보자.

껄끄러운 것 인정하기

버락 오바마는 통념을 깨뜨리고 역사적 장벽을 허무는 것을 통해 대단한 성공을 거두었다. 2004년에 오바마는 왜 많은 사람들이 자신을 매력적인 후보와 전당대회 연설자로 생각하는가를 설명하면서 자신이 거두고 있는 성공의 배경을 몇 가지 지적했다. 여기서 오바마는 그로부터 몇 개월 전 일리노이주 상원의원 예비선거전에서 승리한 방법에 대해 언급했다. "우리는 사람들이 대개 누구에게 표를 찍는다는 식의 통념에 도전했다. 그러니까 백인들은 흑인에게 표를 주지 않는다거나, 교외에 사는 사람들은 시내에 사는 사람들을 찍어주지 않는다든가, 어떤 주의 남부 주민들은 북부 출신 후보에게 투표하지 않는다는 것 등 말이다… 우리는 설득력 있는 이야기를 하는 사람이라면 유권자들은 누구에게나 기꺼이 표를 던진다고 생각하는 사람들을 모아 연대를 형성할 수 있었던 것이다."[iii] 그 후 오바마는 다음과 같은 이야기를 여러 번 했다. "사람들은 연설을 하는 사람의 피부색보다 그 사람이 하고 싶은 이야기에 더 관심이 있다."[iv]

그러나 과거에도 많은 지도자들이 이렇게 광범위한 연대를 형성하려고 했지만 실패했다. 오바마의 성공에는 행운 이상의 것이 있었다. 오바마는 장애물을 무너뜨리고 사람들을 연결하는 특별한 연설 기법을 활용한다. 그 방식 중 하나는 다음과 같다. 오바마는 껄끄러울 수 있는 일들을 일찍부터 공개적으로 시인한다. 대중 연설을 시작할 때 오바마는 다음과 같은 원칙을 실천하는 것처럼 보인다. "방안에 코끼리가 있으면 그 존재를 인정하라."

오바마에게 있어 코끼리는 그가 속한 인종이기도 하고, 그의 "희한한 이름"이기도 하며, 그의 아버지가 개도국 출신이며 한때 오두막에서 살았다는 사실이기도 하다. 미국에서 인종의 역사를 돌이켜보면, 이러한 출신배경은 오바마처럼 뛰어난 연설가가 아니었다면 뛰어넘을 수 없는 장벽이 될 수 밖에 없다.

이렇게 거북할 수도 있는 문제를 무시하기 보다는 오바마는 이들을 있는 그대로 인정하며 가끔 유머를 섞어 대하기도 한다. 예를 들어 오바마는 이런 농담을 한 적이 있다. "사람들은 내 이름을 이런 저런 이름과 혼동하기도 하고 가끔 좀더 흔한 이름인 '알라바마' 나 '요마마' 라고 부르기도 한다."[v] 오바마는 또한 자신을 가리켜 "이상한 이름의 깡마른 아이"라고 한 적도 있다. 2004년 전당대회에서도 스스로 밝혔듯이 "인정합시다. 제가 이

곳에 서있는 것은 별 가망 없는 일이었습니다." 방 안에 있는 코끼리를 인정하는 오바마의 느긋한 태도는 청중들도 느긋하게 만들어주었다. 이런 느긋함이 가져다준 자유 속에서 오바마는 사람들의 주의를 공감대 쪽으로 끌고 갈 수 있었다.

대중 연설가로서 오바마는 거북하게 만들 수 있는 요인이 있다면 이를 일찍부터, 그리고 정면으로 인정하려 하는 것이 유용함을 보여준다. 이렇게 하면 사람들을 갈라놓는 문제를 뛰어넘어 서로를 연결하는 끈을 만들고, 공감대를 확장하는 일이 더 쉬워질 수 있다.

공통의 꿈과 가치 강조하기

오바마는 연설의 방향을 차이보다는 공통성을 강조하는 쪽으로 능숙하게 끌고 가면서 공통의 꿈과 가치 같은 핵심적 요소에 초점을 맞춘다. 다음 예를 보자.

드디어 아버지가 살던 케냐의 작은 마을을 처음으로 방문해서 할머니에게 아버지가 남겨놓은 것이 없느냐고 물었습니다. 할머니는 트렁크를 여시더니 편지 묶음을 꺼내 제게 건네시더군요.

30여 통이 있었는데 모두 아버지가 손으로 쓰셨고, 미국 여기저기에 있는 대학교가 수신처로 되어 있었습니다. 그리고 **인생에서 더 많은 것을 꿈꾸는 젊은이의 희망**이라는 문구로 채워져 있었습니다. 그리고 미국에서 공부할 길이 열렸으며 하느님은 아버지의 기도를 들어주셨던 것입니다.[vi] [볼드체는 저자의 강조]

이 이야기에서 오바마는 어떤 젊은이의 희망과 하느님이 그의 기도를 들어주신 것, 그러니까 보통의 미국인이 생각할 수 있는 것으로 청중의 주의를 끌고 간다. 아버지의 물건 중 미국인으로부터 오바마를 떼어놓을 수 있는 요소, 그러니까 오두막집과 케냐 같은 것들은 청중의 뇌리에서 사라져가고 어느덧 오바마는 청중의 주의를 공감대 쪽으로 이끈다. 꿈을 가진 지도자라면 여기서 많은 것을 배울 수 있을 것이다. 연설을 준비할 때는 다음과 같은 점을 생각해보자. 청중과 강한 연대를 만들어내려면 어떤 공통의 요소를 끌어낼 수 있을까? 청중이 서로를 갈라놓는 요소에서 시선을 떼어 공통의 광장으로 시선을 옮기도록 어떻게 유도할 수 있을까?

오바마는 또한 다양한 청중을 앞에 두고 계층, 인종, 출신지역, 종교 등 사람들을 갈라놓는 전통적인 사회적 요소로부터 이들의 주의를 돌려 공통의 꿈과 가치 쪽으로 시선을 이끄는 탁월한 능력을 지녔는데, 여기서도 배울 점이 많다. 2004년 3월 18일에 〈뉴욕타임즈〉는 오바마의 다음과 같은 이야기를 인용했다. "저는 이름도 특이하고 배경도 이국적이지만, 제가 추구하는 가치는 본질적으로 미국적 가치입니다."[vii] 오바마는 이 주제를 적극 활용하며 공통의 가치, 이를테면 강한 직업 윤리, 아메리칸 드림에 대한 믿음, 교육을 향한 열망 등을 다양한 배경의 미국인 청중을 대상으로 연설할 때 기반으로 이용한다. 2008년 4월에 워싱턴에서 열린 AP통신 연례오찬에서 행한 다음 연설을 보자.

민주당을 지지하든 공화당을 지지하든 상관없습니다. 소도시 출신이든 대도시 출신이든, 사냥을 즐기든 아니든, 교회, 절, 모스크 중 어디를 다니든 상관이 없습니다. 우리는 모두 출신 지역도 다르고 배경도 다르지만 공통의 희망, 그리고 하나의 아메리칸 드림을 갖고 있습니다.

이번 선거를 통해 저는 이 꿈을 되살리려고 합니다. 지금부터 11월까지 제가 기회 있을 때마다 하려는 것이 바로 이 이야기입니다.

우리의 지도자들이나 현 정치 상황이 마음에 안 드는 사람도 있겠지만 그들의 마음 속에도 미국에서 이루어질 수 있는 것들에 대한 희망이 숨어 있습니다. 이 희망 때문에 사람들은 쉬는 날 또는 하루의 고달픈 근무를 마친 뒤 때로는 혹독하게 추운 날 클린턴 상원의원, 매케인 상원의원, 아니면 제가 주관하는 대회나 연설에 참석하기 위해 몇 킬로미터씩 이동하기도 합니다. 왜냐하면 이 사람들은 우리가 세상을 바꿀 수 있다고 생각하기 때문입니다. 그리고 앞서 말한 꿈을 믿기 때문입니다.

저는 이 꿈에 대해 몇 가지 알고 있습니다. 저는 부잣집에 태어나지 않았습니다. 저는 편모 슬하에서 외가의 도움으로 성장하였으며, 저의 외조부모는 캔자스의 조그마한 마을에서 태어나 제대군인원호법에 따른 혜택으로 학교에 다녔으며 연방주택관리국 대출을 통해 집을 샀습니다. 어머니는 급식표로 생계를 이은 적도 있었지만 제가 장학금을 받아 명문 고등학교에 다니도록 해주셨습니다. 그 덕에 미국에서 제일 좋은 대학들 중 하나에 다니게 되었고, 그 결과 융자를 받을 수 있었는데, 사실 저희 부부가 융자금을 다 갚은 것은 겨우 몇 년 전의 일입니다.

달리 말하면, 제 이야기는 전형적인 미국인의 이야기입니다. 이런 삶을 살아온 미국인들이 있기에 미국이 세계를 비추는 등대 역할을 하게 된 것입니다. 이 이야기는 제 조상들의 투쟁과 희생의 이야기이며 엄청난 고난을 극복한 이야기이기도 합니다. 저는 이 이야기를 매일 살아내고 있습니다. 이 이야기 때문에 아침에 일어나고 이 일을 하며, 이 이야기 때문에 누구든 꿈을 이룰 수 있는 **이 나라의 미래에 대해 희망을 갖습니다.**[viii] [볼드체는 저자 강조]

위의 연설에서 오바마는 공통의 아메리칸 드림으로 청중의 주의를 이끌면서 이 다양한 배경의 청중과 자신을 확고하게 연결하고 있다. 마찬가지로 아래의 예에서도 오바마는 자신의 가족이 아메리칸 드림을 추구하면서 근면과 헌신이라는 훌륭한 가치를 구현하는 모습을 그려내어 자신과 다양한 배경의 청중과의 관계를 굳힌다.

이 나라는 제2차 세계대전이 끝나고 집으로 돌아온 저의 외할아버지가 **제대군인원호법**에 따라 대학에 갈 수 있도록 해준 나라입니다. 이 나라는 저의 외할아버지와 외할머니가 **정부 융자를 받아** 첫 번째 집을 살 수 있도록 해준 나라입니다.

이 나라는 한 때 급식표로 연명해야 했던 편모인 제 어머니가 **장학금 혜택**을 통해 저와 여동생을 **명문 학교**에 보낼 수 있도록 해준 나라입니다.

이 나라는 시청 공무원으로 사우스사이드 정수장에서 일하던 제 장인이 자신만의 소득으로 아내와 두 아이를 부양할 수 있도록 해준 나라입니다. 장인은 30세에 다발성 경화증 진단을 받았습니다. 그래서 보조기구를 이용해야만 출근할 수 있었습니다. 그래도 장인은 매일 직장으로 나가 일을 해서 제 아내와 처남을 명문 대학에 보냈습니다. **정수장이라는 직장은 장인에게 월급을 주었을 뿐만 아니라 존엄함과 자긍심**도 주었습니다. **이러한 미국은 부만 존중하는 것이 아니라 부를 창출하는 노동과 근로자까지도 존중하는 나라입니다.**[ix] [볼드체는 저자 강조]

2008년 6월 3일에 정치 평론가 자말 시몬즈가 지적한 것처럼[x] 오바마는 자신이 살아온 이야기를 "빌 클린턴의 이야기, 로널드 레이건의 이야기, 해리 트루먼의 이야기처럼 미국만의 이야기"로 들려주는데 성공했다. 2004년 7월 28일에는 〈뉴욕 타임즈〉도 비슷한 기사를 실었다. "오바마는 희망, 기회를 향한 추구 같은 전형적인 미국 이민자의 이야기를 한다." 탁월한 연설 기법을 활용하여 오바마는 자신이 살아온 이야기를 보잘것없는 출신으로 시작해서 대단한 성공을 거둔 미국인의 이야기로 그려낸다. 이렇게 하면 청중이 더욱 공감하게 된다. 그가 살아온 이야기는 전형적인 미국인의 이야기이며 이로 인해 수백만의 미국인들이 오바마를 사랑하게 된 것이다.

공통의 역사 쪽으로 주의 끌기

공통의 꿈, 특히 아메리칸 드림과 공통의 가치를 강조하여 오바마는 수백만의 미국인으로부터 사랑을 받는다. 그리고 기회가 있을 때마다 오바마는 공통의 역사를 강조하여 청중과의 공감대를 형성한다. 다음의 예를 보자.

> 저는 케냐에서 온 흑인 남성과 캔자스 출신 백인 여성 사이에서 태어났습니다. 저는 외조부모의 도움으로 성장했는데 외할아버지는 **대공황**을 견뎌내고 **제2차 세계대전 중에는 패튼 장군 휘하에서** 복무한 백인이었으며 외할머니는 할아버지의 군복무 중 **포트 리븐워스의 폭격기 조립 라인**에서 일한 백인 여성이었습니다. 저는 미국에서 손꼽는 명문 학교를 다녔으며, 세계에서 가장 빈곤한 나라 중 하나에서 살기도 했습니다. 저는 노예와 노예 주인의 피가 흐르는 흑인 미국 여성과 결혼했습니다. 그리고 이 피를 우리의 소중한 두 딸에게 물려 주었습니다. 제 남녀 형제들, 조카들, 삼촌들과 사촌들은 인종과 피부색이 제 각각으로, 3개 대륙에 걸쳐 살고 있습니다. 살아있는 한 저는 저 같은 인생이 가능한 것은 지구상에 미국뿐이라는 사실을 결코 잊지 못할 것입니다.
>
> 이러한 배경으로 인해 저는 독특한 대통령 후보가 되었습니다. 이 이야기는 미국이 부분의 합보다 더 큰 나라라는 것, **다양한 가운데 우리는 진정으로 하나**라는 것을 제 유전자 속에 아로새겨 준 이야기이기도 합니다.[xi] [볼드체는 저자 강조]

오바마는 아버지가 케냐인이라는 사실을 인정하면서 아버지의 이야기를 더 나은 미래를 향한 희망, 교육, 근면함, 아메리칸 드림의 실현 등이 특징인 전형적인 미국 이민자의 이야기로 그려낸다. 공통의 역사, 즉 대공황, 패튼 장군의 부대, 제2차 세계대전, 포트 리븐워스의 폭격기 조립 라인 등을 언급하여 오바마는 성공적으로 청중의 공감을 일으킨다. 이렇게 친숙한 역사를 언급하여 오바마는 자신을 "다른 미국인과 똑같은" 존재로 부각한다. 그러니까 자신의 "희한한 이름"과 독특한 성장 배경으로부터 모든 사람들을 서로 연결하는 공통의 끈 쪽으로 주의를 돌리는 것이다. 이 과정에서 오바마는 자신을 "우리" 중 한 사람으로, 공통의 목표를 향해 매진하는 팀원으로 확고하게 각인시킨다.

다음 예에서 오바마는 세부적 사실을 제시하여 다양한 배경의 청중으로부터 공감을 얻는다.

나중에 안 것이지만, 아버지가 미국으로 올 수 있었던 것은 당시 매사추세츠 주 출신의 젊은 상원의원이었던 존 F. 케네디와 케냐 학생들에게 미국까지 올 여비를 지급해주었던 케네디 재단 덕택이었습니다. 그러므로 아버지가 미국 땅을 밟을 수 있었던 것은 이들의 후원 덕분이기도 했습니다. 그리고 아버지가 미국으로 왔기 때문에 미국의 과거로부터 영감을 얻고, 미국의 미래에 대해 희망에 가득 차 있으며, 미국 역사의 위대한 다음 장을 쓰는 데 역할을 다하겠다는 결의에 넘치는 제가 여러분 앞에 서있는 것입니다.[xii]

이 연설에서 오바마는 자신의 삶에서 세부적인 일을 잘 골라내고 이를 이용하여 청중과 굳건한 유대를 형성한다. 여기서 오바마는 미국에서 가장 유명한 정치가 가문 중 한 집안을 언급하면서 어떤 미국인의 "(너그러운) 후원"을 이야기 하면서 애국심에 호소하고, 스스로를 "미국의 과거로부터 영감"을 얻으면서 미국의 미래를 대표하는 존재로 투영한다.

마찬가지로 2008년 1월 워싱턴에서 열린 케네디가의 오바마 지지 행사에서 오바마는 청중과의 유대 형성을 위해 공통의 역사 쪽으로 주의를 이끌어간다.

저에게 있어 오늘은 단순한 정치적 행사의 날이 아닙니다. 개인적인 의미가 있는 날이죠. 존 F. 케네디 대통령 시절에는 너무 어렸고, 로버트 케네디가 출마했을 때도 아직 어린이였습니다. 그러나 자라면서 할아버지, 할머니와 어머니가 케네디 형제와 그 시기의 미국에 대해서 이야기하는 것을 종종 들었습니다. 그 때는 큰 희망과 위대한 성취의 시기였습니다. 미국의 가능성에 대한 제 믿음은 존과 로버트 케네디 시절에 대해 조부모님들이 들려주신 이야기에서 비롯된 것이기도 합니다.

수백만의 미국인들도 같은 생각이리라고 믿습니다. 워싱턴에서는 존 F. 케네디와 로버트 케네디의 사진이 사무실 벽에 걸려 있는 광경을 여기저기서 볼 수 있고, 이들의 연설문을 모은 책이 서가에 꽂혀 있기도 합니다. 전 미국을 이동하며 저는 이런 모습을 여러 곳에서 보았습니다. 어딜 가든, 누구와 이야기를 하든 한

가지 분명하게 말할 수 있는 것은 꿈은 결코 죽지 않았다는 사실입니다. 미국이 한 때 어땠는지를 기억하고, 또한 미국이 다시 한 번 그렇게 될 수 있다는 사실을 알고 있는 나이 든 사람들 속에서 그 꿈은 여전히 살아 있습니다. 존 F. 케네디와 로버트 케네디를 TV에서만 보았지만 그들의 부름에 즉각 응할 마음의 준비가 되어 있는 젊은이들 속에서도 그 꿈은 살아 있습니다.

시련이 아무리 크다 해도 굴복하지 않는 미국인들, 케네디 대통령이 바로 이 대학에서 이야기한 것처럼 "인간의 운명이 마주치는 어떤 문제도 인간을 뛰어넘을 수는 없다"는 사실을 아는 미국인들 사이에서 그 꿈은 여전히 살아 있습니다.

나이가 많든 적든, 부유하든 가난하든, 흑인이든 백인이든, 남미계든 아시아계든 우리를 갈라 놓는 정치에 식상한 사람들, 그리고 **존 F. 케네디가 대통령이었을 때 우리가 갖고 있던 공통의 목표를 되찾고 싶어하는 미국인들 사이에서 그 꿈은 여전히 살아있습니다**.

이것이 우리가 **가슴 속에 품고 있는 꿈입니다**. 오늘날 미국이 필요로 하는 지도자도 이러한 지도자입니다. 그리고 대통령으로서 제가 되려고 하는 지도자도 이러한 지도자입니다.[xiii] [볼드체는 저자 강조]

위에서 이야기한 낯익은 주제들로 오바마는 장벽을 허물고 서로를 이어주는 끈을 만들었다. 정치적 지지를 얻는 과정에서 오바마는 사람들을 갈라 놓는 관습을 버리고 공통의 가치 및 공통의 역사 같은 통합의 요소로 그 자리를 채웠다. 이렇게 해서 오바마는 전례 없이 많은 사람들로부터 공감을 얻었다.

공통의 경험 강조하기

오바마의 탁월한 스피치 스타일에서 또 한 가지 배울 점은 공통의 경험을 활용해서 유대를 형성하고 강한 동지 의식을 창출하는 것이다. 앞에서도 본 것처럼 어떤 청중을 대상으로 연설을 하더라도 오바마는 공통 분모를 찾아내고 의도적으로 청중의 주의를 그 쪽으로 유도한다. 가끔 이 공통 분모는 직접적으로는 무관한 경험에 한정되어 있을 수도 있다. 그러나 오바마는 이렇게 별 중요하지도 않은 경험까지도 활용해서 청중과 공감대를 형성할 수 있는 기반을 만들어낸다. 오바마가 직장 여성들을 대상으로 한 연설인 아래의 예를 살펴보자. 오바마는 물론 직장 여성은 아니다! 그러나 오바마는 시간을 내서 이들과 어떤 공감대를 형성할지를 생각해보았다. 이들과의 관계에 대해 그가 떠올린 의문은 다음과 같은 것들이다. 이들과 나 사이에 존재하는 공통 경험의 기반은 무엇인가? 하잘것 없더라도 이 공통의 경험을 어떻게 풀어 나가야 청중과 굳건한 유대를 만들어낼 수 있을까? 오바마는 직장 여성의 아들이자 직장 여성의 남편으로서의 자기 경험을 이용하여 청중과의 굳건한 유대를 창출한 후 이들과의 공통 분모를 드러내 보인다.

뉴멕시코를 다시 찾아와 직장 여성들이 직면한 어려움에 대해 이야기를 나눌 수 있게 되어 기쁩니다. 왜냐하면 직장 여성들이 아니었다면 저는 미국 대통령 후보로서 오늘 여러분 앞에 이렇게 서있지 못했을 것이기 때문입니다.

저는 어머니 덕에 이 자리에 서있습니다. 어머니는 어렵게 학업을 마친 **싱글맘**으로 남을 돕는 일에 열심이셨고, 미국에서는 마음만 먹으면 성공에 어떤 걸림돌도 없다는 믿음을 저희 남매에게 심어주셨습니다.

저는 할머니 덕에 이 자리에 서있습니다. 할머니는 저를 키워주셨습니다. 제2차 세계대전 중 할머니는 폭격기 조립 라인에서 일하셨고 "**리벳**(두 개의 금속판을 이어주는 못 같은 것-옮긴이) **박는 로지**"라고 불리셨습니다. 그러고 나서 할머니는 학력이 고졸에 불과했지만 처음부터 **은행원으로 시작**하여 제가 성장할 때쯤엔 가정 경제에서 제일 큰 부분을 맡고 계셨습니다.

저는 아내 미셸 덕에 이 자리에 서있습니다. 오바마 가족의 버팀목인 미셸은 시카고 사우스사이드의 평범한 가정에서 태어나 자수성가한 사람으로, 제가 아는 어떤 사람보다도 더 능숙하고 우아하게 **일과 육아를 병행한 사람입니다**. 이제 미셸과 저는 우리 두 딸이 자라날 이 나라가 꿈을 이루고 가족과 함께 할 자유와 기회를 주는 땅이기를 원합니다.[xiv] [볼드체는 저자 강조]

다음 예에서 오바마는 플로리다의 대도시에 사는 사람들을 대상으로 연설을 하고 있다. 여기서도 오바마는 어떻게 청중과 공감대를 형성할까를 생각한다. 나와 이들 사이에는 어떤 공통의 경험이 있을까? 이들의 상황, 이들의 어려움, 이들의 필요를 이해하는 후보자로 나를 매끄럽게 그려내려면 어떻게 해야 할까? 이들은 물론 플로리다의 마이애미에 있었지만 오바마는 일리노이주 시카고 출신인 자신의 경험에 비추어 공감대를 형성한다.

마치 고향에 돌아온 기분이군요. 미국 대통령 후보로 이 자리에 서있기는 하지만 저는 제 삶에서 가장 중요한 경험은 여러분이 매일 하는 일, 그러니까 지역 사회에 변화를 일으키는 일을 하면서 얻었다는 사실을 결코 잊지 못할 것입니다.

아시는 분도 있겠지만 저는 대학을 졸업하고 나서 **시카고 지역의 몇몇 교회가 모인 공동체의 지역사회 활동가로 일했습니다**. 당시 그 지역의 제철소가 문을 닫는 바람에 많은 사람들이 어려움을 겪고 있었고, 그들이 용기를 잃지 않도록 돕는 것이 제 일이었습니다. 그 때 저는 지금까지도 마음 속에 간직하고 있는 근본적인 진리를 깨달았습니다. 미국에서 변화는 위에서 아래로 내려오는 것이 아니라 밑에서 위로 올라간다는 사실을 말입니다.[XV] [볼드체는 저자 강조]

분열의 소지를 줄이고 공감대를 넓히려는 지도자라면, 시간을 들여서 공통 분모를 최대한 찾아내려는 오바마의 자세와 그 성공으로부터 많은 것을 배울 수 있다. 여러분도 청중과 공통의 경험을 갖고 있는가? 공통의 가치는? 공통의 목표는? 공통되는 부분을 탐색해보고 공감대를 이루어 제 각각인 사람의 집단을 통합하라.

호소력 있는 표현 구사하기: 역사적, 정치적 명언 인용

공통의 가치, 꿈, 경험을 상세히 이야기하면서 오바마가 어떻게 자신과 청중을 더 큰 "우리"의 한 부분을 만드는가를 살펴보았다. 이에 더하여 오바마는 청중의 심금을 울리는 표현으로 "양념"을 한다. 가끔 오바마는 모든 미국인이 소중하게 생각하는 사회 정치적 가치를 담은 정치가들의 명언에서 적절한 부분을 인용한다. 어떤 때는 금과옥조나 성경 속의 진리를 따오기도 한다. 또 어떤 때는 미국의 아이콘 역할을 하는 인물들의 발언을 인용하면서 자신의 연설을 보강하기도 한다.

타오르는 듯한 어조로 분열지향적인 발언을 한 제러마이어 라이트 목사에 대한 응답인 아래의 예를 보자. 목사의 발언은 통합된 미국을 위해 일한다는 오바마의 주장을 약화시킬 수도 있는 것이었다. 오바마는 미국의 풍부한 역사적 정치 연설 중에서도 청중의 공감을 일으키는 독립 선언문 속의 표현을 골랐다. 오바마는 독립 선언문을 인용해서 마치 타오르는 불에 물 한 양동이를 끼얹어 불을 끄는 것 같은 효과를 만들어냈다. 아래 인용한 연설 첫 머리의 한 줄로 이미 오바마는 자신의 애국심을 청중에게 확인시키면서 통합이라는 이상에 대한 자신의 변함없는 의지를 전달하고 있다.

"더 완벽한 통합을 이루기 위해 우리는…"

221년 전, 바로 길 건너에 있는 건물에서 사람들이 모여 방금 말씀 드린 단순한 표현을 가지고 당시로는 불가능하리라고 여겨지던 미국 민주주의의 실험을 시작했습니다. 폭정과 박해를 피해 대양을 건너온 농민과 학자, 정치가와 애국자들은 1787년 봄 내내 계속 된 필라델피아 대회에서 마침내 독립 선언을 현실로 만들었습니다.

이들이 작성한 선언문은 결국 서명은 되었지만 궁극적으로는 미완성입니다. 선언문은 미국의 원죄라고 할 노예제로 얼룩졌고, 이 문제가 사람들을 두 편으로 갈라 놓는 바람에 대회가 교착 상태에 빠져 결국 우리의 선조들은 노예 무역을 그로부터 적어도 20년 간 허용한 뒤 추후 결정은 다음 세대에 맡기는 방법을 택했습니다.

물론 노예제 문제에 대한 답은 이미 헌법 속에 새겨져 있습니다. 법 앞의 동등한 시민권이라는 이상을 핵심으로 하는 우리의 헌법 말입니다. 또한 미국 헌법은 국민에게 자유와 정의, 그리고 긴 세월에 걸쳐 완성해야 할, 그리고 완성될 통합을 약속하고 있습니다.

그러나 양피지에 쓰인 글자만으로는 노예를 멍에로부터 풀어 줄 수도 없고, 피부색과 신념이 다른 많은 사람들에게 미국 시민으로서의 권리와 의무를 제공하거나 부여할 수도 없을 것입니다. 그래서 여러 세대에 걸쳐 많은 미국인들이 건국 초에 천명된 이상과 자신이 사는 시대의 현실 사이의 간격을 좁히기 위해 기꺼이 자신의 역할을 다 했습니다. 이들의 역할로는 길거리로부터 법정에 이르기까지 여러 곳에서 이루어진 저항과 투쟁, 내전, 시민 불복종 운동 등 많은 위험을 수반하는 활동이 있었습니다.

우리보다 앞서 간 사람들의 발자취를 따라 긴 행진, 더욱 정의롭고, 더욱 평등하며, 더욱 자유롭고, 더욱 번영하며, 더욱 인간을 위하는 미국을 향한 행진을 계속하는 것, 이것이 우리가 선거 운동 초기부터 설정한 과제 중 하나입니다. 미국 역사의 한 시점인 지금 제가 대통령 후보로 나서기로 한 이유는 힘을 합치지 않으면, 저마다 배경은 다르지만 공통의 희망을 품고 있음을 이해하여 통합을 다지지 않으면, 우리 시대의 문제들을 풀 수 없다는 깊은 믿음이 있기 때문이고, 우리의 외모와 출신은 저마다 다르더라도 우리의 후손을 위해 더 나은 미래를 선물하겠다는 하나의 방향으로 우리 모두 움직여 가기를 원한다는 깊은 믿음이 있기 때문입니다.

이러한 믿음은 미국인의 품위와 관용에 대한 무한한 신뢰에 바탕을 두고 있습니다. [볼드체는 저자의 강조]

이 연설에서 오바마는 자신을 "우리"의 일부로 확고히 자리매김하면서 이제까지 미국을 이끌어 온 소중한 원칙들이 미국인을 더욱 안전한 미래로 이끌어가리라는 메시지를 전하고 있다.

호소력 있는 표현 구사하기: 성경 속의 진리

오바마는 성경을 인용하는 경향이 있는데, 이것도 장벽을 허물고 유대를 형성하는데 도움을 준다. 신앙을 소중히 여기는 크리스천인 오바마는 연설 중 종종 다른 크리스천의 신앙심을 일으키는 표현을 양념처럼 사용한다. 예를 들면 **눈에 보이지 않는 것에 대한 믿음, 나는 내 남동생을 지키는 사람** 등이다.

많은 사람들이 이러한 성경 속의 진리와 원칙을 소중히 여긴다. 상당수의 미국인에게 있어 성경을 인용하는 것은 고도의 유대감을 형성할 수 있는 방법이다. 성경 구절은 많은 사람들의 귀에 친근하게 들리며 또한 심금을 울린다. 성경을 인용하면 유대감을 형성하는데 도움이 된다. 2004년 민주당 전당 대회 기조연설 일부를 발췌해본다.

> 미국의 전통인 개인주의와 함께 또 하나의 중요한 요소가 존재합니다. 우리가 하나의 국민으로 서로 연결되어 있다는 믿음이 그것입니다. 시카고의 사우스사이드에 문맹인 어린이가 있다면, 그 어린이가 내 아이가 아니더라도 그것은 제 문제입니다. 어딘가에 사는 가난한 노인이 약을 살 돈이 없어서 약값을 내야 할까 집세를 내야 할까 고민하고 있다면 그 분이 내 할머니가 아니더라도 저의 삶이 더 가난해집니다. 아랍계 미국인 가족이 변호사의 도움도 받지 못하고 적법한 절차도 밟지 않은 상태에서 체포된다면 그것은 내 인권을 위협하는 것과 마찬가지입니다. **나는 내 남동생을 지키는 사람이고 내 여동생을 지키는 사람**이라는 기본적인 믿음이 미국을 움직이는 힘입니다. 이를 바탕으로 우리가 저마다의 꿈을 추구하면서도 미국이라는 하나의 가족으로 뭉칠 수 있는 것입니다.[xvi] [볼드체는 저자의 강조]

마찬가지로 2008년 3월에 필라델피아에서 있었던 "더 완벽한 통합" 연설에서 오바마는 다음과 같은 성경 인용으로 목적을 훌륭히 달성하고 있다.

그렇다면 결국 필요한 것은 세계의 위대한 종교들이 설파하는 바로 그것 이상도 이하도 아닙니다. **남이 내게 해주기를 원하는 대로 남에게 해주라는 가르침 말입니다. 성경 말씀대로 우리 남동생의 지킴이가 됩시다. 그리고 여동생의 지킴이가 됩시다**. 우리가 서로 긴밀히 연결되어 있음을 깨닫고 이러한 정신이 미국 정치에서도 구현되도록 합시다.[xvii] [볼드체는 저자의 강조]

다른 사람의 말 활용하기

유명한 미국의 아이콘의 발언을 인용하는 것으로도 오바마는 청중과의 공감대를 만들어낸다. 오바마가 선택하는 아이콘은 보통 청중이 잘 아는 인물이고 이들이 한 말도 귀에 익은 이야기이다. 신중하게 선택한 아이콘이나 지도자의 말을 인용하면 청중과 감정적인 연대를 만드는데 도움이 된다. 2008년 1월에 행한 다음 연설의 발췌문을 보자.

몬트거메리의 버스 보이콧(1955년 12월부터 이듬해 11월까지 앨러배머 주의 몬트거메리에서 인종차별을 거부하며 흑인들이 버스 이용을 거부한 운동-옮긴이) 전날, 그러니까 많은 사람들이 변화의 가능성에 대해 회의적이었을 때, 그리고 흑인들이 스스로를 믿지 못하고 있을 때, 그리고 서로를 믿지 못하고 있을 때 마틴 루터 킹은 분노가 아니라 긴급한 필요에 의해서 사람들에게 호소했고, 그의 말은 오늘날도 의미가 있습니다.

"이 순간 가장 필요한 것은 단결입니다." 킹 목사는 이렇게 말했습니다. 단결을 통해 우리는 어려움을 극복할 수 있습니다.

킹 목사는 어떤 사람 하나가 버스를 타지 않고 걷는다 해도 억압의 벽은 무너지지 않을 것을 알았습니다. 그러나 좀 더 많은 사람이 걸으면 벽의 기초가 흔들리기 시작할 것입니다. 좀 더 많은 여성들이 기꺼이 **로자 파크스**(로자 파크스라는 흑인 여성이 버스에서 백인 전용 좌석에 앉자 운전사가 뒤쪽 흑인 좌석으로 갈 것을 종용했지만 그녀는 이를 거부했고 이 사건이 위의 버스 보이콧 운동의 시발점이 되었다-옮긴이)와 같은 행동을 한다면 벽에 금이 가기 시작할 것입니다. 10대들이 미국 북부에서 남부로 버스를 타고 가는 **프리덤 라이드**(freedom rides: 1961년에 학생과 자원봉사자 등을 주축으로 한 사람들이 버스를 타고 흑백통합 정책에 맹렬히 반발하는 남부 지역으로 여행한 인종 차별 반대 운동-옮긴이)에 참여하면 벽돌 몇 개가 떨어질 것입니다. 이제 곧 시작될 인종 차별 반대 투쟁이 자신의 자유와도 직결되어 있음을 깨달은 백인들이 행진에 동참한다면 벽이 흔들리기 시작할 것입니다. 많은 미국인들이 차별의 불의함을 깨닫는다면, 그리고 북부와 남부, 부자와 빈자, 크리스천과 유대인이 힘을 모은다면 벽은 결국 무너질 것이고 정의가 물처럼 쏟아져 들어와 도도한 흐름을 이룰 것입니다.

이 순간, 바로 지금 가장 필요한 것은 단결입니다.[xviii] [볼드체는 저자 강조]

미국인의 아이콘인 킹 목사의 시적인 표현은 많은 사람들의 감정에 호소하는 힘을 지닌다. 이러한 인물의 발언을 인용해서 오바마는 많은 경우를 효과적으로 청중과의 공감대를 형성한다. 다음 예에서 오바마는 "도덕적 우주의 활은 길지만 그 끝은 정의를 향해 구부러져 있다"는 마틴 루터 킹의 유명한 발언을 매우 효과적으로 활용하고 있다.

신념, 용기, 지혜로 마틴 루터 킹 목사는 온 나라를 움직였습니다. 킹 목사는 우리는 모두 형제라는 복음, 그리고 평등과 정의의 복음을 전했습니다. 그는 이러한 대의를 위해 살았으며, 40년 전 오늘 그러한 대의를 위해 죽었습니다…

저녁 식사를 하러 나가는 길에 멤피스의 한 모텔 발코니에 서서 킹 목사가 한 일을 돌이켜 보는 것도 좋을 것 같습니다…

여기서 킹 목사가 한 일은 투쟁 중인 환경 미화원의 편에 서는 일이었습니다. 오랫동안 이들은 다른 사람들이 버린 쓰레기를 치우며 박봉과 홀대에도 불구하고 불평 없이 시를 위해 봉사했습니다. 통행인들은 이들을 "걸어 다니는 벌레"라고 불렀고 인종 분리주의를 취하던 남부에서 대부분의 미화원들은 별도의 음수대와 화장실을 써야 했습니다.

죽기 전날 킹 목사는 멤피스에서 미화원들의 운동이 킹 목사 자신과 미국에 대해 어떤 의미를 갖는가에 대해 설교를 했습니다. 마치 예언이라도 하는 듯한 음성으로 킹 목사는 누군가가 자신에게 위협을 가하고 있지만 아무도 두렵지 않다고 했습니다.

그리고 버밍햄(1963년 앨라배마주 버밍햄에서 있었던 흑인 인권 운동인 버밍햄 행진을 가리킴-옮긴이)이 미국의 양심을 일깨웠을 때 그 자리에 있었기 때문이라고 했습니다. 킹 목사는 또한 학생들이 자유를 위해 급식소에서 연좌 농성을 할 때도 그 자리에 있었습니다. 그리고 멤피스에서 별이 보일 정도로 어두워졌을 때 그 곳 사람들이 공통의 목표를 향해 뭉치는 순간에도 그 자리에 있었습니다. 그러므로 킹 목사는 산꼭대기에 있었던 것입니다. 그리고 약속의 땅을 보았습니다. 마음 속 깊은 곳으로부터 킹 목사는 그들과 함께 갈 수 없음을 알았지만 우리가 거기까지 가리라는 것은 알았습니다.

킹 목사가 이 사실을 안 이유는 스스로 그날 밤 말한 것처럼 미국인들이 "'나'를 '당신'을 향해 투사할 능력이 있음"을 보았기 때문입니다. 킹 목사의 깨달음은 피부색이 어떻든, 종교가 무엇이든, 돈이 얼마나 많든, 환경미화원이든, 미합중국 상원의원이든 우리는 모두 연결되어 있으며 남동생을 지키는 사람이며, 여동생을 지키는 사람이고, "함께 흥하든지 함께 망하든지" 한다는 것이었습니다.

다음날 그가 살해되자 미국의 영혼은 상처를 입었고, 그 상처는 아직도 다 치유되지 않고 있습니다…이 때문에 '여러분과 제가 함께 지금 이 순간에 가장 필요한 것'이 당시 킹 목사가 멤피스에서 설교를 할 때 필요하다고 말한 것과 같은 것입니다. 우리가 살아온 과정은 저마다 다를지 몰라도 우리는 모두 미래를 향한 같은 희망을 갖고 있습니다. 존엄성을 유지하기에 충분할 정도의 임금을 받을 수 있는 직장을 얻는 것, 병이 들면 의료혜택을 받을 수 있는 것, 아이들을 대학에 보낼 수 있는 것, 평생 일을 하고 나면 안정적으로 은퇴할 수 있는 것 등이 그것입니다. 이러한 희망은 공통의 희망이며 소박한 꿈이기도 합니다. 그리고 이러한 희망은 킹 목사가 시작한 투쟁, 그러니까 자유, 존엄, 인간성을 위한 투쟁의 핵심이며, 이를 완수하는 것이 우리의 임무입니다.

여러분도 아시다시피 킹 목사는 도덕적 세계의 활은 길지만 그 끝은 정의를 향해 구부러져 있다고 말했습니다. 그러나 킹 목사는 또한 그 끝이 저절로 구부러지지는 않는다는 사실도 알고 있었습니다. 끝이 구부러지는 이유는 우리 하나하나가 활을 잡고 정의 쪽을 향해 힘을 주기 때문입니다.

그러니까 바로 오늘, 활을 구부리기 위해 자신의 몫을 다합시다.

활을 정의 쪽으로 구부립시다.

활을 기회 쪽으로 구부립시다.

활을 모든 사람이 잘 사는 쪽으로 구부립시다.

하나의 국가, 하나의 국민으로서 이러한 일을 함께 할 수 있고 함께 걸어갈 수 있다면 우리는 단순히 킹 목사가 평생을 추구했고 이를 위해 죽기까지 한 대의를 따르기만 하는 것은 아닙니다. 오히려 이렇게 하면 우리는 킹 목사가 자주 인용했던 "정의를 강물처럼 흐르게 하여라, 서로 위하는 마음 개울같이 넘쳐 흐르게 하여라"라는 아모스 서의 말씀을 실천하는 것이 됩니다.[xix] [볼드체는 저자의 강조]

탁월한 연설 기법을 이용해서 오바마는 미국사회의 다양한 배경을 가진 집단을 통합할 수 있었고, 그 결과 최근 수년간의 미국 정치에서 가장 규모가 크고 의미 있는 풀뿌리 정치운동을 시작할 수 있었다. 청중이 분열의 요소로부터 시선을 돌려 단결 쪽으로 주의를 기울이게 하려는 지도자라면 공통의 가치, 원칙, 신념, 전통, 역사 등을 담아 공감을 일으키는 방법으로 일체감을 창출하는 오바마의 화법에서 많은 것을 배울 수 있을 것이다.

이번 장에서 배운 것—장벽 허물기의 실천

오바마가 다양한 배경을 가진 사람들을 대상으로 장벽을 허물고 공통 분모를 찾아내는 모습에서 지도자들은 많은 것을 배울 수 있다. 오바마는 인종, 연령, 성별, 종교, 출신지역 같은 전통적인 분열요소를 초월할 수 있음을 보여주었다. 오바마는 이질적인 집단을 통합하고, 동지 의식을 구축하며, 공통의 목표라는 의식을 심어주는데 탁월한 재능을 보인다. 이렇게 하면 우선 '방 안에 있는 코끼리'를 인정하는 것이 중요하다는 사실을 앞에서 보았다. 껄끄러울 수 있는 사실을 미리 인정하면 긴장이 해소되며, 지도자들은 공통의 영역에 다시 초점을 맞출 수 있게 된다. 지도자들은 거북할 수 있는 요소를 조기에, 그리고 솔직하게 시인해야 하며 분열의 요소로부터 시선을 돌려 공통의 요소 쪽으로 시선을 향하게 해야 한다. 이렇게 하는 목적은 청중들이 한 팀이라는 생각, 그리고 같은 목표를 추구하고 있다는 생각을 하도록 대화와 주의의 방향을 바꿔놓는 것이다.

공통 분모에 대해 이야기하는 과정에서 공통의 역사, 공통의 가치, 공통의 경험을 이야기하면 도움이 된다. 그리고 오랜 경험에 따라 수립된 원칙, 사회정치적 가치, 성경의 진리, 유명한 정치연설가들이 남긴 말들을 인용하여 공감을 일으키는 것은 아주 좋은 방법이다. "남의 이야기"를 효과적으로 이용하는 것도 도움이 된다. 필요할 경우 지도자들은 미국인 모두가 존경하는 아이콘에 주의를 돌릴 수 있다. 그들이 한 말을 현명하게 인용하고 그들의 이야기를 연대감을 창출하는 데, 또는 "우리"라는 공동체의식을 만들어내는 데 활용하면 도움이 된다는 뜻이다. 공통 분모를 창출하면 공통의 경험(아무리 하찮은 것일지라도)의 세부적인 부분을 언급하는 것도 유용할 수 있다. 그렇기 때문에 대중연설을 준비하는 과정에서 훌륭한 지도자는 청중과 자신 사이의 공통의 경험을 검토해보고 이러한 공통점을 어떻게 부각하여 공감대를 형성하고 자신의 연설에 설득력을 부여할지를 생각해보는 것이다.

청중의 마음 얻기

■

"청중의 마음 얻기" 에서는 버락 오바마가 청중의 마음을 사로잡고 "마음을 뒤흔드는 연설이었다", "우리를 이해하는구나" 와 같은 반응을 이끌어낼 수 있게 했던 스피치 테크닉들을 검토하고 있다. 그는 단순히 연설문을 외워 전달하는 것이 아니라 청중과 교감하는 탁월한 능력을 갖고 있다. 이러한 그의 능력의 관건은 청중을 철저하게 파악하고 그들이 가장 관심을 갖는 문제에 관해 말하는 것이었다. 우리는 그가 청중의 최우선 관심사안들에 어떻게 대응하여 청중과 감정을 교환하고 메시지에 개인적 친밀감을 불어넣는 데 성공했는지를 살펴볼 것이다. 듣고 있노라면 연단과 연설대가 사라지고 마치 저녁 식탁에서 그와 일대일로 대화하는 듯한 느낌을 불러일으키는 그의 비결은 무엇일까? 이 장에서 답을 얻게 될 것이다.

04

뛰어난 연설가는 목표와 비전이 담긴 연설의 힘을 충분히 활용하여 청중의 마음을 사로잡고 "마음을 뒤흔드는 연설이었다", "우리를 이해하는구나", "나의 모든 관심사에 대해 답을 얻었다"와 같은 반응을 이끌어낸다.

버락 오바마는 청중의 마음을 사로잡는 특출한 능력을 보여준다. 그는 어떻게 하면 자신의 소통 능력을 발휘하여 듣는 사람의 마음을 움직이고 자신의 의견에 따르도록 만들지 알고 있다. 그는 젊은 세대에게는 자극과 영감을, 윗 세대에게는 활력를 불어넣어 전통적인 인종, 계층, 성별과 종교에 따른 정치적 분열주의를 압도하는 역사적인 풀뿌리 사회운동을 촉발하였다. 폭넓은 민심을 사로잡는 그의 능력은 오바마마마마, 오바마칸(Obamacans: Obama와 Republicans(공화당원)의 합성어-옮긴이), 오바마노믹스 신봉자 등 그를 지지하는 집단을 가리키는 신조어를 낳기도 했다. 이처럼 버락 오바마가 청중과 교감하는 비결과 뛰어난 웅변이 그의 가장 큰 장점 중 하나가 된 비결은 무엇일까?

청중과 주제에 맞추어 발언을 조절할 수 있는 오바마의 예리한 능력에서 우리는 중요한 교훈을 얻을 수 있다. 그는 언제나 청중을 정확히 파악하고 그들의 전반적인 심리를 읽어낸 다음 그들이 가장 관심을 갖고 있는 문제들에 관해 의미 있는 내용을 자신의 연설 속에 담아냈다. 마음을 사로잡는 그의 기술의 저변에는 몇 가지 다른 특기할 만한 스피치 테크닉들이 깔려 있다. 그는 "인간적 친밀감을 갖게 하라"라는 원칙에 따라 행동했다. 즉 세부 내용을 효과적으로 사용하고, 자신의 경험을 자주 언급하며, '저', '여러분', '우리' 라는 인칭 대명사를 기술적으로 사용함으로써 이들이 갖는 유대감을 최대한 활용함으로써 마치 일대일 대화를 하는 듯한 느낌을 창출해낸다. 그 결과 전체적으로는 버락 오바마의 연설은 연단이 점차 사라지고, 청중과 가까이 서서 직접 대화를 주고 받는 듯한 느낌을 자아낸다. 오바마는 청중에게 가장 중요한 관심사에 관해 말하고 이해와 공감을 보여 줌으로써 듣는 사람들의 마음을 휘어잡는다. 또한 청중과 신뢰감을 형성해간다. 그의 의사소통 스타일과 내용은 청중에게 같은 목표를 향해 한마음 한뜻으로 뭉친 한 팀이자 '우리' 의 일원이라는 느낌을 안겨 주며 청중의 호응을 불러일으킨다.

청중 파악하기

청중의 가슴을 열고 마음을 얻기 위해서는 청중을 정확히 파악해서 그들이 직면한 상황을 이해하는 것이 필요하다. 효과적인 리더는 이러한 정보를 이해할 뿐 아니라 청중의 마음을 이해하는 메시지를 전달한다. 효과적인 리더는 청중의 심리를 파악하여 그들의 중요한 관심사, 불만과 욕구를 해소해 준다. 버락 오바마는 이런 방식으로 청중과 유대감을 형성하는 데 특출한 능력을 보인다. 그는 청중의 전반적인 심리와 정서를 파악하고 답을 제시한다. 주제는 경제, 의료, 교육, 이라크 전쟁 등 그때그때 달라질 수 있으나, 오바마는 항상 청중의 시각을 이해하며 그들의 우려를 해결하고자 한다는 메시지를 전달하는 데 능숙한 솜씨를 보여 준다. 오바마가 최근 일부 미국인들이 정부와 정부 관리에 대해 느끼고 있는 낙관적 확신의 부재(혹자는 노골적인 냉소주의라고 부르겠지만)에 대해 말하고 있는 부분을 살펴보자.

제가 대선에 나서기로 한 것은 오늘날 우리가 처한 어려움의 크기가 우리의 분열된 정치로 해결할 수 있는 수준을 넘어섰다고 믿기 때문이었습니다. 저는 정당 정파를 떠나 모든 미국민들이 새로운 정치, '어떻게 승리할 것인가' 뿐만 아니라 '왜 승리해야 하는가' 에 대해 고민하는 정치, 미국인이라면 공통되게 품고 있는 가치와 이상에 대해 고민하는 정치, 이념보다 상식을, 돌려 말하기보다는 솔직하게 말하기를 선호하는 정치를 갈망하고 있다고 생각했습니다.

무엇보다도 우리가 정치인들이 흔히 내비치는 것처럼 분열되지 않았고, 다음 세대를 위해 기꺼이 열심히 일하고 희생하는, 친절하고 너그러운 국민이기에, 저는 이 나라의 변화를 이끌 진정한 주체로서 미국민의 힘을 믿었고, 워싱턴을 지배하고 있는 특수 이익집단들에 맞서 뭔가 보다 나은 것을 추구하고자 스스로 노력하도록 우리의 목소리를 결집할 수만 있다면 해결할 수 없는 문제도 이룰 수 없는 일도 없다고 확신했습니다.

10개월이 지난 지금 아이오와 주에서 여러분은 이 믿음이 옳았음을 입증하셨습니다. 푹푹 찌는 더위나 매서운 추위 속에서도 여러분은 지지를 보내기 위해서뿐 아니라 반대 의견을 제기하기 위해서도, 그러니까 곤란한 질문을 던지고, 자동차 후드를 올리고 타이어를 걷어차거나, 워싱턴에서 평생 스포트라이트를 받으며 정치의 길을 걸어온 사람이 아닌 사람의 목소리도 듣기 위해 이 자리에 나오셨습니다. 우리 민주주의에서 자신의 역할을 진지하게 받아들이는 여러분이야말로 이 역할을 수행할 충분한 자격을 갖추고 계십니다. 여러분도 저와 같은 절박감을 느끼기에 이 점은 그 어느 때보다도 더욱 피부에 와 닿습니다.[i]

오바마는 청중의 심리를 읽음으로써 청중과 유대감을 이끌어내고, 청중의 마음을 휘어잡는다는 목표를 달성한다. 그의 말은 "심금을 울린다." 탁월한 스피치를 통해 사람들의 마음을 사로잡고자 하는 리더는 청중을 이해하고 그들이 듣고 싶어하는 것을 파악하는 데 시간을 할애한다. 당신도 청중의 심리를 파악하여 그들이 가장 큰 관심을 쏟는 사항에 관해 의미 있는 내용을 담아 말하는 방법을 찾아보라.

열거를 피해야 할 때를 파악하기

청중의 마음을 사로잡고자 할 때, 즉 사람들에게 자극과 동기를 부여한다는 목표를 추구할 때는 언제 자신의 주장을 열거하지 말아야 할 지를 아는 것이 중요하다. 놀랍게도 듣는 사람과 강렬한 감정적 유대를 형성하려는 연설가들이 자신의 주장을 나열하는 일은 매우 드물다. 그들은 주장, 의견 혹은 주제에 번호를 붙이는 것은 감정을 꺾어버리는 행동으로 여긴다. "제 비전의 네 가지 핵심 요소에 관해 자세히 말씀드리겠습니다. 첫째, …"라고 서두를 꺼내는 연설자가 어떤 인상을 줄지 상상해 보라. 그의 말은 딱딱하고 사무적이며 거리감이 느껴지고, 깊이 있는 감정을 느낄 수 없으며 저절로 마음에서 우러난다는 느낌을 주지 못할 것이다.

열거가 적절하게 쓰일 곳은 분명히 따로 있다. 열거는 비즈니스 환경이나 교회 예배와 같이 비교적 공식적인 자리에서 큰 효과를 발휘할 수 있다. 또한 교수들이 "… 세 가지에 대해 자세히 살펴보겠습니다"라고 말하는 것을 많이 들을 수 있을 것이다. 그러나 청중의 마음을 사로잡는 것이 보다 큰 목표라면 열거는 딱딱하고 거북한 느낌을 줄 뿐이다. 청중의 가슴과 머리에 호소하고자 하는 경우에는 딱딱한 열거 이외의 테크닉을 사용하여 이야기의 틀을 만드는 편이 나은 경우가 많다.

버락 오바마는 이러한 생각을 신봉한다. 최근 몇 년 간 그가 대중 연설에서 열거를 두드러지게 사용한 경우는 거의 없다. 그러나 이는 오바마의 연설이나 발언에 효과적인 구조가 결여되어 있다는 의미는 아니다. 오바마는 열거를 사용하지 않고도 자신의 말이 효과적인 구조를 갖추도록 여러 테크닉을 사용해서 청중과 마음 속에서 우러나는 강력한 연대감을 형성한다. 다음의 예를 살펴보자.

하지만 이 변화는 쉽지 않을 것입니다. 우리가 직면한 난제에 대해 착각은 금물입니다.

우리는 '로비스트들이 우리 정부를 장악해도 괜찮다' 그러니까 '그들은 워싱턴 정치 시스템의 일부일 뿐이다' 라는 생각에 **직면해 있습니다**. 그러나 우리는 로비스트들의 부당한 영향력이 바로 문제의 한 부분이며, 이 선거야 말로 더 이상 그들이 우리의 길을 가로막도록 버려두지 않겠다는 의지를 밝힐 기회임을 알고 있습니다.

우리는 대통령으로서의 통치능력이 워싱턴 정계에서 오래 살아남는 능력, 백악관과 얼마나 가까운가 등에서 나온다는 틀에 박힌 생각에 **직면해 있습니다**. 하지만 우리는 진정한 리더십에 있어 솔직함, 판단력, 그리고 하나의 공통된 목표, 보다 높은 목표를 향해 모든 계층의 미국인들을 결집시키는 능력이 관건임을 알고 있습니다.

우리는 정치인들이 대학 학비 부담을 낮춘다거나 청정 에너지를 함께 논의하기 보다는 정적을 악마로 보도록 몰아간 수십 년간의 심각한 당파성에 **직면해 있습니다**. 이 당파성은 우리가 공화당원의 생각이라면 절대 동의하지는 않지만 괜찮은 생각이라고 말할 수 조차 없게 만들었습니다. 이 같은 정치는 우리 당에 해로울 뿐만 아니라 국가적으로도 해롭습니다. 지금이야 말로 우리가 이를 영구적으로 종식시킬 수 있는 기회입니다.

우리는 선거에서 이기기 위해서라면 어떤 발언이나 행동도 용납될 수 있다는 생각에 **직면해 있습니다**. 우리는 이것이 바로 우리 정치의 잘못된 문제임을 압니다. 바로 이 때문에 사람들은 지도자의 말을 더 이상 믿지 않습니다. 바로 이 때문에 그들이 정치를 외면하고 있습니다. 우리에게 이번 선거는 미국민들이 다시 우리를 믿을 수 있도록 설득할 수 있는 기회입니다.

또한 지난 몇 주 동안 우리가 깨달은 사실은 특정한 선거운동의 문제가 아니라 **우리가** 원하는 국민이 되는 것을 막는 악습을 조장하는 세력에 **직면해 있다는 것입니다**. 이 세력은 바로 종교를 쐐기로, 애국심을 몽둥이로 이용하는 정치입니다. 우리를 규정하는 일정한 범주 안에서만 생각하고, 행동하며, 심지어 투표도 그 범주 안에서 해야 한다고 하는 정치입니다. 젊은이들은 정치에 무관심하다는 생각입니다. 공화당원들은 다른 당에 투표하지 않으리란 생각입니다. 부자들은 가난한 사람들에 대해 전혀 배려하지 않으며, 가난한 사람들은 투표를 하지 않는다는 생각입니다. 흑인은 백인후보를 지지해선 안 되고, 백인은 흑인 후보를 지지해선 안 되며, 흑인과 라틴계가 연대할 수 없다는 생각입니다.

하지만 오늘밤 우리는 이것은 우리가 믿는 미국이 아니라고 말하기 위해 이 자리에 나왔습니다. 지난 해 제가 이 주를 돌아다니면서 본 것은 백인의 사우스 캐롤라이나도 흑인의 사우스 캐롤라이나도 아니었습니다. 저는 사우스 캐롤라이나를 보았습니다. 저는 흑인 아이들과 백인 아이들의 미래를 앗아 가는, 무너져 가는 학교들을 보았습니다. 저는 셔터가 내려진 공장들과 팔려고 내놓은 집들을 보았습니다. 그것들은 한때 각계각층의 미국인, 하나의 자랑스러운 깃발 아래 함께 봉사하고, 싸우며, 피를 흘렸던 다양한 피부색과 신조를 지닌 남녀들의 것이었습니다. 저는 미국의 현재 모습을 보았고 이 나라의 미래에 대한 무한한 가능성을 믿습니다.

그것이 제가 바라보는 나라입니다. 그것이 여러분이 바라보는 나라입니다. 그러나 이제 나라 전체가 이 미래상을 받아들이도록 돕는 것은 우리에게 달려있습니다. 왜냐하면 종국적으로는 우리가 워싱턴 정가의 뿌리 깊고 파괴적인 악습에만 직면해 있는 것이 아니라, 우리 자신의 의구심, 두려움과 우리 자신의 냉소주의와도 힘들게 싸우고 있기 때문입니다. 우리가 추구하는 변화는 언제나 엄청난 노력과 희생을 요구해 왔습니다. 따라서 이것은 우리가 어떠한 종류의 국가를 원하는지, 이를 위해 우리가 얼마나 열심히 노력할 의사가 있는지에 관한 우리 자신의 가슴과 머리 속에서 벌어지는 투쟁입니다.[ii] [볼드체는 저자 강조]

이 예에서 오바마는 친밀감을 희생하지 않고도 고도로 구조화된 메시지를 만들 수 있음을 보여 준다. 오바마가 "우리는 … 직면해 있습니다"를 반복하며 각 단락들을 연결하는 방식은 열거를 하지 않고도 구조를 제공하는 원천이 되고 있다.

효과적인 의사소통을 원하는 리더는 열거가 목표 달성에 도움이 될지 아니면 해가 될지 고려하라. 발언의 목적과 장소를 고려하고, 이에 따라 열거를 사용할지 피할지를 결정하라.

세부 내용을 효과적으로 사용하기

청중의 마음을 사로잡는 또 다른 방법은 청중의 요구에 대해 의미 있는 내용을 말하는 것이다. 세부 내용이 중요하다. 청중에게 중요한 것은 세 가지 R, 즉 알아 주고(recognizes), 기억하며(remembers), 답을 제시하는(responsive) 것이다. 청중은 연설자가 자신들이 직면하고 있는 상황을 **알아 주고**, 그 상황에 대해 언급할 수 있을 정도로 상황의 세부 내용까지 **기억하며**, 그 문제들에 대해 답을 **제시해 줄 것**이라는 확신을 얻고 싶어한다. 연설자는 세부 내용을 말하는 가운데 청중들의 마음 속에 도사리고 있는 "당신이 내 생활과 어려움에 관해 **정말로**(really) 뭘 알기나 해? 상관이나 하냐고?" 와 같은 의문에 대해 답을 줄 수 있다. 세부 내용을 말하는 것은 연설자가 상황을 알고 있으며 청중에게 공감하고 있다는 증거가 된다.

버락 오바마는 자신이 청중이 처한 상황을 알고 있고, 그들의 어려움을 이해하며, 이에 대처하는 조치를 취할 태세가 되어 있다는 메시지를 전달하는 데 탁월한 능력을 지니고 있다. 오바마는 장기간에 걸쳐 갈고닦은 이 연설 방식을 통해 "내가 이해하며 관심을 갖고 있다는 것을 입증하는 증거를 여기에 제시한다"는 메시지를 전달하기에 충분한 세부 내용을 제시한다. 다음의 예를 살펴보자.

이 주 전역에서 여러분들이 저에게 자신들의 사연을 들려 주셨습니다. 그 사연들 중 대다수가 분투 노력과 고생담이었습니다.

저는 퇴직연금을 날려버리고 상여금을 착복한 기업경영자들에 배반 당한 어르신들의 사연과 의회가 제약회사들과 가능한 최저 약가에 협상하지 않았기 때문에 처방약을 구입할 수 없는 분들의 사연을 들었습니다.

저는 평생 일해 왔던 공장의 해외 이전으로 일자리를 일은 메이택 공장의 노동자들을 만났습니다. **그들은 이제는 월마트의 시간당 7달러의 일자리**를 놓고 자녀뻘 되는 10대 아이들과 경쟁하고 있습니다.

저는 월급으로 생계 유지가 어려워 **퇴근 후 도넛 가게에서 일하는 교사**들을 만났습니다. 그들은 지금도 호주머니를 털어 학교 비품을 마련하고 있습니다.

저는 바로 2주 전에 세다 래피즈에서 한 젊은 여성을 만났습니다. 그 여성은 종일 대학 수업을 받고 야간 근무를 하느라 **하루 3시간 밖에 못 자는데도 뇌성마비인 동생의 건강보험료를 낼 수 없다**고 말했습니다. 그 여성의 어조는 자기 연민이 아닌 강인한 의지를 담고 있었고, 왜 자신이 꿈을 실현할 수 있도록 정부가 학비 부담을 줄이는 데 좀 더 노력을 기울이지 않는지 물었습니다.

저는 참전 용사들과 대화를 나눴습니다. 그들은 아프가니스탄과 이라크에서 자신이 성취한 바에 대해 자긍심을 느끼고 있었지만 그럼에도 이라크에 남아 있는 다른 용사들을 떠올리며 이라크 파병이 과연 옳은지에 대해서는 의문을 품고 있었습니다. 참전 용사의 어머니들은 제 품에서 떠난 **아들을 그리워하는 눈물**을 흘렸습니다. **장애로 고생하거나 노숙자 신세가 된 참전 용사들**은 국가를 위한 자신들의 봉사가 왜 잊혀지고 말았는지를 물었습니다.

저는 **이 주 방방곡곡에서 미국인들과 대화를 나눴습니다**. 그들은 애국자였으며 왜 우리의 대외적 위신이 이렇게 빨리 실추되도록 내버려 두었는지를 물었습니다. 그들은 이로 인해 우리가 더 안전해지지도 않았음을 알고 있습니다. 그들은 아부 그라이브 수용소와 관타나모 수용소, 영장 없는 감청, 고문에 대한 모호한 태도를 부끄럽게 생각합니다. 그들은 이 나라를 사랑하며 그 소중한 가치와 이상을 회복하기를 원합니다.[iii] [볼드체는 저자 강조]

오바마가 단순히 "저는 지금이 경제적으로 힘든 시기임을 알고 있습니다. 저의 새로운 정책들이 도움이 될 것입니다"라고 말했다면, 얼마나 다른 느낌일지, 얼마나 단조로울지 상상해 보라. 주의 깊게 선택한 세부 내용을 통해 자신이 깊은 인식을 갖고 있음을 보여 줄 때 그의 말은 신뢰성과 힘을 얻게 된다. 오바마와 같은 탁월한 연설가는 보다 세부적인 묘사, 즉 '시간당 7달러', '퇴근 후 부업을 해야 할 필요'를 덧붙임으로써 청중의 마음을 여는 데 탁월한 효과를 거둔다.

마음을 얻는 소통 능력을 강화하고자 하는 리더는 청중의 최우선 관심사를 알아 주고 기억하며 답을 제시해 줄 것이라는 메시지를 전달하기 위해 어떠한 세부 내용이 도움이 되는지 고려하는 데 시간을 할애하라. 효과적인 세부 내용은 의사소통 과정에서 강력한 도구가 된다.

메시지를 개인화하기— '나(I)' 와 경험

의사소통을 강력한 도구로 활용함에 있어 버락 오바마는 청중의 마음을 얻는 또 다른 중요한 방법은 인칭 대명사의 기술적 사용, 즉 '나', '여러분' 과 '우리' 의 연결성 활용을 통해 메시지를 개인화하는 것임을 보여 준다. 물론 청중의 전반적인 심리를 파악하는 것도 중요하다. 효과적인 세부 내용을 제공하는 것 역시 중요하다. 그러나 연설을 할 때 연설자의 구체적인 신념이라든가 그 신념의 바탕이 되는 경험은 자칫 간과하기 쉽다. 메시지를 개인화하고 자신의 적절한 경험을 언급하면 그 메시지에 친밀감을 불어넣고 신뢰성을 부여하는 데 도움이 된다. 또한 개인적인 경험담은 연설자의 권위를 높이는 데 도움이 된다. 적절한 경험담과 '여러분', '저' 와 '우리' 의 적절한 활용을 결합하면 연설자와 청중이 같은 팀의 일원이라는 메시지를 전파할 수 있다. 또한 "저 사람도 나와 같은 경험을 했구나, 저 사람은 내 마음을 알아"라는 반응도 이끌어낼 수 있다. 이는 결과적으로 청중의 마음을 움직이는 초석이 된다. 다음 예에서 오바마는 이러한 스피치 테크닉을 잘 보여 준다.

마지막으로 **여러분과 제**가 오늘 이 자리에 서 있는 이 순간에도 이 나라의 빈민가와 잊혀진 구석에서 자라고 있는 세대가 있습니다. 지금 이 순간에도 그들은 우리의 손을 빠져 나가고 있습니다. 그들은 사우스 캐롤라이나 주 시골의 '수치의 회랑'(Corridors of Shame: 여전히 피부색이 학교 교육의 질에 영향을 주는 지역들, 사우스 캐롤라이나 주 농촌 공립학교들의 열악한 시설을 다룬 TV 다큐멘터리 제목이기도 하다-옮긴이)을 걷고 있거나 L.A. 동부 지역의 낡은 교실에 앉아 있습니다. 그들의 압도적 대다수가 흑인, 라틴계와 빈곤층 아이들입니다. 그들이 19세기 이래 아무도 그들의 학교를 위해 손가락 하나 까딱한 이가 없음을 깨닫게 될 때, 마지막 수업 종료를 알리는 종소리와 함께 전쟁터나 다름 없는 교실 밖으로 내몰릴 때, 그들이 교육의 중요성을 경시하는 것이 당연하지 않습니까? 그들이 전례없이 높은 중퇴율을 보이는 것이 당연하지 않습니까?

저는 이 아이들을 **압니다**. **저는** 그들의 절망감을 **압니다**. **저는** 20년전 시카고 사우스 사이드 지역에서 지역 사회 활동가로 **활동을 시작했습니다**. **저는** 학부모, 교사 및 지역 지도자들과 함께 그들의 미래를 위해 **투쟁했습니다**. **우리는** 방과후 프로그램을 만들고, 심지어 중퇴한 아이들을 대안 학교에 보내기 위해 관청 건물 밖에서 시위를 벌이기도 했습니다. 그 가운데 어느덧 **우리는** 그들의 미래를 **바꾸었습니다**.

따라서 저는 절망감을 알지만, 저는 희망도 압니다. 저는 우리가 이 지역 사회들에 조기 교육 프로그램들을 도입한다면, **우리가** 고등학교에 갈 때까지 기다리지 않고 더 낮은 학년 단계에서 중퇴율 문제 해결에 나선다면, 실력 있는 신규 교사들을 데려올 수 있다면, 기어 업(GEAR UP)과 트리오(TRIO)와 같은 대학의 지역사회 복지

프로그램들을 확대하고 상원에서 '라이크 아이브 던(like I' ve done:내가 한 것처럼)' 과 같은 여름방학 학습 기회 확대를 얻어낼 수 있다면, **우리는** 아이들의 삶과 이 나라, 그러니까 로스앤젤레스 동부 지역이나 시카고 사우스사이드뿐 아니라 이곳 맨체스터와 보스턴 교외 지역, 그리고 미시시피 농촌 지역 전체의 삶도 바꿀 수 있을 것입니다. **저는 우리가** 할 수 있음을 **압니다**. **저는 우리가** 해낸 것을 **보았습니다**. 그리고 **저는 여러분**의 대통령으로서 또 해내기 위해 매일 **노력할 것입니다**.[iv] [볼드체는 저자의 강조]

일대일 연결감 만들기: '여러분' 과 '저'

또한 " '저' 라는 지칭과 '여러분' " 이라는 지칭을 결합하면 메시지를 개인화하여 친밀감을 증대시킬 수 있다. 그 결과 어느덧 연단과 청중간의 거리가 좁혀지고, 사이에 존재하는 물리적 장벽들(예를 들면, 연설대)이 사라지는 것처럼 느껴지고, 연설자의 말은 가슴에 더욱 가깝게 와닿는다. 다음의 예를 살펴보자.

저의 아버지는 수천 마일 떨어진 케냐 출신이었고 제가 태어난 지 얼마 되지 않아 그곳으로 다시 돌아가셨습니다. 저는 어린 시절을 방황하며 보냈습니다. 저는 하와이와 인도네시아에서 자랐습니다. 저는 홀어머니와 외조부모님과 함께 살았습니다. 자라면서 저는 '내가 누구인가' , '내가 가야 할 길이 어디인가' 에 대한 확신을 가질 수 없었습니다.

그러다 **제가 여러분 나이가 되었을 때**, 저는 지역사회 활동가가 되기로 결심하였습니다. 저는 생각할 수 있는 모든 단체들에 편지를 썼습니다. 한동안 저는 아무런 답장도 받지 못했습니다. 마침내 시카고 사우스사이드에 있는 한 작은 교회들 단체에서 저에게 제철소 폐업으로 황폐화된 지역을 돕는 일을 제의하는 답장을 보내 왔습니다. 저는 시카고에 아는 사람이 단 한 명도 없었는데, 연봉 12,000달러에다 고물차 한 대를 살 2,000달러를 얹어 준다는 조건이었습니다.

저는 아직도 떠나기 전 선배와 나눈 대화를 기억합니다. 그는 저를 보더니 "버락, 자네에게 충고 한 마디 하지. 지역 사회 운동일랑은 관두고 돈 되는 일을 하게. 자네는 세상을 바꿀 수 없어. 또 사람들은 자네가 그러는 걸 반기지도 않아. 자네는 목소리가 좋으니까 TV 방송에 진출하는 게 어때? 장담하건대 성공할 거야"라고 말했습니다.

이제 생각해보니 TV에 관한 충고는 일리가 있는 것 같습니다. **솔직히 말해 저는** 제가 할 일에 대해 명확한 답을 **알지 못했습니다**. 저는 역사의 흐름 속에 뛰어들어 다른 사람들이 꿈을 이루기 위해 싸우도록 돕고 싶었습니다. 저는 해리스 같은 사람들이 민권 운동에서 했던 역할에서 영감을 얻었습니다. 하지만 막상 제가 시카고에 도착했을 때에는 어디서도 시위나 원대한 연설은 찾아 볼 수 없었습니다. 다만 텅 빈 제철소의 그늘 아래서 힘들게 살아가는 사람들만 보았을 뿐이었습니다. 날마다 저는 '예' 라는 말보다 '아뇨' 라는 말을 훨씬 자주 들었습니다. 저는 우리가 개최

한 집회에서 수많은 빈 자리를 보았습니다.

저는 역사를 마음대로 구부릴 수는 없음을 깨닫게 되었지만, 킹 목사의 말처럼 역사가 "정의를 향해 구부러질" 수 있도록 자신의 역할을 할 수는 있음을 알게 되었습니다. 우리는 한 블록 한 블록 교회 지하실과 부엌 식탁에서 지역 사회를 하나로 결집하고 새 유권자들을 등록시키며, 새로운 일자리를 만들기 위해 싸우고, 사람들이 어느 정도는 품위 있는 삶을 살도록 도왔습니다.[v] **[볼드체는 저자의 강조]**

오바마는 "**제가 여러분** 나이가 되었을 때"와 같은 발언에서 인칭 대명사를 적극적으로 활용하여, 매우 사적인 어조를 구사했다. 오바마는 가벼운 유머와 "**솔직히 말해 저는** 제가 할 일에 대해 명확한 답을 **알지 못했습니다**"와 같이 격의 없는 표현을 결합해 청중의 가슴에 와닿는 친근한 연설을 선보이는 데 성공했다.

메시지를 개인화하기—'우리'의 연결성

'우리'라는 지칭은 '저-여러분'의 연결성과 유사한 효과를 나타낸다. 이 지칭은 연설자와 청중이 같은 배를 탄 공동 운명체이자 한 팀이라는 메시지를 전달하는 데 도움이 된다. 오바마가 2008년 6월 3일 미네소타 주 경선일 밤 집회에서 한 연설 중 한 예를 살펴보자.

여러분 모두가 자신이 깊이 신뢰하는 후보에게 표를 던졌습니다. 하지만 결국 따지고 보면 여러분이 자신의 목소리를 내기 위해 여러 블록에 걸쳐 길게 줄을 서서 기다렸던 이유는 우리가 아닙니다. **여러분이 그랬던 것은 저**, 클린턴 상원의원 또는 다른 누구 때문이 아닙니다. 여러분이 그랬던 것은 이 순간, 한 세대를 규정 짓는 결정적 순간에 우리가 그냥 지금까지 해오던 대로 갈 수는 없음을 여러분이 가슴 속에서 알고 있었기 때문입니다. 우리는 우리 아이들에게 더 나은 미래를 물려 주어야 할 의무가 있습니다. 우리는 우리 나라에 더 나은 미래를 물려 주어야 할 의무가 있습니다. 그리고 오늘 밤 그러한 미래를 꿈꾸는 **모든 분께 저는 말합니다. 우리 함께 그 일을 시작합시다. 우리** 함께 미국의 새로운 진로를 개척하는 공동 노력에 힘을 뭉칩시다.[vi][볼드체는 저자의 강조]

이와 마찬가지로 오바마는 2008년 12월 27일 "우리의 순간은 지금"(Our Moment Is Now) 연설에서 '나-여러분-우리' 지칭을 효과적으로 사용하였다.

미국 국민이 믿음을 갖는 일은 반드시 이루어진다는 것을 **저는 알고 있기 때문입니다.**

여러분에게 믿음이 있다면, 우리는 로비스트들이 워싱턴에서 목표를 정하던 시절은 끝났다고 **말할 수 있습니다.**

여러분에게 믿음이 있다면, 우리는 미국의 노동자들에게 헛된 공약 대신 일자리와 감당할 수 있는 건강보험, 기댈 수 있는 연금을 줄 수 있습니다. 일자리를 해외로 이전하는 기업 대신 일하는 미국인들에게 세금 감면 혜택을 **줄 수 있습니다**.

여러분에게 믿음이 있다면, 우리는 모든 아이들에게 세계 수준의 교육을 제공하고, 교사들의 급여를 인상하고, 모든 미국인에게 대학 진학이 실현 가능한 꿈이 되도록 **할 수 있습니다**.

여러분에게 믿음이 있다면, 우리는 이 지구를 구하고 외국산 원유에 대한 의존을 **끊을 수 있습니다**.

여러분에게 믿음이 있다면, 우리는 이 전쟁을 끝내고, 관타나모 수용소를 폐쇄하고, 미국의 위상을 회복하고, 외교를 쇄신하고, 다시 한번 미합중국 헌법을 **존중할 수 있습니다**.

이 모든 것은 **우리가 이룰 수** 있는 미래입니다.[vii] [볼드체는 저자의 강조]

오바마는 자신의 메시지를 개인화할 수 있는 뛰어난 능력으로 청중의 마음을 얻을 수 있었다. 청중의 마음을 움직이고 영감을 불어넣으려는 리더는 인칭 대명사를 효과적으로 이용하여 '저', '여러분'과 '우리'가 갖는 연결성을 최대한 활용하라. 메시지를 개인화하면 스피치에 더 큰 힘을 보탤 수 있다.

이번 장에서 배운 것—마음을 얻기 위한 스피치 테크닉

오바마의 성공은 마음을 얻기 위한 여러 가지 최고의 스피치 테크닉을 실제로 보여준다. 스피치를 통해 다른 사람들의 마음을 움직이고자 할 때에는 청중에게 맞추어 발언을 조절하고, 그들이 가장 관심을 갖는 문제에 관해 의미 있는 내용을 말하는 것이 좋다. 능숙한 연설자는 인칭 대명사 '나', '여러분'과 '우리'를 최대한 활용하여 메시지에 인간적 친밀감을 부여함으로써, 마치 일대일 대화를 나누는 듯한 느낌을 이끌어 낼 수 있다. 그들이 자신의 경험담을 말하면 말에 힘과 권위가 부여되고, "저 사람도 나와 같은 경험을 했구나, 저 사람은 내 마음을 알아"라는 반응도 이끌어 낼 수 있다. 탁월한 연설자는 세부 내용을 능숙하게 사용하여, 청중의 경험과 관점을 자신이 이해한다는 것을 보여 줄 수 있다. 공감과 행동-청중이 바라는 것은 바로 이것이다. 능숙한 연설자는 자신이 청중의 요구와 욕구를 알고 있고, 기억하며, 답을 제시해 줄 것임을 보여 주기 위해 세부 내용을 사용할 것이다.

비전 전달하기

"비전 전달하기"는 버락 오바마가 효과적으로 청중에게 자신의 비전을 전달하기 위해 사용한 테크닉들을 고찰하고 있다. 이를 위해 서술적인 힘이 있는 단어들과 부수적 의미가 풍부한 다면적인 단어들을 사용하는 그의 기술에서 배울 수 있는 점들을 분석하고 있다. 관념적이고, 주제와 감정을 의인화하고, 이미지의 후진 반복재생 기법을 사용하며, 효과적으로 일화를 이야기하는 그의 능력과 전하고자 하는 메시지를 압축하고 구체화시켜 연설 후에도 오래 기억되도록 하는 그의 테크닉은 그를 다른 연설가들과 차별화시키는 요소라 할 수 있다.

05

버락 오바마는 오래된 장벽들을 허물고 미국 사회의 분열을 새롭게 조명하여 변화를 일으키려는 담대한 꿈을 추구한 비전가로 명성을 얻었다. 그러나 비전을 수립하고 그것을 굳게 믿는 것만으로는 부족하다. 비전을 달성하기 위해서는 그 비전을 다른 사람들에게 효과적이며 설득력 있는 방식으로 전달하여 먼저 다른 사람들이 그 비전을 이해하게 하고, 그들에게서 공감을 일으켜 궁극적으로는 그들이 자발적으로 비전을 받아들이도록 만드는 것이 필요하다.

과거 수년 동안 많은 사람들이 버락 오바마의 탁월한 비전 전달 능력에 대해 주목해 왔다. 2004년 존 케리 상원의원은 "버락은 미국적 낙관주의의 대변인"이며 "그는 우리가 단합하면 안으로는 더 강한 미국, 밖으로는 세계의 존경을 받는 미국을 건설할 수 있음을 알고 있다"고 말했다.[i] 그러나 그가 아니라도 사회 운동가들 중에는 빈곤층과 중산층을 위해 열심히 일한 사람들이 있고, 지도자가 되기를 원하는 사람들 중에서도 그보다 힘든 역경을 딛고 성공담을 일궈낸 사람들이 있다. 그 외에도 선의와 희망을 주기 위해 리더십을 발휘하고자 하는 사람들은 많이 있다. 그런데

도 유독 버락 오바마만이 마틴 루터 킹 목사가 "나에게는 꿈이 있습니다(I Have a Dream)" 연설을 한 후 불과 45년 밖에 흐르지 않은 지금 많은 사람들이 가능하다고 생각했던 것보다 훨씬 대단한 성공을 거두었다. 왜 이렇게 많은 사람들이 오바마의 '통합, 답을 제시하는 정부와 변화' 라는 비전을 열광적으로 받아들이게 되었을까? 오바마가 이처럼 효과적으로 자신의 비전을 전달할 수 있는 비결은 무엇일까? 그가 비전을 전달할 때 스피치 테크닉들을 시각적 도구만큼이나 효과적으로 사용하는 비결은 무엇일까? 배정된 시간의 제약에도 불구하고 그렇게 대단한 감명을 주는 생각을 연설에 담아내는 비결은 무엇일까?

이 장은 오바마가 명쾌하고 적절하며 설득력이 뛰어난 방식으로 비전을 전달하기 위해 활용한 기법들을 심도 있게 분석하고 있다. 우리는 오바마가 역사를 인용하고 자신의 생각을 친숙한 용어에 담아내는 방법에서 교훈을 얻을 수 있다. 또한 그가 생생한 단어들을 사용하고, 상징적이고 역동적인 이미지를 활용하며, '이미지의 후진 반복재생' 기법을 사용하는 데서 최고의 스피치 테크닉들을 배울 수 있다. 그가 부수적 의미의 힘을 활용하고, 개념을 의인화하며, '딱 적당한 정도' 의 세부 내용만을 제공하는 것을 배움으로써 우리의 기술에 깊이를 더할 수 있다. 이러한 스피치 테크닉들이 종합적으로 작용하여 버락 오바마는 자신의 비전을 효과적으로 전달할 수 있었고, 수백만의 청중들이 그의 비전을 기꺼이 받아들이게 만들었다.

역사와 친숙한 단어 인용하기

버락 오바마는 청중에게 그의 비전을 제시할 때 자신의 생각을 명료하고 적절하며 설득력 있는 방식으로 표현하기 위해 특기할 만한 스피치 테크닉을 많이 사용하고 있다. 역사를 인용하는 기법도 그 중 하나다. 오바마는 핵심 메시지를 역사적 맥락에 적절히 배치시키면 청중에게 친숙한 맥락에 놓을 수 있어 그 메시지를 보다 쉽게 이해할 수 있다는 점을 잘 보여 준다. 오바마가 자신의 메시지를 청중에게 친숙하고 소중한 전통의 일부에 결부시켜 전달할 때, 그 메시지는 소중한 전통의 자연스러운 연장 내지 일보 진전으로 받아들여진다. 버락 오바마가 노숙자, 폭력, 생계 유지가 가능한 임금, 건강보험 및 교육과 같은 사회 문제의 해결에 대한 약속과 실천 의지를 가진 미국이라는 이상을 설명하고 있는 다음의 예를 살펴보자.

로버트 케네디가 사망했을 때 저는 겨우 일곱 살이었습니다. 이 자리에 참석한 분들 가운데 많은 분들이 그를 형, 오빠, 남편, 아버지, 친구 등으로 기억하고 계십니다.

로버트 케네디의 이상주의, 아직도 우리를 일깨우고 있는 그 미완의 유산은 미국적 이상이 완성을 위해 나아가는 현재진행형이라는 기본 신념과 다르지 않습니다.

그것은 이 나라가 진정으로 자유와 평등의 원칙에 따라 건국되었다면, 수백만 명의 사람들이 피부색이 다르다는 이유로 억압

받는 것을 손 놓고 바라볼 수 없다는 신념입니다. 그것은 우리가 세계의 다른 국가에게 희망의 횃불로 빛나고자 한다면, 군사력 때문만이 아니라 우리의 이상의 실천으로 존경 받아야 한다는 신념입니다. 이 나라가 출생 배경이나 성장 환경으로 운명이 결정되지 않는 나라라면, 우리에게 백만장자의 자녀나 생활보조금을 받는 모자 가정의 자녀가 인생에서 동등한 기회를 누릴 수 있도록 보장할 의무가 있다는 신념입니다. 다양한 사람들로 이루어졌지만 우리는 진정으로 하나라는 신념입니다. 그렇다면 우리는 사리사욕의 추구에 스스로를 묶지 않고 모든 미국인들이 함께 일어나도록 돕는 데 헌신해야 할 것입니다…

국가로서 우리의 위대함은 개인의 진취성, 자유시장의 원칙에 그 바탕을 두고 있습니다. 하지만 우리의 위대함은 우리의 서로에 대한 배려, 이 나라의 모두가 이해당사자이고, 우리는 공동운명체이며, 모두에게 기회는 균등해야 한다는 생각에도 그 바탕을 두고 있습니다.

로버트 케네디는 우리에게 이러한 생각들을 일깨워 주었습니다. 그는 지금도 여전히 우리를 일깨워 주고 있습니다. 그는 미국의 대도시 중심 지역에 사는 사람들이 제3세계 수준의 생활을 하고 있고 이것이 우리를 더욱 가난하게 만들고 있다는 것을 깨닫는데 굳이 허리케인으로 인한 대 재앙이 필요한 것이 아님을 일깨워 주고 있습니다. 그리고 출구 전략 없는 전쟁이 우리 가족 모두를 위험에 빠뜨리고 있다는 것을 깨닫는 데 굳이 누군가 다른 사람의 자녀가 이라크에서 전사한 3,000번째 미군이 될 때까지 기다릴 필요는 없음을 일깨워 주고 있습니다. 지금은 물론 언제나 이 나라에서 아메리칸 드림의 쇠퇴를 용납하지 말아야 합니다.

이제는 오늘날의 "왜?"라는 의문에 대해, 자주 말은 하면서도 실천은 하지 않는 "왜 안돼?"로 대응해야 할 때입니다. "왜 굶주릴까?"와 "왜 노숙자일까", "왜 폭력일까?"와 "왜 절망할까?"라는 질문에 대해 "왜 좋은 일자리와 생계 유지가 가능한 임금이 안돼", "왜 더 나은 건강보험과 세계 수준의 학교가 안돼", "왜 모든 사람이 자신이 가진 잠재 능력을 발휘할 수 있는 나라가 안돼?"로 답할 때입니다.[ii]

오바마는 전달하려는 메시지를 역사뿐 아니라 로버트 케네디와 같은 칭송 받는 미국의 역사적 지도자와도 결부시켜 자신의 메시지를 구체화하는 동시에 보다 쉽게 이해하고 받아들이게 만든다. 그는 비전을 제시하는 탁월한 능력으로 청중이 그 비전을 자발적으로 받아들이게 만든다. 효과적으로 비전을 제시하기 원하는 지도자는 그의 성공에서 배울 수 있다. 자신의 메시지와 비전을 청중이 보다 쉽게 이해하도록 하기 위해 역사를 인용할 방안이 있는가? 연설의 효과를 높이기 위해 역사와 친숙한 용어를 어떻게 인용할까를 생각해 보는 데 시간을 할애하라.

시각적 도구로서 서술적 단어 사용하기

버락 오바마가 효과적으로 비전을 전달하는 데 사용하는 또 다른 테크닉은 서술적 단어의 활용이다. 많은 경우 연설자는 오버헤드 슬라이드나 프리젠테이션과 같은 시각적 도구를 사용할 수 없거나 해서는 안 되는 환경에서 연설을 하게 된다. 어떤 연설자에게는 시각적 도구를 사용할 수 없는 것이 상당한 핸디캡으로 작용할 수도 있겠지만 훌륭한 연설가는 시각적 도구 대신 잘 선택된 서술적 단어를 사용하는 뛰어난 능력을 가지고 있다. 그들은 중요한 시점에서 마음 속에 풍부한 이미지를 불러일으키는 단어에 초점을 두어 생생한 단어들로 그림을 그려 낸다. 잘 선택된 풍부한 표현은 청중에게 시각적 도구만큼이나 효과적으로 작용할 수 있다. 듣는 사람이 마음 속에 구체적이고 선명하게 떠올린 메시지나 주제는 그만큼 오랫동안 기억에 남을 것이다.

단어에 풍부한 서술적 힘을 부여하는 요소는 여러 가지가 있다. 예를 들면 단어의 정확성이나 그것이 떠올리는 이미지의 구체성이 될 것이다.

다음의 두 문장이 어떤 차이를 보이는지 살펴보자.

- 이번 선거에서는 비열한 정치 공작을 하지 않겠습니다.
- 여러분이 이 선거 유세나 이 당에서 보지 못할 것은 종교를 쐐기로, 애국심을 몽둥이로 사용하는 부류의 정치입니다.(오바마, 2008년 6월)[iii]

두 번째 문장은 '쐐기' 나 '몽둥이' 라는 단어의 사용을 통해 구체적인 이미지를 떠올리게 하여 보다 강력한 정서적 효과를 발휘한다. 이 단어들은 단순히 '말하는' 것이 아니라 '보여 주는' 서술적 힘이 풍부하다. 이러한 단어들은 이미지를 창조하여 비전의 전달에 도움을 준다. 마찬가지 맥락에서 다음의 두 문장이 어떤 차이를 보이는지 살펴보자.

- 우리에 대한 지지를 보여주려고 많은 분들이 이 자리에 나오셨습니다.
- 그들은 이 나라가 너무 심하게 분열되어 있고 너무 환멸에 젖어 있어 공통된 목표를 중심으로 결집하는 일은 결코 없을 것이라고 말했습니다.

  그러나 오늘 이 1월의 밤, 지금 이 역사적인 순간에 여러분은 우리가 할 수 없다고 냉소주의자들이 말한 일을 해냈습니다. 여러분이 한 일을 뉴 햄프셔 주가 5일 후에 할 수 있습니다. 여러분이 한 일을 미국이 2008년 새해에 할 수 있습니다. 학교와 교회의 늘어선 줄 속에서, 소도시와 대도시에서 여러분은 민주당원으로서, 공화당원으로서, 독립당원으로서 우리는 한 나라이고, 우리는 한 국민이며 변화의 때가 왔다고 말하기 위해 함께 모였습니다. (오바마, 2008년 1월)[iv]

위에서 "학교와 교회의 늘어선 줄"에 대한 오바마의 언급은 아마도 춥고 불편하지만 그에게 투표할 기회를 잡기 위해 오랫동안 줄을 서서 기다려야 하는 불편함을 기꺼이 감내하면서 몇 시간 동안 몸을 웅크리고 옹기종기 모여 있는 사람들의 이미지를 떠올리게 할 것이다. 또한 결과적으로는 오바마가 상징하는 것, 그가 내세운 공약의 가치와 그에게 한 표를 던지는 것의 중요성이 그렇게 참고 기다릴 만한 가치가 있다는 의미를 함축적으로 전달한다. 즉, '사람들의 줄' 이 떠오르는 단어를 선택하면 실제로 말한 것 외에도 오바마의 이미지에 긍정적으로 기여하는 함축적인 메시지들을 전달할 수 있다. 이 단어들은 풍부한 서술적 힘을 가진 단어를 잘 선택한 훌륭한 예다.

오바마는 설득력 강한 비전 전달 테크닉을 원하는 리더라면 풍부한 이미지가 떠오르는 단어들을 사용하여 효과를 거둘 수 있음을 잘 보여 준다. 서술적 힘이 풍부한 단어는 메시지에 정서적 효과를 더해 줄 수 있다. 서술적 힘이 풍부한 단어의 활용은 다층적 메시지를 전달함으로써 연설자가 매우 효과적으로 비전을 제시할 수 있도록 한다.

상징적 의미의 활용

또한 오바마는 상징성이 풍부한 단어들을 사용하여 비전을 전달하는 데 매우 능하다. 상징적 이미지는 청중에게 주로 정서적 반응을 일으킨다. 예를 들어 관 위에 덮인 성조기에 대한 말을 들으면 사람들은 애국심, 국가에 대한 충성심과 희생 정신을 떠올린다. 따라서 외할아버지가 성조기가 덮인 관 속에 누워 안장되었다는 오바마의 언급은 이 모든 긍정적인 요소들과 그 자신을 결부시킨다. 이는 탁월한 언어 선택이며, 결과적으로는 잘 선택된 단어가 오바마의 위상을 높이는 효과를 가져온다. 따라서 자신의 이미지를 높이고 싶을 때 상징을 활용하는 것은 최고의 테크닉이라 할 만 하다.

부수적 의미의 활용

상징적 의미의 활용과 밀접한 연관이 있는 테크닉이 부수적 의미가 풍부한 단어의 선택이다. 오바마는 이 테크닉을 능숙하게 구사한다. 상징적 단어와 달리 부수적 의미가 풍부한 단어는 반드시 애국적이거나 정서적 의미를 갖는 것은 아니다. 그럼에도 불구하고 이 부류의 단어들은 다면적인 의미와 이미지를 불러일으킨다. 오바마가 이러한 단어들을 효과적으로 사용한 예는 핵심단어를 선택할 때 '20가지의 함축적 의미를 가진' 단어의 선택이 효과적일 수 있음을 보여 준다. 다음의 예를 살펴보자.

제가 태어난 해에 케네디 대통령은 횃불이 새로운 미국인 세대로 넘겨졌다는 말을 한 적이 있습니다. 그의 말이 옳았습니다. 그 말은 현실이 되었습니다. 횃불은 그의 막내 동생에게 넘겨졌습니다.

1960년대의 투쟁에서 오늘의 투쟁에 이르기까지 그는 자신과 미국적 이상을 공유하는 모든 사람들을 위해 길을 밝히면서 그 횃불을 계속 들어 왔습니다.

그것은 그가 미국 근로자들을 위한 투사로서, 모든 미국인을 위한 건강보험의 열렬한 옹호자이자 이 나라의 모든 아동들을 위한 양질의 교육 제공의 지칠 줄 모르는 지지자로서 들어 온 횃불입니다.

그것은 정치 쟁점에 정통하고 통치술에 능하며, 단호한 리더십과 능숙한 정치 기술만큼이나 재미있게 이야기하는 능력을 가진, 상원의 스타로서 그가 들어 온 횃불입니다.[v]

오바마가 '횃불' 이 아닌 다른 조명 도구를 언급할 수도 있었지만 굳이 '횃불' 을 언급한 것은 횃불이 긍정적인 부수적 의미를 갖고 있기 때문이다. 횃불은 올림픽 선수의 이미지를 불러일으키며 큰 성취, 영웅적 행동, 탁월성의 추구와 같은 이미지가 따라다닌다. 이 단어를 선택하면 청중의 마음 속에서 강렬한 이미지들이 춤추기 시작한다. 오바마는 효과적으로 비전을 전달하고 싶을 때 더 큰 효과를 얻기 위해 부수적 의미를 활용할 수 있음을 보여준다.

아이디어의 의인화와 사물성 부여하기

또한 오바마는 의인화 기법을 매우 잘 활용하고 있다. 여기에서는 '의인화' 를 무생물이나 개념, 감정이나 행동과 같은 것에 인간적 특성을 부여하는 행위라는 뜻으로 사용하겠다. 예를 들면 다음과 같다.

- 그 거리의 모든 집들은 잠들어 있었다.
- 바람은 신음 소리를 내기 시작했고 구름은 눈물같은 비를 뿌렸다.[vi]

그러나 오바마는 의인화 기법을 사용하기 보다는 눈의 '빛' 에서 '희망' 을 발견하는 것과 같이 어떤 개념에 사물성을 부여하는 방식을 주로 구사한다. 이렇게 함으로써 그는 감정이나 개념을 구체적인 이미지에 결부시킨다. 개념에 사물성을 부여하는 것은 듣는 사람이 기억하기 쉬운 방식으로 그 개념을 제시하는 가장 효과적인 방법이다. 개념의 '형상화' 는 그 개념에 이미지의 힘을 부여하여, 메시지가 마음에 보다 깊은 울림을 주도록 하며, 듣는 사람은 그 이미지가 준 느낌을 오래도록 기억하게 된다. 이것이 어떤 차이를 가져다 주는지 생각해보자. 오바마가 단순히 "**저는 여러분 모두가 희망하고 있음을 압니다. 저는 그것을 볼 수 있습니다**" 라고 말했다고 하자. 이 말이 주는 인상과 오바마가 2008년 1월 3일 아이오와 경선 후 연설에서 사물성을 부여한 표현을 사용한 때의 감동을 비교해보자.

하지만 우리는 언제나 희망이 맹목적 낙관이 아님을 알고 있었습니다. 그것은 눈앞의 과제나 우리가 가는 길의 장애물을 무시하지 않는 것입니다. 그것은 방관하거나 싸움을 피하지 않는 것입니다. 희망은 모든 반대되는 증거에도 불구하고 우리가 그것을 추구하고 그것을 위해 노력하고 싸울 용기가 있다면 뭔가 더 나은 것이 우리를 기다리고 있다고 끈질기게 속삭이는 우리 내면의 어떤 것입니다.

희망은 종일 대학 수업을 받은 후 야간 근무를 하는데도 아픈 여동생의 건강보험료를 낼 수 없지만 그래도 이 나라가 자신에게 꿈을 실현할 기회를 줄 것이라고 믿는 세다 래피즈의 한 젊은 여성의 **눈에서 제가 본 것입니다**.

희망은 조카가 이라크에 파병된 후 숨을 제대로 쉴 수 없지만 조카의 무사 귀환을 위해 밤마다 기도하는 뉴 햄프셔 주의 어느 여성의 **목소리에서 제가 들은 것입니다**.

희망은 제국에 대항하여 **일단의 식민지 주민들이 일어서도록 이끈 그 무엇**, 대륙을 해방하고 국민을 치유하도록 가장 위대한 세대를 이끈 그 무엇, 자유의 대의를 위해 급식소에서 자리를 지키고 물대포를 무릅쓰고 셀마와 몬트거메리를 행진하도록 **젊은 남녀들을 이끈 그 무엇입니다**.

희망, **희망은** 케냐 출신의 아버지, 캔자스 주 출신의 어머니와 오직 미합중국에서만 가능한 인생역정을 걸어온 **저를 오늘 이 자리로 이끈 그 무엇입니다**.

희망은 이 나라의 기반, 즉 우리의 운명은 우리를 위해 쓰인 것이 아니라 우리가, 지금 이대로의 세상에 안주하지 않고 제대로 된 세상으로 바꿀 용기를 가진 모든 남녀가 써야 한다는 **믿음입니다**.[볼드체는 저자의 강조]

앞서 예로든 문장인 "**저는 여러분 모두가 희망하고 있음을 압**

니다. 그것을 볼 수 있습니다"는 설득력이 없고, 무미건조하며, 듣는 사람을 감동시키지 못한다. 이와 대조적으로 위에서 오바마의 '희망'에 관한 상세한 설명을 들으면 청중은 그 개념을 마음속에 떠올릴 수 있게 된다. 듣는 사람은 희망에 찬 눈의 생생한 이미지를 볼 수 있다. 마찬가지로 오바마는 '희망'이라는 개념을 명예로운 역사와 결부시킴으로써 그 개념을 보다 기억에 남고 깊은 울림을 갖는 것으로 만든다. 오바마는 개념에 사물성을 부여하는 테크닉을 사용하여 효과적으로 목적을 달성하였다.

딱 적당한 정도의 세부 내용 말하기

오바마가 비전을 전달할 때 사용한 또 다른 유익한 테크닉은 '딱 적당한 정도'의 세부 내용을 말하는 것이다. 그는 많은 사례에서 중요한 문제에 관한 깊은 지식과 이해를 드러내기 위해 언급하는 세부 내용의 정도를 조절하는 탁월한 능력을 보여 주었다. 잘 선택된 세부 내용의 달인인 그는 모호함이 갖는 가치도 잘 알고 있다. 오바마가 셰이머스라는 특정한 군인을 들어 이라크 전쟁 문제를 다루는 다음의 연설을 살펴보자.

얼마 전, 저는 일리노이 주 이스트 몰린의 해외참전용사회(VFW) 회관에서 셰이머스 에이헌이라는 청년을 만났습니다. **그는 188에서 190센티미터 정도의 훤칠한 키에, 맑은 눈망울에 푸근한 미소를 가진 잘생긴 청년이었습니다. 그는 해병대에 입대했고, 다음**

주에 이라크로 떠난다고 했습니다. 그가 자신의 입대 이유와 우리나라와 우리나라의 지도자들에 대한 전적인 신뢰, 국가에 대한 의무와 봉사에 대한 헌신에 대해 설명하는 것을 듣고 있노라니, **'이 젊은이가 모든 사람이 우리 자식이 이랬으면 하는 바로 그런 젊은이구나'** 라는 생각이 들었습니다. 하지만 저는 자문했습니다. '셰이머스가 우리를 위해 봉사하는 만큼 우리도 그에게 봉사하고 있는가?' 저는 **이제 다시는 고향으로 돌아오지 못할 900여 명의 군인들**, 아들딸들, 남편과 아내들, 친구와 이웃들이 떠올랐습니다. 저는 **제가 만났던 군인 가족들이** 떠올랐습니다. 그들은 수입원이 없어져 생활고에 시달리거나, 사랑하는 가족이 수족을 잃거나 심각한 정신적 후유증을 안은 채 돌아왔지만 보충병이라는 이유로 장기 의료 혜택을 받지 못하고 있었습니다. 우리가 젊은이들을 위험한 곳으로 보낼 때 사상자의 숫자를 속이거나 파병 이유에 관한 진실을 숨기지 않고, 그들이 없는 동안 가족을 돌봐주며, 돌아온 군인들을 보살피고, 전쟁에 이기고 평화를 이루며 세계의 존경을 받을 수 있을 만큼 충분한 병력을 갖추지 못했을 때에는 결코 참전하지 말아야 할 신성한 의무가 있습니다.[vii]

오바마는 단어를 적절히 선택하여 이미지를 그려내고 있다. 그는 셰이머스라는 군인을 만났지만, 단지 잘 생겼고, 눈망울이 맑으며, 푸근한 미소에 키가 크다는 개략적인 이미지만을 제시한다. 추가적인 세부 내용을 알지 못하면, 듣는 사람들의 마음 속에는 신기한 일이 벌어지게 된다. 그들 스스로 그 공백을 채우는 것이다. '셰이머스의 인종은 뭐지? 실마리라고는 그의 이름뿐인데….' 많은 사람들은 그 이름이 낯설어서 구체적인 인종적 특징을 포착하기 어렵기 때문에 그냥 알아서 생각하게 된다. 설명이 부족하기 때문에 그들은 셰이머스에 관해 자유롭게 상상할 수 있다. 대다수의 경우, 그들은 자신과 닮은 셰이머스, 자신의 인종인 셰이머스를 떠올릴 것이다. 그렇다면 셰이머스는 듣는 사람에게 여러 면에서 보다 이해하기 쉬운 인물이 되고 이 예는 더 마음을 울리게 된다. 자유롭게 상상할 수 있어서 이 이야기는 다양한 청중에 공감을 주어 강렬하고 지속적인 효과를 창출하는 데 도움이 된다. 이것이 '딱 적당한 정도'의 세부 내용을 효과적으로 사용했을 때 얻을 수 있는 결과다.

역동적인 이미지 창출하기

역동적인 이미지는 비전을 효과적으로 전달할 수 있는 또 다른 강력한 도구다. 여기에서는 '역동적인'을 '정적이 아닌'이란 의미로 사용하겠다. 다음 예를 살펴보자.

그것이 우리가 여기 아이오와에서 시작한 것이며, 그것은 이제 뉴 햄프셔와 그 너머까지 전달할 수 있게 된 메시지입니다. 우리가 즐거웠던 때에도 낙담했을 때에도 한결같이 품어 왔던 메시지입니다. 이 나라를 벽돌 한 개 그리고 또 한 개, 한 블럭 또 한 블럭, 한 사람의 못 박힌 손 또 한 사람의 못 박힌 손으로 바꿀 수 있다는 메시지, 단합하면 평범한 사람들도 큰 일을 이룰 수 있다는 메시지입니다. 우리는 붉은 주(공화당 우세주—옮긴이)도 푸른 주(민주당 우세주—옮긴이)도 아닙니다. 우리는 미합중국입니다. 그리고 이 순간 이 선거에서 우리는 다시 믿을 준비가 되어 있습니다. 아이오와의 여러분, 감사합니다.[viii]

"벽돌 한 개 또 한 개, 한 블럭 또 한 블럭, 한 사람의 못 박힌 손 또 한 사람의 못 박힌 손"이란 표현은 움직이는 이미지, 즉 정적이기보다는 역동적인 이미지를 창출한다. 마음의 눈으로 볼 때 그 이미지는 살아서 움직이는 것이 되는 것이다. 마치 앞으로 나아갈 추진력을 얻는 듯한 느낌을 창출하는 동시에 이미지는 강력하고 움직이는 살아 있는 것이 되어 큰 효과를 불러온다.

오바마가 역동적인 이미지를 사용하여 성공을 거둔 예는 뛰어난 비전 전달을 원하는 리더라면 움직이는 이미지를 창출하는 단어들이 도움이 됨을 알려 준다. 마음 속에서 '살아' 움직이는 이미지는 스피치가 끝난 후에도 오랫 동안 기억될 가능성이 높다. 역동적인 단어는 메시지 전달에 강한 정서적 효과를 불어넣는다.

이미지의 후진 반복재생 활용하기

훨씬 드물게 사용되긴 하지만 오바마가 사용하여 탁월한 효과를 거두었던 테크닉이 있다. 여기에서는 이것을 '이미지의 후진 반복재생(backward loop)'이라 부르겠다. 오바마가 이 독특한 테크닉에 대해 잘 알고 활용했다는 점은 그가 효과적인 연설 기법에 대해 얼마나 능숙한가를 잘 보여 준다. 대부분의 연설자는 역동적인 이미지를 창출하고 싶을 때 미래에 이루어졌으면 하는 이미지를 그려 보인다. 그러나 오바마는 시간을 역행하는 이미지 반복이 갖는 강력한 효과도 잘 이해하고 활용하였다. 다음의 인용문을 살펴보자.

성경은 여호수아와 이스라엘 백성들이 여리고 성 입구에 도달했을 때 성 안에 들어갈 수 없었다고 말하고 있습니다. 그 도시의 성벽은 너무 가팔라서 아무도 오를 수 없었고 너무 견고해서 힘으로는 무너뜨릴 수 없었습니다. 그래서 이 성벽을 통과할 수 없어 그들은 며칠을 앉아 있었습니다.

그러나 하느님은 자신의 백성들을 위한 계획을 가지고 계셨습니다. 하느님은 그들에게 함께 일어 서서 그 도시를 돌라고 말씀하셨습니다. 그리고 일곱째 날에는 양의 뿔 나팔 소리를 들으면 한 목소리로 외쳐야 한다고 말씀하셨습니다. 정해진 시간에 뿔나팔 소리가 나고 함께 목소리를 합쳐 소리를 지르자 그 견고한 여리고 성벽이 무너져 내렸습니다.

이 구절에서 많은 교훈을 얻을 수 있습니다. 마치 오늘 얻을 수 있는 교훈이 많은 것처럼, 마치 이 교회 공간을 채우는 추억이 많은 것처럼 말입니다. 제가 지금 무엇을 기억해야 할까 생각할 때 제 마음은 현대 민권운동 시대의 출발점으로 거슬러 올라갔습니다.

왜냐하면 멤피스와 산꼭대기 이전에, 셀마의 다리와 워싱턴 행진 이전에, 버밍햄에서의 구타, 물대포와 네 명의 어린 소녀들의

죽음 이전에, 우리의 우상인 킹 목사와 그의 숭고한 꿈이 나오기 이전에, 젊은 전도사 킹과 자신들이 억압의 굴레 속에서 고통 받고 있음을 깨달은 사람들이 있었기 때문입니다.[ix][볼드체는 저자의 강조]

위 예는 오바마가 대중연설에 얼마나 탁월한지를 잘 보여 준다. 그는 강력한 메시지를 전달하기 위해 이미지를 능수능란하게 사용하고 있다. 오바마는 과거의 이미지를 불러옴으로써 미국의 또 다른 중요한 시민 운동의 시작을 긍정적인 사회 정치적 변화를 일으키려는 현시대의 노력에 비견하고 있다. 오바마는 먼저 멤피스와 마틴 루터 킹 목사의 역사에 길이 남는 '나에게는 꿈이 있습니다' 연설을 언급한다. 이 말을 들으면 수많은 미국인들은 평등을 이루기 위해 수만 명의 사람들이 워싱턴 몰을 행진하는 이미지를 떠올린다. 계속해서 그는 시간을 거슬러 올라가 셀마로 이동하여 무장하지 않은 민권운동 시위자들에게 경찰이 폭력을 행사하고 물대포를 사용했던 것을 언급한다. 그의 언급은 마지막으로 민권운동 초기의 차별적 환경에서 고통 받던 미국인들의 이미지에서 정지한다.

이 발언이 보다 직설적이고 간결한 진술보다 사람들 마음 속에서 얼마나 더 강렬한 울림을 일으킬지 생각해 보라. 단순히 "우리처럼 한때 민권운동 지지자들도 크나큰 난제에 대항해 일어섰습니다"라고 말하는 대신, 오바마는 청중을 과거로 데려가 민권운동 지지자들이 이룬 많은 성취를 언급하고 한때 그 시위자들도 현재 새로운 "운동"의 시발점에 서 있는 청중과 같은 사람들임을 보여 준다. 이 이미지의 후진 반복재생 기법은 '그들이 해냈다면, 우리라고 왜 못 하겠는가?' 하는 강력한 함축적 질문을 던진다. 여기에서 전파되는 메시지는 '그들이 해냈다면, 우리도 할 수 있다!' 가 된다. 칭송과 찬미를 받고 있는 과거의 민권운동에 초점을 맞추어, 그 예를 듣는 사람은 영감과 자극을 받고 마음이 움직이게 된다. 이렇게 오바마는 자신의 메시지를 매우 효과적으로 전달하였다.

일화를 들어 설명하기

마지막으로 오바마는 비전을 전달하는 강력한 도구로서 일화를 사용하였다. 일화는 짧은 이야기를 통해 전달하고자 하는 메시지에 깊이를 부여하고 기억에 남는 방식으로 논점을 예시할 수 있게 해 준다. 다음의 예를 살펴보자.

이 통합은 결코 완전해질 수는 없지만 세대를 거듭하며 완전함을 향해 나아갈 수 있음을 보여 주었습니다. 그리고 오늘 제가 이 가능성에 대해 의구심이나 냉소적인 생각이 들 때마다 제게 가장 큰 희망을 주는 것은 다음 세대입니다. 젊은 세대의 변화에 대한 태도와 신념과 열린 마음이 이미 이번 선거에서 역사를 만들어 냈습니다.

오늘 특별히 여러분께 남기고 싶은 이야기가 있습니다. 마틴 루터 킹 목사의 생일에 그의 고향 교회인 애틀랜타 에베네제 교회에서 연설할 영예를 얻었을 때 했던 이야기입니다.

애쉴리 바이아라는 23살의 젊은 백인 여성이 있습니다. 그녀는 사우스 캐롤라이나 주 플로렌스에서 우리의 선거 운동원으로 일했습니다. 그녀는 이번 선거 유세를 시작할 때부터 주로 흑인이 대부분인 지역을 담당했는데 어느날 모두가 돌아가면서 자신의 이야기를 하고 거기에 온 이유에 관해 말하는 좌담회에 참석하게 되었습니다.

그리고 애쉴리는 자신이 아홉 살일 때 어머니가 암에 걸렸다고 말했습니다. 어머니가 며칠 결근하자 해고당했고 건강보험도 잃었습니다. 애쉴리 가족은 파산 신청을 했고, 그때 애쉴리는 어머니를 돕기 위해 뭔가 해야겠다고 결심했습니다.

애쉴리는 생활비에서 식비가 가장 많이 드는 것을 알았고, 어머니에게 자신이 정말로 좋아하고 가장 먹고 싶은 것은 겨자와 오이 피클 샌드위치라고 말했습니다. 그것이 가장 식비가 적게 드는 방법이었기 때문이었습니다.

그녀는 어머니가 나아질 때까지 1년을 그렇게 지냈습니다. 그러고 나서 그녀는 좌담회에 참석한 모든 사람들에게 그녀가 우리 선거운동에 참여한 이유는 자신처럼 부모님을 돕고 싶거나 도와야 하는 다른 수백만의 어린이들을 돕기 위해서라고 말했습니다.

애쉴리는 다른 선택을 할 수도 있었습니다. 아마 누군가가 그녀에게 어머니의 문제는 복지혜택을 받고 게을러서 일을 하지 않는 흑인이나 불법 입국한 히스패닉들 때문이라고 말했을 것입니다. 하지만 그녀는 다른 선택을 하지 않았습니다. 그녀는 함께 불의에 맞서 투쟁할 사람들을 찾았습니다.

어쨌든 애쉴리는 자기 이야기를 마치고는 다른 사람들에게 돌아가면서 차례로 왜 이 선거유세를 돕는지 물었습니다. 모두 다른 사연과 이유가 있었습니다. 많은 사람들이 구체적인 쟁점을 이유로 들었습니다. 마침내 내내 말없이 앉아 있던 한 흑인 할아버지에게 차례가 돌아갔습니다. 애쉴리가 그에게 참여 이유를 물었습니다. 그는 구체적인 쟁점을 들지 않았습니다. 건강보험이나 경제 때문이라고 말하지 않았습니다. 교육이나 전쟁 때문이라고도 말하지 않았습니다. 버락 오바마 때문이라고 말하지 않았습니다. 그는 방 안의 모든 사람들에게 단지 "나는 애쉴리 때문에 여기 왔지"라고 말했습니다.

"나는 애쉴리 때문에 여기 왔지." 젊은 백인 여성과 나이 든 흑인 남성 간의 그 한 순간의 이해와 공감, 그 자체만으로는 충분하지 않습니다. 그것으로는 아픈 사람에게 건강보험을 주거나, 실업자에게 일자리를 주거나, 우리의 아이들에게 교육을 제공하기에 충분하지 않습니다.

그러나 그것이 우리의 시발점입니다. 그것이 우리의 통합이 더 강해진 곳입니다. 221년 전 필라델피아에서 일단의 애국자들이 그 문서에 서명한 후 수많은 세대들이 깨달았던 것처럼 그것이 완전한 통합이 시작되는 곳입니다.[x]

이 일화는 사고방식의 작은 변화와 전통적인 사회적 경계를 넘는 통합의 선택이 갖는 놀라운 힘을 매우 상세하게 그리고 있다. 이 일화는 청중이 공감할 수 있는 한 사람, 즉 애쉴리에 초점을 맞추어 이러한 메시지를 탁월하게 전달하고 있다. 이렇듯이 논의의 초점을 한 곳에 맞추면 메시지를 분명하게 전달하고 청중에게 여운을 남길 수 있다.

마찬가지 맥락에서 오바마의 아래 일화는 잊혀지지 않는 인상을 남기는 동시에 교육과 사회적 책임에 관한 핵심 주제를 강조하고 있다.

저는 그곳의 한 젊은 여교사와 이야기를 나누면서, 학생들이 직면한 가장 큰 어려움이 무엇이라고 생각하는지를 물었습니다. 그녀의 대답은 제가 전혀 들어보지 못한 것이었습니다. 그녀는 '이 아이들 신드롬' 즉 "이 아이들은 배울 능력이 없어"라거나 "이 아이들은 배우고 싶어 하지 않아"라거나 "이 아이들은 너무 뒤떨어져 있어"라는 말로 우리 교육 시스템의 미비와 실패를 떠넘기려는 경향에 관해 말해 주었습니다. 그렇게 시간이 지나면 '이 아이들'은 다른 사람의 문제가 됩니다.

그런 다음 교사는 제 쪽을 보면서 "그 말을 들을 때마다 미치도록 화가 납니다. 그 아이들은 '이 아이들'이 아닙니다. 우리의 아이들입니다. 모두가요"라고 말했습니다.

그 교사의 말이 전적으로 옳습니다. 부모가 능력이나 돈이 없어 상급학교 진학, 학업 성취도와 인생에서의 성공 확률이 보다 높은 좋은 유아원에 가지 못하는 맨체스터나 내슈아의 아이, 그 아이는 바로 우리의 아이입니다.

글자 그대로 허물어진 건물에 재정 형편이 어려워 새 교과서를 구입하지 못하고, 정당한 수준의 보수를 지불할 수 없어 신규 교사를 채용할 수 없는 사우스 캐롤라이나 주 농촌 지역이나 시카고 사우스사이드의 학교에 다니는 어린 소녀, 그 소녀는 우리의 아이입니다.

취업 시장에서 방갈로르나 베이징의 10대와 경쟁을 해야 하기 때문에 더 많은 기술과 교육이 필요한 보스턴 교외 지역의 10대 소년, 그 소년은 우리의 아이입니다.

이 아이들은 우리의 아이들입니다. 그들의 미래는 우리의 미래입니다. 그리고 이제 그들의 교육은 우리의, 우리 모두의 책임입니다.[xi]

… 저는 미국을 위해 이러한 미래는 받아들일 수 없습니다. 읽기 부문에서 제 학년 수준보다 뒤처지지는 학생이 6백만 명이고, 기초 수준의 읽기도 하지 못하는 학생이 4학년 흑인 학생의 60%에 이르는데도 손 놓고 있는 미국은 받아들일 수 없습니다.

저는 대학 수험생 중 20%만이 영어, 수학, 과학에서 대학 수준의 수학 능력을 갖추고 있으며, 저소득층 학생 10명 중 1명만 대학을 졸업하는 미국은 받아들일 수 없습니다.

저는 10대 청소년의 절반은 기초적인 분수조차 이해하지 못하며, 흑인과 라틴계 8학년 학생 10명 중 약 9명이 수학 시험을 통과하지 못하는 미국은 받아들일 수 없습니다. 저는 유망 직업의 80% 이상이 수학, 과학 지식의 기반이 필요하다는 것을 알고 있는 상황에서 초등학생의 과학 수업시간이 매일 평균 25분에 지나지 않는 미국은 받아들일 수 없습니다.

이러한 부류의 미국은 우리 아이들을 위해 도덕적으로 받아들일 수 없습니다. 우리의 미래를 위해 이것은 경제적으로도 이치에 맞지 않습니다. 또한 우리의 국가 정체성에도 맞지 않습니다.

우리는 '이 아이들'의 국가가 아닙니다. 우리는 언제나 우리의 미래가 우리의 아이들, 그들 모두의 교육과 풀 수 없을 정도로 단단히 엮여 있음을 이해하고 있는 국가였습니다. 우리는 "… 자유 사회에서 필요한 재능과 덕목은 재산이나 출생과 관계 없이 가르쳐야 한다"는 토마스 제퍼슨의 선언을 항상 믿어 온 국가입니다.

바로 이 믿음이 있었기에 뉴 잉글랜드 소도시들에 무료 공립학교들이 처음 세워지게 된 것입니다. 우리는 농업국가에서 공업국가로의 전환기에 누구나 신경제 환경에서 성공할 수 있는 기회를 갖도록 공립 고등학교 시스템을 수립함으로써 이 약속을 지켰습니다. 제2차 세계대전이 끝난 뒤에는 제대군인원호법에 따라 저희 외할아버지를 포함해 2백만이 넘는 귀향 퇴역군인들에게 대학 진학 기회를 제공함으로써 미국은 이 약속을 더욱 확대하였습니다.

그리고 미국이 이 약속을 져버렸을 때, 토피카에서 린다 브라운이 피부색이 검다는 이유로 수 마일 떨어진 낙후된 학교까지 걸어 다니게 만들었을 때, 리틀 록의 한 학교에 아홉 명의 흑인 학생들이 입학함으로써 미국에서는 '분리된 교육은 결코 평등하지 않다'는 판결이 현실에서 실현될 때까지 항의 행진을 하고 피를 흘렸으며 거리로 뛰쳐나와 재판정에서 투쟁했던 사람들은 바로 평범한 미국인들이었습니다.

이것이 바로 우리의 정체성입니다. 그로 인해 제가 오늘 이 자리에 설 수 있게 된 것입니다. 어려운 시기에 누군가가 나서 싸워 주었기 때문에, 위험한 시기에 누군가가 나서 주었기 때문에, 그리고 제 어머니는 넉넉하지 못하셨지만 장학금이 있었기에 명문대에 입학할 기회를 얻었기 때문입니다. 그리고 지금 저는 저와 같은 기회를 모든 미국 아이들에게 주고자 미합중국 대통령 선거에 출마하였습니다.

이번 선거에서, 이 결정적 순간에, 우리는 교육에 대해 역사적인 약속을 함으로써 이 세기를 다시금 미국의 세기로 만들 수 있습니다. 우리는 단지 화려하기만 한 약속, 여러분의 표를 의식한 정치인이 남발하는, 또 다른 텅 빈 약속이 아닌 진정 어린 약속을 할 수 있습니다.[xii]

… 지난 2세기 동안 우리는 양질의 교육에 대한 약속을 더욱 확대하기 위해 싸우고 노력하며 극복해 왔습니다. 이 약속으로 인해 수백만 명의 사람들이 인종과 계급과 출신 배경의 장벽을 넘어 천부의 잠재 능력을 발휘할 수 있었습니다.

이제 우리가 21세기에도 살아 있는 그 약속, 미국의 약속을 지킬 때입니다. 이제 우리 세대가 나서서 시카고의 어린 소녀, 맨체스터의 어린 소년이나 그들과 같은 처지에 있는 전국 방방곡곡의 수백만 명의 아이들에게 그들이 '이 아이들'이 아니라고 말해 줄 차례입니다. 그들은 우리의 아이들입니다. 그들은 우리를 실망시키고 싶어 하지 않으며, 우리 또한 그들을 실망시킬 수 없습니다.[xiii]

비전을 전달할 수 있는 탁월한 스피치 방법을 찾는 리더라면 논점을 구체화하거나 주제를 보다 기억에 남게 만드는 일화를 사용해 볼 만하다. 논점이나 중심 주제에 대해 듣는 사람이 보다 쉽게 공감할 수 있을 것이다. 주의 깊게 선택된 일화는 메시지를 보다 풍부하게 만들고, 연설자가 보다 효과적으로 비전을 전달할 수 있게 해 준다.

이번 장에서 배운 것-비전을 전달하는 테크닉

지도자들은 버락 오바마가 청중에게 효과적으로 비전을 전달하는 방식에서 많은 것을 배울 수 있다. 오바마는 설득력 있는 방식으로 비전을 전달하여 다른 사람들이 그의 비전을 이해하고 고무되어 궁극적으로는 자발적으로 받아들이게 하는 예리한 능력을 가지고 있다. 따라서 지도자들은 오바마가 효과적으로 사용했던 테크닉을 배워서 활용할 수 있다.

설득력 있는 방식으로 비전을 전달하기 위해 역사를 인용하면 메시지를 보다 쉽게 이해하고 소화할 수 있게 된다. 듣는 사람은 공유된 역사와 소중한 전통이라는 프리즘을 통해 보다 쉽게 그 메시지에 공감할 수 있고, 칭송받는 역사적 인물을 언급하면 더 잘 공감할 수 있을 것이다. 또한 비전을 전달하려는 노력은 결정적인 시기에 지도자들이 '말하지 않고, 보여 줄' 때 보다 효과적이다. 즉, 훌륭한 연설자는 중요한 시기에 시각적 도구를 사용하는 만큼이나 효과적으로 그림을 그리기 위해 생생한 단어들을 활용한다. 그들은 등불 대신 '횃불', '쐐기', '몽둥이' 와 같이 서술적 힘이 풍부한 단어를 사용할 줄 안다. 그들은 정서적 효과를 창출하기 위해 상징적 표현을 활용한다. 그들은 20가지 함축적 의미를 가진 하나의 단어를 말하며 다층적 소통을 일으키는 부수적 의미의 힘을 활용한다.

개념에 사물성을 부여하는 테크닉도 효과적인 비전 전달에 한 몫을 한다. '형상화' 는 "눈빛에서 희망" 을 보는 것과 같이 개념을 보다 기억에 남는 것으로 만들어준다. 또한 고도로 숙달된 연설자는 세부 내용을 효과적으로 활용하여 비전을 전달할 때 세부 내용이 이상적인 수준이 되도록 조정한다. 어떤 때에는 충분한 만큼의 세부 내용을 통해 그가 깊게 알고 이해하고 있다는 증거를 보여 줄 수 있다. 그러나 숙달된 연설자는 모호함의 가치도 인식하고, 필요한 때에는 '딱 적당한 정도' 의 세부 내용을 제공함으로써 청중이 상상할 수 있는 여지를 제공한다.

역동적인 이미지의 사용은 또 다른 유용한 스피치 테크닉이다. 뛰어난 연설자는 "벽돌 한 개 또 한 개, 한 블럭 또 한 블럭, 한 사람의 못 박힌 손 또 한 사람의 못 박힌 손" 과 같은 표현을 사용하여 마음 속에서 그림이 움직이게 만드는 방법을 찾는다. 마찬가지로 이미지의 후진 반복재생은 연설자가 청중을 시간을 역행하여 과거로 데려감으로써 예전에는 어땠는지 상상하게 만들고 과거와 현재를 대비시킴으로써 큰 효과를 발휘한다. 마지막으로 뛰어난 연설자는 종종 핵심 주제에 생명을 불어넣기 위해 짧은 이야기나 경험담을 소개하는 일화를 곁들인다. 이 테크닉들을 종합적으로 사용하면 지도자는 설득력 강한 방식으로 비전을 전달할 수 있을 것이다.

메시지 각인시키기

"메시지 각인시키기"는 오바마가 중심 주제를 정할 때 덜 중요한 것은 걸러내고 다듬어, 청중의 마음 속에 인상적으로 부각시키는 테크닉을 심도 있게 분석하고 있다. 제한된 연설 시간에도 불구하고 오바마는 불과 20분 내에 매우 다양한 수사적 장치들을 절묘하게 구사하여 강력한 메시지를 전달하는 효과적인 연설가이다. 이 장에서는 오바마가 핵심 주제를 갈고닦는 데 사용한 테크닉과 오래 기억되는 인상적인 주제와 많은 사람들이 쉽게 암송할 수 있는 슬로건을 효과적으로 전달하는 테크닉들을 분석하여 정리해 놓았다.

06

훌륭한 지도자는 스피치의 목적이 정보 제공이든 영향력 행사든 설득이든 동기 부여든 또는 지시든, 청중에게 핵심 메시지를 충분히 이해시킴으로써 소기의 목적을 달성하는 기술을 완벽하게 구사한다. 버락 오바마는 연설에 배정된 제한 시간의 압박 속에서도 효과적으로 자신이 알고 있는 바를 공유하는 데 특히 강하다. 제5장에서 우리는 오바마가 탁월한 비전 전달을 위해 어떻게 스피치 테크닉을 활용하는지를 살펴보았다. 그는 '큰 그림'을 명료하게 제시하는 능력이 탁월하다. 또한 오바마는 이에 못지 않게 자신이 제시한 비전을 잘 선택된 세부 내용과 주제로 뒷받침하여 연설을 마친 뒤에도 청중의 마음 속에 긴 여운을 남기는 데도 뛰어나다. 오바마가 이처럼 자신의 메시지를 청중의 마음 속에 강하게 각인시킬 수 있었던 것은 여러 가지 테크닉을 사용했기 때문이다. 그가 우선순위를 정하고, 수사적 질문(rhetorical questions)을 던지며, 효과적인 반복을 채용하고, 말하는 속도와 음조를 활용하며 슬로건을 전달하는 방법에서 많은 것을 배울 수 있다.

주제의 우선순위를 정하고 집중하기

버락 오바마는 메시지를 전달할 때, 뛰어난 연설자는 자신이 하려는 발언의 목적이 예를 들어 영향력 행사인지, 정보의 제공인지, 자발적 행동을 위한 동기 부여인지, 아니면 논란의 해소인지를 잘 이해하고 마음에 새기고 있다는 점을 잘 보여 준다. 그는 자신이 다룰 주제의 우선순위를 정하고, 우선순위가 낮은 주제는 과감하게 뒤로 돌리고 중요도가 높은 메시지들을 앞으로 내세워 집중적으로 부각시킨다. 이 과정에서 그는 매우 다양한 수사적 기법을 사용하여 핵심 논점들을 강조하고 기억에 남을 만큼 인상적으로 제시하여 강한 정서적 효과를 창출한다. 아래에서는 그의 수사적 테크닉들을 살펴보겠다.

수사적 질문 사용하기

오바마는 종종 핵심 정보에 주의를 집중시키기 위해 유익한 기법으로 수사적 질문을 사용한다. 수사적 질문은 답이 분명하다고 생각되기 때문에 연설자가 명시적인 답을 제시하지 않는 질문으로, 핵심을 강조하고 중요한 주제에 주의를 집중시키는 데 유용하다. 오바마는 수사적 질문을 사용하여 청중의 주의를 핵심 문제나 주제에 확고하게 고정시킴으로써 어떻게 하면 효과적으로 수사적 질문을 사용할 수 있는지 잘 보여 준다. 그런 다음 그는 정해진 주제에 관해 상세히 설명한다. 오바마가 2004년에 한 민주당 전당대회 기조연설을 살펴보자.

결국 이번 선거의 목적도 바로 거기에 있습니다. **우리는 냉소주의의 정치에 참여하고 있습니까, 아니면 희망의 정치에 참여하고 있습니까**? 존 케리는 우리에게 희망을 가지라고 합니다. 존 에드워즈는 우리에게 희망을 가지라고 합니다. 저는 여기서 맹목적인 낙관론을 얘기하는 게 아닙니다. 맹목적인 낙관론이란 그저 생각하지 않으면 실업 문제가 사라질 거라고 믿고, 그냥 모른 척하면 건강보험 문제가 저절로 해결될 거라고 믿는 거의 의도적인 무지를 말합니다. 저는 그런 얘기를 하는 게 아닙니다. 저는 좀 더 실질적인 문제를 얘기하고 있습니다. 모닥불을 둘러싸고 앉아 자유의 노래를 부르던 노예들의 희망, 머나먼 땅을 향해 떠나는 이민자들의 희망, 메콩강 삼각주를 용감하게 정찰하던 젊은 해군 대위의 희망, 용감하게 가능성에 도전하는 공장 노동자 아들의 희망, 미국에 자신이 설 자리도 있다고 믿는 희한한 이름을 가진 말라깽이 꼬마의 희망을 얘기합니다. 어려움에 직면했을 때의 희망. 불확실성에 직면했을 때의 희망. 담대한 희망! [볼드체는 저자의 강조]

오바마는 희망이란 관념에 청중의 주의를 확고하게 집중시킨 다음 그 관념에 관해 구체적으로 설명한다. 수사적 질문은 주의를 집중시키는 귀중한 장치로 작용하여, 핵심 주제를 심도 있게 다루기 위한 기반을 마련한다.

효과적인 반복의 채용

오바마 연설 스타일의 주목할 만한 특징은 반복법의 독특한 변이형들을 사용한 것이다. 오바마는 연설에 힘을 부여하는 다양한 반복 기법들을 활용했는데, 그 중 몇 가지 예를 들자면 **머릿구와 끝구 반복의 결합**(conduplicatio), **머릿구 반복**(anaphora), **끝구 반복**(epistrophe)과 **중간 반복**(mesodiplosis)이 있다. 이 수사적 기법들은 그가 주된 메시지와 주제들을 구조화하고 핵심 메시지를 각인시키는데 이바지한다. 그러나 그의 연설들을 고찰하기 전에 우선 이 기법들의 정의와 예를 잠시 살펴보자.

머릿구와 끝구 반복의 결합(conduplicatio)이란 한 문장이나 절의 임의의 위치의 단어나 어구가 연속적인 후행 절 또는 문장들의 머리 부근에서 반복되는 현상을 말한다. 머릿구 반복(anaphora)이란 동일 단어, 단어들 또는 어구가 연속적인 후행 문장, 어구와 절의 첫머리에서 반복되는 현상을 말한다. 둘 다 핵심 단어와 메시지를 연속적인 문장, 어구 또는 절의 머리 부분에서 강조하기 때문에 그 단어와 메시지에 주의를 집중시킬 수 있는 탁월한 수단이다. 예를 들어 다음의 머릿구 반복(anaphora)의 예들을 살펴보자.

이번 장에서는 저자가 영어의 소리(발음)와 관련된 수사법을 많이 설명하기 때문에 원문 없이는 이해가 어려운 경우가 많아 번역문과 원문을 함께 수록했고, 영어의 어순과 국문과 다르며, 두운법에서 영어의 첫자음 반복은 번역된 국문과 발음이 다르니 국문으로 번역된 곳에는 맞지 않을 수 있습니다.-옮긴이

● **To envision** the goal is good. **To envision** the execution is necessary. **To envision** the victory is crucial.

(목표를 **상상**하는 것은 좋습니다. 실행을 **상상**하는 것은 필요합니다. 승리를 **상상**하는 것은 핵심적입니다.)

- **To give them** guidance is advisable. **To give them** motivation is required. **To give them** encouragement is imperative.

  (**그들을** 가르치는 것은 바람직합니다. **그들에게** 동기를 주는 것은 필요합니다. **그들을** 격려하는 것은 필수입니다.)

- **What does he** want? **What does he** hope for? **What does he** seek?

  (그가 원하는 것은 **무엇입니까**? 그가 바라는 것은 **무엇입니까**? 그가 찾는 것은 **무엇입니까**?)

머릿구 반복(anaphora)과 같은 반복 기법은 수많은 명연설에서 호소력을 높이는 데 효과적으로 사용되었다. 가장 뛰어난 예는 마틴 루터 킹 목사가 1963년 8월 28일 워싱턴 D.C.에서 행한 유명한 "나에게는 꿈이 있습니다(I Have a Dream)" 연설이다.

나에게는 꿈이 있습니다. 언젠가는 이 나라가 일어나 "우리는 모든 인간은 평등하게 창조되었다는 진리를 자명한 것으로 받아들인다"는 신념의 참뜻대로 살아가리라는 꿈.

나에게는 꿈이 있습니다. 언젠가는 조지아 주의 붉은 언덕 위에서 노예의 후손과 노예 주인의 후손이 형제처럼 한 식탁에 앉을 수 있게 되리라는 꿈.

나에게는 꿈이 있습니다. 언젠가는 불의와 억압의 열기로 이글거리는 주, 미시시피 주가 자유의 정의의 오아시스로 바뀌리라는 꿈.

나에게는 꿈이 있습니다. 나의 네 아이들이 언젠가는 피부색이 아니라 품성으로 판단되는 나라에서 살게 되리라는 꿈.

오늘, **나에게는 꿈이 있습니다**. [볼드체는 저자의 강조]

끝구 반복(epistrophe)은 동일 단어, 단어군 또는 어구들이 연속적인 후행 문장, 어구와 절의 말미에서 반복되는 현상으로, 역시 메시지 전달에 주의를 집중시키고 강조하는 데 매우 효과적이다. 다음의 예를 생각해 보자.

- The idea **was flawed**. The planning **was flawed**. The execution **was flawed**.
  (발상에 **결함이 있었습니다**. 계획에 **결함이 있었습니다**. 실행에 **결함이 있었습니다**.)

끝구 반복(epistrophe)의 효과는 이 기법이 주의를 문장 어구 또는 단락의 끝 단어나 단어군에 고정시키는 데 일부 기인한다. 많은 유명한 예들이 있으나 다음 예를 살펴보자.

- When I was a child, I spake **as a child**, I understood **as a child**, I thought **as a child**; but when I became a man, I put away childish things.

(내가 어렸을 때에는 **어린이의** 말을 하고 **어린이의** 생각을 하고 **어린이의** 판단을 했습니다. 그러나 어른이 되어서는 어렸을 때의 것들을 버렸습니다.) -고린도 전서 13장 11절

중간 반복(mesodiplosis)은 단어 또는 어구가 연속적인 후행 절 또는 문장의 중간 부분에서 반복되는 현상을 말한다. 다음의 예를 살펴보자.

- We faced great obstacles, **yet we did not** give up; we felt great resistance, **yet we did not** give in; we grew weary from the long fight, **yet we did not** lie down.
  (우리는 험난한 장애물을 만났**지만 포기하지 않았습니다**. 우리는 큰 저항을 받았**지만 항복하지 않았습니다**. 우리는 긴 싸움으로 지쳤**지만 굴복하지 않았습니다**.)

오바마는 강렬한 인상을 심는 연설을 위해 반복의 변이형들을 사용한 것으로 유명하다. 그는 다양한 테크닉을 활용하고 종종 반복을 단락에까지 확장하여 사용한다. 이 기법은 단락에 평행구조를 부여하여 메시지를 효과적으로 전달할 수 있게 하였다. 아래에 이 기법의 탁월한 예를 몇 가지 들어 보겠다. 우선 2008년 6월 3일 미네소타 주 세인트폴에서 있었던 민주당 마지막 경선일 밤 오바마가 행한 연설 중 존 매케인에 관한 부분을 살펴보자.

존 매케인은 지난 몇 주 동안 자신의 이라크 방문에 대한 설명에 많은 시간을 쏟아부었습니다. 하지만 **아마 만약 그가** 약간의 시간을 들여 이 경제 상황으로 가장 심한 타격을 입은 도시와 마을들을, 미시간 주, 오하이오 주 그리고 바로 이 미네소타 주의 도시들을 방문했더라면 그는 사람들이 어떤 변화를 원하는지 깨달았을 것입니다.

아마 만약 그가 아이오와 주에 가서 종일 수업을 받고 야간근무를 하지만 그래도 아픈 여동생의 의료비를 지불할 수 없던 학생을 만났다면, 건강하고 부유한 사람들만 챙기는 건강보험을 4년 더 지속할 수는 없다는 것을 깨달았을 것입니다. 그 학생에게는 원하는 모든 미국인에게 의료를 보장하고 필요로 하는 모든 가정에 대해서는 보험료를 낮추어 주는 건강보험안을 통과시키는 것이 필요합니다. 그것이 우리가 필요로 하는 변화입니다.

아마 만약 그가 펜실베이니아 주에 가서 일자리를 잃었지만 구직을 위해 필요한 차 연료비도 감당할 수 없던 남성을 만났더라면 독재자들에게서 나오는 석유에 중독된 상태를 4년 더 감당할 수는 없다는 것을 깨달았을 것입니다. 그 남성에게는 우리가 자동차 업체들과 협의하여 연비 기준을 높이고, 기업은 오염시킨 만큼 비용을 부담하며, 석유 회사들이 기록적인 수익을 미래의 청정에너지 개발에 투자하도록 하는 에너지 정책, 수백만 개의 보수가 좋고 아웃소싱되지 않는 안정된 일자리를 창출할 에너지 정책을 통과시키는 것이 필요합니다. 그것이 우리가 필요로 하는 변화입니다.

아마 만약 그가 사우스 캐롤라이나 주나 세인트폴이나 아니면 오늘 밤 그가 연설한 뉴올리언스의 학교들을 방문했더라면, 우리가 '낙오자 없는 교육'을 위한 재정 집행을 유보할 수 없다는 것을, 우리의 아이들을 위해 유아 교육에 투자하고, 신규 교사를 대거 임용하여 보다 나은 보수와 더 많은 지원을 하며, 마지막으로 글로벌 경제 속에서 대학 교육을 받을 기회가 소수 부유층의 특권이 아니라 모든 미국인의 타고난 권리가 되도록 결단을 내려야 함을 깨달았을 것입니다. 그것이 우리가 필요로 하는 미국의 변화입니다. 그것이 제가 대통령에 출마한 이유입니다.[i] **[볼드체는 저자의 강조]**

위 예에서는 "아마 만약 그가(maybe if he)"라는 단어의 반복이 오바마의 발언과 메시지에 높은 수준의 구조를 부여하는 역할을 하고 있다. 또한 이 단어들의 무시하는 듯한 느낌은 듣는 사람의 마음 속에 매케인의 신뢰성과 매케인이 과연 일반 미국인들의 어려운 현실에 대해 얼마나 정확히 알고 있는지에 대한 의구심을 불러일으키고자 하는 그의 메시지에 주의를 집중시킨다. 따라서 오바마는 반복법을 사용하여 전달하고자 하는 인상을 더욱 뚜렷하게 만들고 있다.

마찬가지로 아래의 발언에서 오바마는 반복법을 능숙하게 구사하여 청중 속의 다양한 구성원들 간에 정체성의 공유감을 창출함으로써 그들이 공유하는 원칙을 강조하고 일체감을 더욱 강화한다.

지금 이 순간이 우리의 순간입니다. 지금이 우리가 변화할 시간입니다. 우리의 당, 민주당은 투표 결과가 아니라 원칙에 의해, 계산이 아니라 신념에 의해 이끌었을 때, 모든 미국인들을 하나의 공통된 목적, 더 높은 목적으로 결집시켰을 때 최고의 시대를 구가했습니다.

우리는 제퍼슨의 정당입니다. 제퍼슨이 기초한, 모든 인간은 평등하게 창조되었으며 우리 모두는 마땅히 행복을 추구할 기회를 누려야 한다는 문구는 아직도 우리가 귀 기울이고자 노력하는 문구입니다.

우리는 잭슨의 정당입니다. 잭슨은 이 나라 국민들을 위해 다시 백악관의 주인이 되었습니다.

우리는 루즈벨트의 정당입니다. 루즈벨트는 자신의 장애를 극복하여 우리가 두려워해야 할 것은 오직 두려움 그 자체임을 우리에게 가르쳐 주었으며, 파시즘을 꺾고 유럽 대륙을 독재에서 해방시켰습니다.

우리는 젊은 대통령 케네디의 정당입니다. 케네디는 우리에게 나라를 위해 무엇을 할 것인지를 자문해 보라는 질문으로 우리의 실천 의지에 도전하였습니다.

그것이 바로 우리의 정체성입니다. 그것은 우리가 되어야 할 정당이며, 우리가 의구심을 떨치고 두려움을 뒤로 한 채, 우리가 알고 있는 미국의 가능성을 선택한다면 될 수 있는 정당입니다. 왜냐하면 모든 세대에는 역사에 한 획을 긋기 위해서는, 시대 정신을 발현해야 할 순간, 과거가 아닌 미래를 선택해야 할 순간, 밑바닥부터 스스로 변화해야 할 순간이 있기 때문입니다.

지금은 우리의 순간입니다. 이것은 우리의 메시지, 우리가 기쁠 때에도 힘들 때에도 지켜 온 메시지입니다. 우리가 전당대회까지 계속 가져갈 메시지입니다. 그리고 7개월 후면 우리는 이 약속을 실현할 수 있습니다. 우리는 이 유산을 찾을 수 있습니다. 우리는 미국을 위해 새로운 리더십을 선택할 수 있습니다. 왜냐하면 미국민이 이제는 때가 됐다는 판단을 한다면 우리가 이루지 못할 일이 없기 때문입니다.[ii] [볼드체는 저자의 강조]

아래 예에서 오바마는 일체감, 앞으로 전진하는 행동의 강한 이미지, 급박함과 청중이 행동을 취하는 것이 중요함을 강조하기 위해 반복법을 사용하고 있다.

함께 이 어려운 일을 **시작합시다**. 이 나라를 **바꿉시다**.

디지털 시대에 경쟁할 수 있도록 우리의 경제를 개혁하는 세대가 **됩시다**. 우리의 학교에 대해 높은 기준을 세우고, 성공에 필요한 자원을 **제공합시다**. 신규 교사들을 대거 채용하여 보다 나은 보수와 지원을 제공하되 보다 엄격하게 성과에 대한 책임을 **물읍시다**. 학자금 부담을 줄여 더 많은 사람이 대학에 갈 수 있도록 하고, 과학 연구에 더 많이 **투자합시다**. 그리고 미국 전역의 도시와 시골에 광대역 인터넷 인프라를 **구축합시다**.

경제가 변화하는 지금 우리 나라의 근로자들이 번영을 공유하도록 보장하는 세대가 **됩시다**. 그들이 힘들게 얻고, 그들의 회사가 약속했던 복지혜택을 **보호합시다**. 열심히 일한 미국인들이 퇴직 후를 위해 저축할 수 있도록 **합시다**. 그리고 노조와 조직 전문가들이 이 나라의 중산층을 다시 일으켜 세우도록 **허용합시다**.

미국에서 빈곤을 종식시키는 세대가 **됩시다**. 일하기를 원하는 사람은 누구나 취업을 위한 직업 훈련 기회를 누려야 하며, 기본 생계비와 일할 동안 자녀를 안전한 장소에 맡길 수 있는 보육비를 감당할 정도의 임금을 받을 수 있어야 합니다. 이렇게 **합시다**.

드디어 오랜 건강보험 위기의 해결에 나선 세대가 **됩시다**. 예방에 집중하고, 만성질환자에게 보다 나은 의료 서비스를 제공하며, 기술을 이용하여 행정 낭비를 줄임으로써 비용을 통제할 수 있습니다. 바로 지금, 바로 여기에서 차기 대통령의 첫 번째 임기 말에는 모든 사람이 건강보험 혜택을 받을 수 있도록 하겠다고 말하는 세대가 **됩시다**.

드디어 석유의 독재로부터 미국을 해방시킨 세대가 **됩시다**. 에탄올과 같은 수입 대체 연료를 활용하고 보다 연비 효율이 높은 자동차의 생산을 독려할 수 있습니다. 온실가스의 배출량 상한을 설정할 수 있습니다. 지구 온난화라는 위기를 혁신과 일자리 창출을 위한 기회의 순간으로, 그리고 세계의 모범이 되는 기업에게는 인센티브로 바꿀 수 있습니다. 지금 우리가 한 일을 미래 세대가 자랑스러워 할 수 있는 세대가 **됩시다**.

무엇보다도 그 9월의 날에 일어난 일을 결코 잊지 않고 전력을 다해 테러분자들에 맞서 싸우는 세대가 **됩시다**. 이 문제에 관해 정치가 더 이상 우리를 분열시킬 이유는 없습니다. 우리는 나라를 안전하게 유지하기 위해 협력할 수 있습니다. 저는 공화당 딕 루가 상원의원과 함께 세계의 가장 치명적이면서도 방치되고 있는 무기들의 확보와 폐기를 담보할 법을 통과시키기 위해 협력하였습니다. **함께 협력하여 더 강한 군대로 테러분자들을 색출하고, 테러 조직에 대한 자금원을 봉쇄하며, 우리의 정보 수집 능력을 키울 수 있습니다.** 하지만 우리의 적에 대한 궁극적인 승리는 동맹체계를 재건하고 전 세계 수백만에게 희망과 기회를 가져다줄 이상을 전파할 때에만 가능하다는 것도 깨달아야 합니다.[iii] [볼드체는 저자의 강조]

말하기의 속도와 음조의 활용

또한 버락 오바마는 메시지를 각인시키기 위해 말하기의 속도와 음조를 다양하게 조절하는 데 탁월한 능력을 보인다. 그는 효과적인 수사적 기법들을 다양하게 활용하여 핵심 논점에 청중의 주의를 집중시킨다. 아래에서는 그가 특히 두드러지게 사용한 기법들을 논의하겠다.

강조와 호소력 더하기—두운법(Alliteration)

[영문일 때 첫자음이 반복되나, 번역된 국문에서는 소리나는 발음이 다르므로 적용되지 않음-옮긴이]

오바마는 단어들의 첫 자음 소리가 반복되는 현상인 **두운법**(alliteration)을 가끔 사용하여 핵심 메시지를 각인시키고 있다. 일반적으로 두운법을 사용할 때에는 첫 자음 소리의 반복이 문장 전체에 걸쳐 여기저기에 반복되기도 한다. 다음의 예를 보자.

● In **long lines** that **led** to the ballot boxes, you **demonstrated** the **depth** of your **determination**.

(투표소에 길게 늘어선 줄을 통해 여러분은 여러분의 굳은 결의를 극명하게 보여 주셨습니다.)

● His **policy position pleased** many.

(그의 정책적 입장에 대해 많은 사람들이 만족했습니다.)

첫 자음 소리를 반복하면 그 단어에 주의를 끌어 핵심 단어와 관념을 강조하는 유용한 기법으로 쓸 수 있다. 오바마는 필요에 따라 단어와 관념을 강조하고 가끔 연설의 모두에 호소력을 더하기 위해 두운법을 활용하고 있다. 두운법을 사용하면 연설의 서두에 음악적인 느낌을 줄 수 있다. 오바마가 그의 2004년 민주당 전당대회 기조연설을 어떻게 시작했는지 살펴보자.

● On behalf of the great state of Illinois, crossroads of a nation, **land** of **Lincoln**, **let** me express my deep gratitude for the privilege of addressing this convention.

(미국 교통의 요충지이자 링컨을 배출한 땅, 위대한 일리노이 주를 대표하여 이 대회에서 연설을 하는 특권을 누리게 해 주신 데 대해 진심으로 감사드립니다.)

마찬가지로 2007년 12월 27일의 "지금 이 순간이 우리의 순간(Our Moment is Now)"이라는 제목의 연설에서 오바마는 두운법을 미묘하게 사용하여 연설의 서두를 열고 있다.

- Ten months ago, I **stood** on the **steps** of the Old **State** Capitol in **Springfield**, Illinois, and began an unlikely journey to change America.
(10개월 전 저는 일리노이 주 스프링필드의 옛 주 의사당 청사 계단에 서서 미국을 바꾸려는 믿기 어려운 여정을 시작했습니다.)

오바마는 강렬한 인상을 주는 여러 건의 연설 속에서 곳곳에 두운법을 사용하여 호소력 강한 연설가라는 인상을 더욱 강화하고 있다. 그가 2007년 2월 10일 일리노이 주 스프링필드에서 행한 민주당 대선후보 경선 출마선언의 한 부분을 살펴보자.

- But through his **will** and his **words**, he moved a nation and helped free a people.
(하지만 그는 자신의 의지와 발언을 통해 국민을 감동시켜 한 민족을 해방시켰습니다.)

마찬가지로 오바마는 2008년 펜실베이니아 주 경선 패배 후의 연설에서 두운법을 많이 사용하고 있다. 다음의 예를 살펴보자.

- It was a creed written into the founding **documents** that **declared** the **destiny** of a nation.

(그것은 이 나라의 운명을 선언한 독립선언문에도 적혀 있는 신념이었습니다.)

두운법은 크게 드러나지 않게 사용된 경우에도 그 단어에 청중의 주의를 집중시키고 연설의 호소력을 높일 수 있다.

속도 높이기—접속사 생략(Asyndeton)

접속사 생략(asyndeton)은 연설자가 의도적으로 연속적인 단어들을 잇는 접속사(and, but, or, not과 for 등)를 생략하는 것이다. 접속사 생략은 단어들의 발화 속도를 빠르게 한다. 또한 열거되는 단어들이 단지 목록의 일부일 뿐이거나 말하지 않고 생략된 단어들이 훨씬 많다는 느낌을 준다. 구체적으로 말해 'and' 라는 접속사를 생략하면 제시된 단어는 목록의 일부만을 나타낼 뿐이며 실제 단어의 목록은 훨씬 길다는 함축적 의미를 전달할 수 있다. 다음의 예를 보자.

- To win, we demonstrated **vision**, **hard work**, **dedication**, **perseverance**.
  (이기기 위해 우리는 **비전**, **근면성**, **헌신**, **끈기**를 발휘했습니다.)

또한 연속된 단어들 중 뒤에 오는 단어가 바로 앞 단어보다 의미가 강하거나 더 큰 경우 이 접속사 생략법은 메시지를 강조하거나 강도를 상승시키는 효과를 가져온다. 다음의 예를 보자.

- We learned to **rise**, **stand**, **brace**, **fight**.

  (우리는 **일어서고**, **버티고**, **대항하고**, **싸우는 것**을 배웠습니다.)

접속사 생략법이 사용된 유명한 연설의 사례는 많으며, 에이브러햄 링컨의 게티즈버그 연설에서도 그 예를 찾을 수 있다.

- But in a larger sense, **we cannot dedicate**, **we cannot consecrate**, **we cannot hallow** this ground.

  (그러나 더 큰 의미에서 보면, **우리는** 이 땅을 **봉헌할 수도 없고, 축성할 수도 없으며, 신성하게 할 수도 없습니다**.)

이전의 많은 위대한 연설가들처럼 오바마도 자신의 말에 더 큰 힘을 부여하기 위해 접속사 생략법을 사용하였다. 예를 들어 2007년 2월 10일 일리노이 주 스프링필드에서 한 민주당 대선후보 경선 출마선언에서 그는 보다 단호한 느낌을 주기 위해 이 장치를 사용하고 있다.

- … you believe we can **be one people, reaching for what's possible, building that more perfect union**.

  (… 여러분은 우리가 **하나의 국민이 되어 가능한 모든 것에 손을 뻗어 보다 완전한 통합을 이룰 수 있다고 믿습니다**.)

메시지 증폭시키기 – 접속사 중복(Polysyndeton)

오바마는 때에 따라서 **접속사 중복**(polysyndeton)은 사용하기도 하는데 이는 'and'와 같은 접속사가 모든 단어, 절, 또는 어구 사이에 사용되는 현상이다. 이 기법은 메시지의 강도를 상승 또는 증폭시켜 나가는 데 아주 유용한 기법인데, 이는 부분적으로는 접속사의 반복이 두드러지게 표출되어 단어의 목록이 정상보다 길게 이어지는 듯한 느낌을 주기 때문이다. 예를 들어 아래의 예에서 접속사 중복법의 사용은 그 활동이 힘들고 광범위했다는 인상을 준다.

- We brainstormed **and** planned **and** executed **and** achieved our goal.
  (우리는 아이디어 회의를 하고, **그리고** 기획하고, **그리고** 실행하고, **그리고** 우리의 목표를 달성했습니다.)
- We studied **and** shared **and** learned **and** succeeded.
  (우리는 연구하고, **그리고** 공유하고, **그리고** 배우고, **그리고** 성공했습니다.)

이 기법은 부정(nor)이나 비교의 부가반복(as)을 위해 사용되었을 때 강력한 효과를 발휘할 수 있다.

- **As** with the rebels, **as** with the slaves, **as** with the abolitionists, **as** with the freedom riders, we...

(식민지 민병대**처럼**, 노예들**처럼**, 노예제 폐지론자들**처럼**, 프리덤 라이더(Freedom Riders: 인종차별 철폐를 촉구하기 위해 미국 남부로 여행한 사람들-옮긴이)들**처럼**, 우리는 ….)

오바마는 접속사 중복법을 매우 효과적으로 사용하였다. 다음의 예들을 살펴보자. 2008년 1월의 연설에서 그는 다음과 같이 말하고 있다.

● I know this—I know this because while I may be standing here tonight, I' ll never forget that my journey began on the streets of Chicago doing what so many of you have done for this campaign and all the campaigns here in Iowa—**organizing and working and fighting to** make people' s lives just a little bit better.[iv]
(저는 이것을 알고 있습니다. 제가 오늘 밤 여기 서 있긴 하지만 저의 여정은 시카고 거리에서, 여러분이 이 캠페인과 여기 아이오와 주의 캠페인을 위해 해주신 일, 국민들의 삶이 다만 약간이라도 나아지도록 **조직하고 그리고 일하고 그리고 싸우는** 일을 하면서 시작되었다는 것을 잊지 않음을 알고 있습니다.)

같은 연설에서 그는 다음과 같이 주장한다.

● This was the moment when we finally beat back the

politics of **fear and doubts and cynicism**···
(지금은 우리가 마침내 **두려움과 의구심과 냉소의** 정치를 ···물리친 순간입니다.)

3의 힘을 이용한 메시지 각인시키기

메시지를 각인시키고 선명한 그림을 떠올리게 하기 위해, 오바마는 가끔 3개의 단어, 3개의 어구, 또는 3개의 평행 단락까지도 사용하여 자신의 메시지를 강조하였다. 이 기법은 3행구(tricolon)의 변이형인데, 여기에서는 '3중 부가반복(triadic extension)' 이라 부르겠다. 예를 들어 아이오와 주 경선에서 승리한 날 밤 연설에서 오바마는 다음과 같이 말한다.

- I know how hard it is. It comes with **little sleep**, **little pay**, and **a lot of sacrifice**.
(저는 그것이 얼마나 힘든 일인지 알고 있습니다. **잠도 제대로 못 자고, 보수도 제대로 못 받으며 많은 희생을 감내해야** 합니다.)

오바마는 2007년 2월 10일 일리노이 주 스프링필드에서 한 민주당 대선후보 경선 출마선언에서 다음과 같이 말하고 있다.

- It will take **your time**, **your energy**, and **your advice** to push us forward when we're doing right, and to let us know when we're not. This campaign has to be about

reclaiming the meaning of citizenship, **restoring** our sense of common purpose, and **realizing** that few obstacles can withstand the power of millions of voices calling for change.

(우리가 잘할 때 열심히 밀어주고 잘못할 때 이를 지적해 주기 위해서는 **여러분의 시간**, **여러분의 에너지**와 **여러분의 충고**가 필요할 것입니다. 이 캠페인의 핵심은 시민정신의 의미를 **되찾고**, 우리의 공통된 목적의식을 **회복하며**, 변화를 요구하는 수백만의 목소리의 힘에 저항할 장애물은 거의 없다는 사실을 **깨닫는** 것이 되어야 합니다.)

위 예에서 3중 부가반복법이 사용된 어구들은 생각을 구조화하는 데 이바지한다. 또한 이 어구들은 달성되어야 할 것들, 즉 **되찾고**(reclaiming), **회복하며**(restoring), **깨닫는 것**(realizing)의 광범함을 강조하는 데도 도움이 된다.

나아가 3중 부가반복법은 이미지를 보다 구체화하고 연설의 호소력을 높이기 위해 사용될 수 있다. 오바마는 2007년 2월의 민주당 대선후보 경선 출마선언 중 에이브러햄 링컨 대통령에 대해 언급한 부분에서 이 3중 부가반복법의 느슨한 변이형을 사용하였다.

- **He tells us that** there is power in words.

  He tells us that there is power in conviction.

  That beneath all the differences of race and region, faith

and station, we are one people.

He tells us that there is power in hope.

(**그는 우리에게 말합니다**. 말에는 힘이 있다고.

그는 우리에게 말합니다. 신념에는 힘이 있다고.

인종과 종교, 신념과 신분의 그 모든 차이 밑의 우리는 하나의 국민이라고.

그는 우리에게 말합니다. 희망에는 힘이 있다고.)

3중 부가반복법을 활용한 추진력 창출

3중 부가반복구는 또 다른 특정 목적에 사용될 수 있다. 오바마는 가끔 연속감 또는 전진감을 불러일으키기 위해 3중 부가반복법을 사용한다. 이 기법은 그의 메시지를 증폭시키는 데 도움이 된다. 예를 들면 2007년 2월의 민주당 대선후보 경선 출마선언에서 그는 다음과 같이 말하고 있다.

- **In the face of tyranny**, a band of patriots brought an empire to its knees. **In the face of secession**, we unified a nation and set the captives free. **In the face of Depression**, we put people back to work and lifted millions out of poverty.

(**학정에 맞서**, 일단의 애국자들이 제국을 굴복시켰습니다. **연방탈퇴에 맞서**, 우리는 이 나라를 통일하고 노예들을 해방시켰습니다. **대공황에 맞서**, 우리는 국민들에게 새 일자리를 주어 수백만을 빈곤의 나락에서 끌어올렸습니다.)

3중 부가반복법을 활용한 핵심 측면의 반복

또한 3중 부가반복법은 논의의 대상의 중요한 측면이나 특성을 강조하는 데 유용하다. 이때 3중 부가반복구 속의 세 단어는 유사한 개념을 나타내는 동의어라야 한다. 일반적으로 동의어 반복(scesis onomaton)이라 칭하는 이 장치는 3중 부가반복표현에서 사용하면 메시지를 청중의 마음 속에 각인시키는 효과가 있다. 다음 예를 보자.

- She displayed **enthusiasm**, demonstrated **fervor**, exuded **passion**.

  (그녀는 **의욕**이 넘치고, **열정**이 끓어 오르며, **정열**을 뿜어냈다.)

2007년 12월 27일 아이오와 주 데모인에서 행한 연설에서 오바마는 다음과 같이 말하고 있다.

- In the end, the argument we are having between the candidates in the last seven days is not just about the meaning of change. It's about the meaning of hope. Some of my opponents appear scornful of the word; they think it speaks of **naiveté, passivity, and wishful thinking.**[v]

  (결국 지난 7일간의 예비후보자 토론회의 핵심은 변화의 의미만이 아니었습니다. 그것은 희망의 의미였습니다. 다른 후보자 몇 분들은 그 단어의 의미에 조소를 보내는 듯했습니다. 그 분들은

그 단어가 **순진함**과 **수동성, 그리고 이룰 수 없는 기대**를 뜻한다고 생각했습니다.)

2008년 1월 3일 아이오와 주 경선에서 승리한 날 밤 연설에서 오바마는 다음과 같이 말한다.

● You said the time has come to move beyond **the bitterness and pettiness and anger** that's consumed Washington; to end the political strategy that's been all about division, and instead make it about addition; to build a coalition for change that stretches through red states and blue states.
(여러분은 때가 왔음을 말해 주셨습니다. 워싱턴 정가를 삼켜 버린 **반감과 편향성과 분노**를 넘어설 때가 왔음을. 분열에만 골몰하는 정치 전략을 종식하고 대신 확대를 가져오는 정치 전략을 지향할 때가 왔음을, 붉은 주와 푸른 주에 걸쳐 뻗어 나가는 변화를 향한 연합을 이룰 때가 왔음을.)

아래에서 예로 든 2007년 2월 10일 민주당 대선후보 경선 출마 선언에서 오바마는 3중 부가반복과 동의어 반복을 결합하여 3개의 어구에 약간의 변화를 주면서, 하나의 관념을 상세히 설명하고 있다. 그는 이렇게 되풀이되는 어구를 통해 전하고자 하는 메시지를 증폭시켜 결과적으로 그 메시지를 강력하게 표출시키고 있다.

● That's what Abraham Lincoln understood. **He had his doubts. He had his defeats. He had his setbacks.** But through his will and his words, he moved a nation and helped free a people.

(그것이 바로 에이브러햄 링컨이 깨달았던 것입니다. **그는 의구심을 품었습니다. 그는 패배를 겪었습니다. 그는 좌절을 겪었습니다.** 하지만 그는 자신의 의지와 발언을 통해 국민을 감동시켜 국민을 해방시켰습니다.)

3중 부가반복법을 활용한 승수효과

승수효과를 얻기 위해 오바마는 가끔 3중 부가반복과 함께 'and'와 같은 접속사를 추가적으로 사용한다. 2007년 2월 10일의 대선 출마선언에서 그는 다음과 같이 말하고 있다.

● [A]s people have looked away in disillusionment and frustration, we know what's filled the void. **The cynics, and the lobbyists, and** the **special interests** who've turned our government into a game only they can afford to play.

(국민이 환멸과 좌절에 빠져 외면할 때, 우리는 무엇이 그 공백을 채웠는지 알고 있습니다. **냉소주의자들, 그리고 로비스트들, 그리고 특수이익 집단들.** 그들은 우리의 정부를 자신들만이 즐길 수 있는 게임으로 바꾸어 버렸습니다.)

3중 부가반복법을 활용한 논리감의 강화

메시지에 강한 힘을 부여하기 위해 오바마는 가끔 3개의 단어 또는 어구를 연속적인 순서로 사용한다. 이렇게 하면 강한 논리감과 함께 증폭효과가 조성되어, 특정한 관점을 강력하게 표출시킬 수 있다. 예를 들어 2004년의 기조연설에서 그는 다음과 같이 말하고 있다.

- When we send our young men and women into harm' s way, we have a solemn obligation not to fudge the numbers or shade the truth about why they' re going, to care for their families while they' re gone, to tend to the soldiers upon their return, and to never ever go to war without enough troops to **win the war**, **secure the peace**, and **earn the respect** of the world.

  (젊은이들을 위험한 곳으로 보낼 때 우리에게는 신성한 의무가 있습니다. 숫자를 조작해서는 안되며, 파병 이유의 진실을 감추지 말아야 하고, 파병된 젊은이들이 돌아올 때까지 그들의 가족을 돌봐주어야 하며, 돌아온 군인들을 잘 보살펴야 하고, **전쟁에 이기고**, **평화를 확보하고**, **세계의 존경을 얻기에** 충분한 병력 없이는 결코 다시는 전쟁을 시작해서는 안됩니다.)

마찬가지로 그는 같은 연설에서 다음과 같이 역설하고 있다.

● We have real enemies in the world. These enemies must be **found**, they must be **pursued**, and they must be **defeated**. (세상에는 진정한 적이 존재합니다. 이런 적들은 반드시 **색출해야 합니다**. 그들을 끝까지 **쫓아가야 합니다.** 그리고 반드시 **패배시켜야** 합니다.)

아래는 오바마가 3중 부가반복의 개념을 광범하게 사용하여 여러 개의 단락을 구조화한 예이다. 이 예에서 그는 자신의 생각을 3개의 단락을 통해 제시함으로써 하나의 주제를 강력히 주장하고 있다. 2007년 12월의 이 연설에서 오바마는 보통 미국인들의 힘든 처지를 상세하게 알고 있음을 다음과 같이 드러내고 있다.

저는 남의 퇴직연금은 날려버리고 자기 상여금은 챙긴 기업경영자들에 배반 당한 어르신들의 사연과 의회가 제약회사들과 가능한 최저 약값에 협상하지 않았기 때문에 처방약물을 구입할 수 없는 **분들의 사연을 들었습니다**.

저는 평생 일해 왔던 공장의 해외 이전으로 일자리를 잃은 **메이택 공장의 노동자들을 만났습니다**. 그들은 이제는 월마트의 시간당 7달러의 일자리를 놓고 자녀뻘 되는 10대 아이들과 경쟁하고 있습니다.

저는 월급으로 생계 유지가 어려워 퇴근 후 도넛 가게에서 일하는 **교사들을 만났습니다**. 호주머니를 털어 학교 비품을 마련하는 교사들도 여전히 있습니다.[vi]

슬로건과 후렴구를 활용한 전달

또한 오바마는 전하고자 하는 핵심 주제를 강조하고 강한 인상을 남기기 위해 슬로건과 후렴구를 이용한다. 이 방법은 청중의 주의를 집중시키는 데 도움이 된다. 슬로건이란 연설자가 사람들이 기억해 주기를 원하는 주제가 담긴 인상적이고 간결한 표어나 짧은 문장을 말한다. 후렴구는 본래는 음악 용어였으나 점차 각종 언론 매체에서 대중연설의 요소들을 지칭하기 위해 많이 사용되고 있는 용어로서, 중심 메시지를 강조하는 간결한 반복 문구라 생각할 수 있다. 오바마는 청중의 마음 속에 슬로건이나 후렴구를 인상 깊게 심기 위해 자주 반복법을 사용한다. "Yes we can(우리는 할 수 있다)", "Change we can believe in(우리가 믿을 수 있는 변화)", "There is something happening(뭔가 일어나고 있다)", "Our moment is now(지금 이 순간이 우리의 순간)"과 같은 그의 슬로건과 후렴구는 대다수 미국인들이 적어도 한두 개는 외울 정도로 매우 효과적이다.

펜실베이니아 주 경선 패배 후 오바마가 행한 연설에서 슬로건의 탁월한 사용례를 볼 수 있다. 정치 전문가들이 오바마가 미국 근로계층 사이에서 충분한 지지를 확보하지 못한 것 아니냐는 해석을 내놨기에 그에게 이 패배는 뼈아픈 패배로 다가왔다. 그의 상승세가 꺾이고 있다는 우려를 불식시키기 위해, 오바마는 청중이 흔들림 없이 미래의 가능성을 바라보고 정진할 수 있는 강력한 슬로건을 제시하였다. 또한 그는 두운법을 사용하여 그의 말에 힘을 부여함으로써 보다 호소력 있고 희망찬 메시지가 되도록 하는 동시에 낙담한 지지자들이 의욕을 잃지 않도록 격려하는 메시지를 전달하였다.

[I]n the unlikely story that is America, there has never been anything false about hope. For when we have faced down impossible odds; when we' ve been told we' re not ready or that we shouldn' t try or that we can' t, generations of Americans have responded with a simple creed that sums up the spirit of a people.

Yes, we can.

It was a creed written into the founding **documents** that **declared** the **destiny** of a nation.[두운법]

Yes, we can.

It was whispered by slaves and abolitionists as they blazed a **trail toward** freedom through the darkest of nights.[두운법]

Yes, we can.

It was **sung** by immigrants as they **struck** out from distant **shores** and **pioneers** who **pushed** westward against an unforgiving wilderness.[두운법]

Yes, we can.

It was the call of **workers who** organized; **women who** reached for the ballot; a president who chose the moon as our new frontier; and a King who took us to the mountaintop and pointed the way to the promised land. [두운법]

Yes, we can to justice and equality. **Yes, we can** to opportunity and prosperity. **Yes, we can** heal this nation. **Yes, we can** repair this world. **Yes, we can.**[vii] [볼드체는 저자의 강조]

하지만 미국이라는 믿기 어려운 이야기에서 희망은 결코 틀린 적이 없었습니다. 불가능한 상황에 부딪쳤을 때, 우린 아직 준비가 되지 않았다거나 시도해서는 안 된다거나 할 수 없다는 얘기를 들었을 때, 미국의 선조들은 우리 국민의 정신을 집약한 단순한 신념으로 대응했기 때문입니다.

우리는 할 수 있습니다.

그 말은 미국의 사명을 선언했던 건국 기록에도 씌어진 신념입니다.

우리는 할 수 있습니다.

그 말은 노예들과 노예 폐지론자들이 어두운 밤을 헤치고 자유를 향한 길을 개척할 때 속삭였던 말입니다.

우리는 할 수 있습니다.

그 말은 이민자들이 머나먼 해안으로부터 새로운 길을 떠나며, 거친 황야에 맞서 서부로 향하던 개척자들이 부르던 노래였습니다.

우리는 할 수 있습니다.

그 말은 노조를 만든 노동자들, 투표소로 향하던 여성들, 달을 새로운 개척지로 선택한 대통령, 우리를 산꼭대기로 데려가 약속의 땅으로 가는 길을 가리켰던 킹 목사의 외침이었습니다.

우리는 정의와 평등을 이룰 수 있습니다. 기회와 번영도 이룰 수 있습니다. 우리는 이 나라를 치유할 수 있습니다. 이 세계를 복구할 수 있습니다. **우리는 할 수 있습니다.**

또 다른 예를 살펴보자.

The choice in this election is not between regions or religions or genders. It' s not about rich versus poor; young versus old; and it is not about black versus white.

It' s about the past versus the future.

It' s about whether we settle for the same divisions and distractions and drama that passes for politics today, or whether we reach for a politics of common sense, and innovation—a shared sacrifice and shared prosperity.

There are those who will continue to tell us we cannot do this. That we cannot have what we long for. That we are peddling false hopes.

But here' s what I know. I know that when people say we can' t overcome all the big money and influence in Washington, I think of the elderly woman who sent me a contribution the other day—an envelope that had a money order for $3.01 along with a verse of scripture tucked inside. So don' t tell us change isn' t possible.

When I hear the cynical talk that blacks ad whites and Latino brothers and sisters I organized with and stood with and fought with side b side for jobs and justice on the streets of Chicago. So don' t tell us change can' t happen.

When I hear that we' ll never overcome the racial divide in our politics, I think about that Republican woman who used to work for Strom Thurmond, who' s now devoted to educating inner-city children and who went out onto the streets of South Carolina and knocked on doors for this campaign. Dont' t tell me we can' t change.

Yes we can change.

Yes we can heal this notion.

Yes we can seized our future.

And as we leave this state with a new wind at our vacks ad take this journey across the country we love with the message we' ve carried from the plains of Iowa to the hills of New Hampshier; from the Nevada desert to the South Carolina coast; the same message we had when we were up and when we were down—that out of many, we are one; that while we breathe, we hope; and where we are met with cynicism and doubt and those who tell us that we can' t, we will respond with that timeless creed that sums up the spirit of a people in three simple words:

Yes. We. Can.[viii] [볼드체는 저자의 강조]

이번 선거의 선택은 지역간의 것도, 종교간의 것도, 성별간의 것도 아닙니다. 그것은 부자 대 빈자도, 청년 대 노인도 아니며, 흑인 대 백인에 관한 것도 아닙니다.

그것은 과거 대 미래에 관한 것입니다.

그것은 우리가 똑같은 분열과 파행, 그리고 오늘의 정치라는 이름의 저급한 드라마에 안주할 것인가, 아니면 우리가 상식의 정치와 혁신—희생의 공유와 번영의 공유—로 손을 내밀 것인가에 관한 것입니다.

우리가 이것을 할 수 없다고 계속 말하는 사람들이 있습니다. 우리가 염원하는 것을 가질 수 없다고. 그릇된 희망을 퍼뜨린다고.

하지만 여기 제가 알고 있는 것이 있습니다. 사람들이 우리가 워싱턴 정계의 금력과 영향력을 극복할 수 없다고 말할 때, 저는 일전에 제게 3달러 1센트 우편환과 함께 성경의 한 구절이 동봉된 기부금 봉투를 보내주신 한 할머니를 생각합니다. 그러니 우리에게 변화는 불가능하다는 말은 하지 마십시오.

흑인과 백인과 라틴계는 함께 협력하여 일할 수 없다는 냉소적인 말을 들을 때, 저는 시카고 거리에서 제가 함께 주민조직 운동을 하고 일자리와 정의를 위해 나란히 일어서 싸우던 라틴계 형제자매들을 떠올립니다.

우리가 인종간 장벽을 결코 극복할 수 없으리라는 말을 들을 때, 저는 스트롬 서몬드 전 상원의원을 위해 일했고, 지금은 도시 빈민지역 아이들 교육에 헌신하고 있는 어떤 여성 공화당원을 생각합니다. 그 분은 사우스 캐롤라이나 주 거리로 나가 이 선거 운동을 위해 집집마다 방문을 하고 있습니다. 우리가 바꿀 수 없다는 말은 하지 마십시오.

예. 우리는 바꿀 수 **있습니다.**

예. 우리는 이 나라를 치유할 수 **있습니다.**

예. 우리는 우리의 미래를 움켜쥘 수 **있습니다.**

그리고 우리가 새로운 바람을 등에 업고 이 주를 떠나 아이오와의 벌판에서 가져온 메시지, 우리가 기쁠 때나 힘들 때나 품고 있던 같은 메시지, 여럿이 모였지만, 우리는 하나라는 메시지, 우리가 숨을 쉬는 한 희망은 있다는 메시지를 가지고 뉴햄프셔의 언덕까지, 네바다의 사막에서 사우스 캐롤라이나의 해안까지 우리가 사랑하는 이 나라 전역에 걸친 여정을 떠나면서, 그리고 우리가 냉소주의와 의구심과 우리는 할 수 없다고 말하는 사람들과 마주칠 때, 우리는 이 나라의 정신을 간단한 세 단어로 집약한 그 불멸의 신조로 대응할 것입니다.

예. 우리는 할 수 있습니다.[viii]

위 예들에서는 "Yes We Can"을 반복함으로써 이 핵심 주제이자 슬로건을 효과적으로 청중의 마음 속에 깊이 각인시키고 있다.

이번 장에서 배운 것-메시지 각인 시키기의 테크닉

이 장에서 우리는 버락 오바마가 어떻게 스피치 테크닉들을 탁월하게 활용하여 청중에게 자신의 메시지를 각인시키는지를 살펴보았다. 지도자들은 그의 성공에서 많은 것을 배워 적용할 수 있을 것이다. 예를 들어 연설문을 구성할 때 효과적인 소통자는 주제의 우선순위를 정하고 중요한 주제에 초점을 맞출 수 있을 것이다. 그들은 우선순위가 낮은 문제들은 과감하게 뒤로 돌리고 중요도가 높은 메시지들을 앞으로 내세워 집중적으로 부각시킨다. 그들은 다양한 수사적 장치들을 활용하여 가장 중요한 메시지와 주제들을 강하게 앞으로 내세운다. 수사적 질문은 핵심 메시지에 주의를 집중시킬 수 있다. 반복과 평행 단락 구조는 핵심 논점을 강조하고 클라이맥스에 다다를 때까지 증폭시키는 데 이바지한다. 두운법은 핵심 단어들에 주의를 집중시키고 연설에 음악적 호소력을 불어넣는다. 접속사 생략은 기술적으로 사용할 경우 신속한 느낌과 함께 핵심 단어들을 강하게 부각시킬 수 있다. 추가로 접속사를 중복하여 사용하면 메시지의 강도를 증폭시켜 승수효과를 창출할 수 있다. 탁월한 소통자는 '3의 힘' 을 잘 활용하여 핵심 메시지를 부각시키고, 추진력이나 논리감을 부여할 수 있다. 효과적인 리더는 슬로건과 후렴구를 활용하여 주제를 강조함으로써 메시지가 오래 기억될 수 있도록 한다.

설득하기

"설득하기"는 사람들을 자신과 같은 생각을 하도록 이끄는 오바마의 테크닉에 대해 공부한다. 단순한 정보 전달의 차원을 넘어 사람들의 의견에 영향을 주고 행동을 촉구하려 할 때 오바마는 탄탄한 논리, 개념의 정렬, 스스로 제기한 질문에 스스로 대답하기 등에 특히 관심을 기울인다. 또 한 가지 특이할 만한 사실은 병치와 반명제 구조가 설득 스타일의 트레이드마크라는 사실이다. 생각을 비교하고 대비시키는데도 오바마는 탁월하다. 이러한 기법들이 어우러져 오바마는 설득된 청중으로부터 끄덕임 등을 비롯한 "예스"의 반응을 이끌어낸다.

07

버락 오바마는 표심을 끌어오고 선거에 이긴 여러 번의 연설을 행한 바 있다. 이러한 성공의 배후에는 오바마의 설득 능력이 있다.

설득은 성공하는 리더에게 있어 핵심적인 역량이다. 설득은 조언, 격려, 설복 등을 통해 어떤 사람이 어떤 일을 하도록 영향을 끼치는 행동 또는 예술(어떤 사람들의 표현에 따르면)이다. 설득은 단순한 정보 제공의 차원을 넘어 설득하는 사람이 제시하는 특정한 시점에 대해 듣는 사람이 동의하도록 만드는 방법이다. 설득의 목표는 상대가 "예스"라고 말하거나 고개를 끄덕이게 하는 것이기도 하고, 나아가 듣는 사람이 눈을 빛내며 공명하게 하는 것이기도 하다. 그러니까 듣는 사람이 설득자의 생각을 포용했다는 뜻이다.

정해진 목표를 달성하기 위해 다른 사람들의 용기를 북돋우고 이들을 이끌어가야 할 지도자에게 있어서 설득은 중요한 역할을 한다. 지도자에게 있어 설득은 워낙 핵심적인 역량이기 때문에 이를 주제로 하여 제목만 조금 다른 책들이 수십 권 나와있다. **설득의 힘**, **설득의 중요성**, **설득의 기술** 등.

설득력 있는 버락 오바마의 연설은 그를 성공으로 이끈 핵심적인 도구 역할을 했다. 2008년 대통령 선거 운동 당시 그가 마음을 움직인 200만 명의 개인 기부자가 그의 설득 역량에 대한 증거이다. 오바마의 탁월한 설득 능력은 2008년 경선에서의 엄청난 인기와 스타디움을 가득 채운 75,000명의 청중, 그리고 단 한 번의 연설에서 독일 청중 200,000명을 끌어 모은 것 등에서도 잘 드러난다. 버락 오바마가 어떻게 했기에 사람들이 이렇게 모여드는 것일까? 어떤 스피치 기법을 썼기에 그렇게 많은 사람들이 그의 생각을 받아들이게 되었을까? 오바마는 어떻게 해서 미래와 변화에 대한 자신의 비전을 사람들이 받아들이고 결국은 지지하도록 이끌까? 이제부터 오바마가 자신의 개념을 어떻게 정렬하고, 스스로 질문을 제기한 후 이에 대답하고, 자기 반박을 이용하고, 반명제를 활용하고, 병치 및 비교, 대비 등을 통해 자신의 논점을 어떻게 부각시키는가를 살펴보기로 하자.

고개를 끄덕이게 만들기

설득에는 여러 가지 차원이 있으며, 여러 가지 형태의 도구를 이용해서 설득을 효과적으로 쉽게 할 수 있다. 보디 랭귀지도 어느 정도의 역할을 한다. 뛰어난 말솜씨도 도움이 된다. 음성과 억양, 잠시 침묵하기, 강조하기와 효과적인 제스처를 쓰는 것도 청중의 마음을 움직인다. 그림을 그리듯 말로 표현하는 것도 공감을 이끌어낸다. 이에 더하여 버락 오바마는 설득에 있어 다른 중요한 방법들도 있음을 보여준다. 설득의 대가인 오바마가 활용하는 이 방법들을 살펴보자.

개념 정렬하기

버락 오바마는 설득의 달인인 연설가들이 어떻게 자신이 생각하는 여러 개념에 강력한 설득력을 부여하는가를 잘 보여준다. 이들은 명료한 논리 전개의 과정을 따라 명쾌한 논지로 자신의 생각은 어떤 장점이 있는가를 뚜렷이 드러낸다.

이렇게 강한 설득력을 창출하는 방법 중 하나가 개념 정렬하기이다. 그런데 개념을 정렬하는데 있어 "올바른" 순서는 없다. 그저 **효과적인** 순서가 있을 뿐이다. 듣는 사람이 연설자의 생각의 흐름을 따라가서 이 흐름이 논리적이고 호소력 있는 의미가 있음을 깨달을 수 있으면 이것이 효과적인 정렬 방식이다. 이렇게 하면 듣는 사람이 동의할 수 있는 기반이 마련된다. 개념을 잘 정렬하면 논점을 전달한다는 목표를 더욱 잘 달성할 수 있으며, 예스 또는 긍정의 몸짓을 끌어낼 수 있다.

연설에서 오바마는 개념을 잘 배열한다. 일련의 문장 속에서 이러한 배열 방식을 관찰할 수 있다. 예를 들어 2004년 기조연설에서 오바마는 논리성과 함께 강한 의지를 담아낼 수 있도록 개념을 배열하고 있다.

세상에는 **진정한 적이 존재합니다**. 이런 적들은 **반드시 색출해야 합니다**. 그들을 끝까지 쫓아가서 **반드시 패배시켜야 합니다**.

오바마는 또한 각 단락의 첫 머리에 개념과 주제를 배열하여 연설에 질서감을 주고 청중을 설득한다. 다음 예에서 오바마는 이 방법을 이용하여 공동체에 대한 자신의 헌신을 부각시키고, 궁극적으로 자신이 청중들의 이해관계를 위해 진정으로 봉사한다는 생각을 심어주었다.

> **저는 월 스트리트의 직장을 떠났습니다.** 실업자들이 직업 훈련을 받을 수 있게 해주고 시카고의 거리에서 방황하는 어린이들이 방과 후 학습을 할 수 있도록 돕기 위해서였습니다.
>
> **저는 많은 월급을** 주겠다는 법률 회사의 제안을 **거절했습니다.** 민권 변호사로서 힘 없는 사람들을 위해 정의를 구현하기 위해서였습니다.
>
> **저는** 일리노이에서 **로비스트들에 맞서** 민주당과 공화당의 합의를 끌어내 150,000명에 대해 의료 혜택을 확대함과 동시에 25년 만에 처음으로 선거 자금 개혁에 대한 주요 법안을 통과시켰습니다. 워싱턴에서도 워터게이트 사건 이래 가장 힘들었던 로비 관련 개혁 법안을 통과시켰습니다. 이번 선거에 나선 후보 중 로비스트들로부터 힘을 빼앗아야 한다는 말을 하는데 그치지 않고 이를 실제로 실천한 사람은 저 하나뿐입니다.[i] [볼드체는 저자의 강조]

탁월한 연설 기술을 개발하려는 지도자에게 있어 자신의 생각들을 고도로 효과적인 방법으로 배열하는 것은 아주 좋은 기술이다. 이렇게 해서 "호소력 있는" 방법으로 논점을 전달해야 한다.

스스로 내놓은 질문에 대답하기

설득력을 강화하는 또 한 가지 방법은 스스로 내놓은 질문에 대답하는 것이다. 스스로 답을 제시하기 위해 던지는 이러한 질문은 양 방향 대화가 이루어진다는 느낌을 일으키는데 매우 좋은 방법이다. 적절한 길이로 이러한 질문을 제시하면 청중은 연설자가 모두의 문젯거리를 지적하고 해법을 내놓는다는 인상을 받는다. 자문자답이라고 불리는 이 기법을 쓰면 연설자는 청중이 안고 있는 문제를 면밀히 뜯어보는 모습을 그려낼 수 있다. 스스로 제시한 질문에 대해 잘 준비된 대답을 내놓으면 지식의 깊이를 드러내 보일 수 있고 청중과의 교감도 강해진다. 이러한 질문은 핵심적인 문제로 청중의 주의를 이끌어가고 연설에 더욱 현실감을 불어넣는다.

버락 오바마는 이러한 질문을 활용하는데 탁월한 능력을 보여주었다. 연설을 하기 전에 오바마는 이런 생각을 하는 것 같다. 청중이 가장 알고 싶어하는 것은 무엇일까? 이들이 의심스러워하거나 궁금해하는 것은 무엇일까? 이러한 생각을 하고 난 다음의 과제는 질문을 제기하고 답을 내놓는 것이다. 오바마는 이런 질문을 제기하고 답을 내어 놓아 효과적인 대화를 재현하는 기법에서 자신의 역량을 드러냈다. 2005년 11월 16일에 있었던 로버트 케네디 인권상 시상식에서 오바마가 로버트 케네디에 대해 언급한 것이 좋은 예이다. 이 때 오바마는 이렇게 말했다.

이 사람, 대통령을 지내지도 않았고, 법무장관직에 겨우 3년간 지냈으며, 뉴욕 주 상원의원으로는 석 달 반 밖에 일하지 않은 이 사람이 여전히 우리 마음 속에 있는 이유는 무엇일까요? 그가 한 말이 여전히 토론의 주제가 되고, 그의 생각이 우리의 정치에 활력을 불어 넣으며, 험하고 무자비한 삶을 더 나은 것으로 만들라고 주문하는 이유는 무엇일까요?

물론 카리스마와 뛰어난 언변 때문이기도 합니다. 희귀하지만 케네디 가의 사람들은 누구나 갖고 있는 이 독특한 능력으로 로버트 케네디도 지구상에서 가장 다양한 국가인 미국이 품고 있는 희망과 꿈을 하나의 문장으로 압축했습니다. 그리고 미국적 삶에 대해 가장 냉담한 사람에게서도 공감을 끌어냈습니다.

그가 젊기 때문이기도 했습니다. 육체적으로나 정신적으로 젊었기 때문에 존 F. 케네디가 암살되고 나서도, 마틴 루터 킹이 죽고 나서도 그는 우리가 희망을 계속 지닐 수 있도록 해주었습니다. 이런 일이 있을 때마다 더 젊고 활기찬 케네디가 나타나 우리의 믿음을 되살려 주었습니다.

케네디에게는 이러한 미덕 말고도 또 무엇인가가 있습니다.

오바마는 케네디의 미덕을 계속 상세히 이야기한다. 이 방법을 쓸 때 자주 그러는 것처럼 여기서도 오바마는 스스로 제기한 질문에 대해 결국 답을 내놓아 자신의 논점을 강조한다. 적절한 질문을 던지고 이에 답하는 과정에서 오바마는 양자간 대화의 분위기를 만들어내며 핵심적인 논점을 제시한다. 이 기법을 쓰면 큰 효과를 낼 수 있다. 말로 사람을 설득하고 싶은 리더라면 청중이 가장 잘 알아들을만한 질문 한두 개를 찾아보아야 한다. 그러니까 연설 중에 질문 한두 개 정도를 던질 수 있지 않을까를 생각해 보아야 한다는 뜻이다.

자기 반박 활용하기

오바마는 스스로 어떤 주장을 제기하고 이를 반박하는 테크닉의 중요성을 잘 알고 있다. **자기 반박**(procatalepsis)이라고 불리는 이 기법은 유용한 수사법의 도구일 뿐만 아니라 탁월한 설득 수단이기도 하다. 있을 수 있는 반대 의견을 스스로 제시하고 이에 대응하는 방법을 통해 연설자들은 자신에 대해 반대하는 주장이 왜 신빙성이 없는가를 청중에게 납득시킬 수 있다. 이 방법을 쓰면 자신에 대한 반론을 좀 더 선명히 인식할 수 있고 이에 따라 연설자는 자신의 입장이 왜 좀 더 합리적인가를 잘 드러낼 수 있다. 주요 반론에 대처함에 있어 연설자는 능숙하게 이러한 반론의 입지를 약화시키고 자신의 입장을 강화할 수 있다. 희망에 대한 그의 입장이 너무 순진한 것 아니냐는 우려를 불식시킨 2007년 12월 27일의 연설을 예로 들어본다.

결국, 지난 일주일간 후보들 사이에 있었던 토론은 단순히 변화의 의미에 대한 토론이 아니었습니다. 희망의 의미에 대한 토론이었죠. **저에게 반대하는 몇몇 사람은 희망이라는 단어를 비웃**

는 듯 했습니다. 이들은 희망이란 순진함, 수동성, 이루어질 수 없는 소원 등을 뜻한다고 생각합니다.

그러나 희망은 그런 것이 아닙니다. 희망은 맹목적인 낙관주의가 아닙니다. 희망은 우리 앞에 놓인 과제, 우리를 막아선 장애물이 엄청나다는 사실을 무시하는 것이 아닙니다. 물론 로비스트들이 우리를 공격하겠죠. 공화당 측에서도 총 선거에서 우리를 공격할 것입니다. 그렇습니다. 빈곤, 기후 변화, 무너지는 교육 같은 문제들은 쉽게 해결되지 않습니다. 저는 이를 잘 알고 있습니다. 저는 이 속에 뛰어들어 보았고 재판에도 참여해 보았습니다. 강한 자들이 칼자루를 쥐고 있고, 정치적 의지가 선한 의지를 뒷받침하지 못했기 때문에 법안이 폐기되는 모습도 보았습니다. 그리고 병사들을 싸움터로 내보내기에 앞서 어려운 질문을 던질만한 판단력이나 용기를 가진 사람이 아무도 없었기 때문에 나라가 전쟁을 향해 오도되는 모습도 보았습니다.

그러나 제가 알고 있는 것이 또 한 가지 있습니다. 불가능하다고 여겨지던 변화가 일어나는 과정에서 희망이 변화를 이끄는 힘이 되어 왔음을 저는 알고 있습니다. 폭정에 맞서, 미국의 선조들이 영 제국에 항거하여 일어설 때 이들을 이끈 것은 희망이었습니다. 노예 제도에 맞서, 노예제도 폐지를 주장하던 사람들과 노예 자신들의 저항을 이끈 것도 희망이었으며, 국민의 절반은 노예, 절반은 자유민인 상태에 종지부를 찍는 험난한 여정을 걷겠다고 어떤 대통령이 결심하도록 이끈 것도 희망입니다. 전쟁과 공황의 와중에서, 인류 역사상 가장 위대한 세대가 한 대륙을 해방시키고

한 나라를 치유하도록 이끈 것도 희망입니다. 억압 하에서 젊은 이들이 급식소에서 농성을 하고, 물대포를 무릅쓰고 자유의 대의를 위해 셀마와 몬트거메리의 거리를 행진하도록 이끈 것도 희망입니다. 과거에는 불가능해보이던 것을 상상하고 이를 실천에 옮기도록 하는 것, 이것이 희망의 힘입니다. [볼드체는 저자의 강조]

설득을 목적으로 연설을 준비하는 과정에서 자기 반박이 유용한 수단이 될 수 있음을 위에서 살펴보았다. 청중을 설득하려는 연설자라면 자신의 주장에 대한 반론들을 확인한 뒤 연설에서 이러한 반론들을 청중에게 제시하고 왜 내 생각이 더 나은가를 설명하는 편이 연설의 가치를 높여준다는 것을 생각해볼 필요가 있다.

병치와 반명제의 활용—비교와 대비

버락 오바마의 탁월한 연설에서 자주 찾아볼 수 있는 것 중 하나는 병치법을 능숙하게 구사하는 것이다. 이 기법을 통해 오바마는 상반되는 생각들을 나란히 배열하여 이들을 상호 비교함으로써 자신의 논점을 신명히 부각시킨다.

여러 개념을 대비시키면서 오바마는 반명제를 제시하는데, 이 기법은 균형을 이루거나 평행하는 구조 속에서 두 개의 생각을 같은 문장 또는 같은 단락 안에 나란히 놓는 방법이다. 이 기법을 쓰면 연설자는 반대 의견에 대한 "반박 제안"을 통해 상반되는 두 가지 생각을 드러내어 이들을 더욱 선명하게 대비시킬 수 있다.

미국의 유명한 연설 중 반명제를 쓴 사례는 많다.

오늘 우리 눈앞에 펼쳐진 것은 한 정당의 승리가 아니라 자유의 승리입니다. **한 시대가 막을 내리고 새로운 시대가 열리는 것을** 상징함과 동시에 변화뿐만 아니라 쇄신을 의미하는 승리 말입니다. 존 F. 케네디 취임 연설, 1961. 1. 20.

오바마는 대중 연설에서 반명제를 매우 효과적으로 활용한다. 어떤 경우에는 심오한 의미가 담겨 있는 짧은 문장으로 간결한 비유를 끌어낸다. 예를 들어 2008년 6월 3일 미네소타 주의 세인트 폴에서 있었던 마지막 경선 날의 연설을 보자.

우리는 이라크에 **부주의하게 들어갔던** 것만큼이나 **조심스럽게 빠져 나와야** 합니다…

같은 연설에서 오바마는 또 이렇게 말하고 있다.

대학에 갈 수 있는 권리는 **부유한 소수의 특권**이어서는 안되고 모든 **미국인이 태어나면서부터 갖는 권리**여야 합니다. 미국에서 일어나야 할 변화가 바로 이것입니다. 바로 이 때문에 제가 대통령 선거에 나선 것입니다.

2007년 11월에 행한 "우리의 아이들과 우리의 미래"라는 연설에서 오바마는 이렇게 말한다.

그래서 저는 **절망도** 알고 또한 **희망도** 압니다.

방금 인용한 예들은 생각을 분명히 밝히고 설득 작업을 돕는 반명제를 간결히 사용한 사례이다. 논지를 분명히 밝히고 이를 확장하기 위해 더 긴 반명제와 대비구조를 사용하는 데 있어서도 오바마는 뛰어난 능력을 보여준다. 2008년 1월 아이오와 코커스에서 승리한 직후의 연설에서 오바마는 이렇게 말했다.

하지만 우리는 언제나 희망이 맹목적 낙관이 아님을 알고 있었습니다. 그것은 눈앞의 과제나 우리가 가는 길의 장애물을 무시하지 않는 것입니다. 그것은 방관하거나 싸움을 피하지 않는 것입니다. 희망은 모든 반대되는 증거에도 불구하고 우리가 그것을 추구하고 그것을 위해 노력하고 싸울 용기가 있다면 무언가 더 나은 것이 우리를 기다리고 있다고 끈질기게 속삭이는 우리 내면의 어떤 것입니다.

아래 든 예는 오바마는 몇 가지 예를 연속적으로 배열하여 민주당의 특성을 밝히고 있다.

우리 당인 민주당은 여론조사 결과가 아니라 원칙을 따를 때, 계산이 아니라 확신을 따를 때, 전 미국인을 공통의 목적, 한 차원 높은 목적으로 이끌 때 항상 최선의 모습을 보였습니다. [ii]

방금 든 몇 가지 예 말고도 오바마는 다양한 명제법과 반명제법을 이용한다. 그리하여 결국 연설의 설득력이 더욱 강해지는 결과가 생긴다. 오바마의 핵심적인 기법을 좀더 들여다보자.

병치법과 3행구

가끔 오바마는 병치법을 3중 부가반복(제6장 참조-옮긴이)과 함께 써서 생각의 대비를 더욱 분명히 드러낸다. 2007년 2월 10일 일리노이주 스프링필드에서 대통령 출마의 뜻을 밝힌 연설을 예로 들어본다. 여기서 오바마는 병치법을 3행구 부가반복과 혼합하여 미국인들이 직면해 있는 것과 그들이 원하는 것을 서로 비교한다.

영광입니다. 하지만 저는 마음속으로부터 여러분이 오직 저 하나 때문에 이곳에 오지 않았다는 사실을 압니다. 여러분은 미국이 어떤 나라가 될 수 있는지 알기 때문에 이곳에 오셨습니다. **전쟁 앞에서** 여러분은 **평화가 올 수 있다고** 믿습니다. **절망 앞에서** 여러분은 **희망을 가질 수 있다고** 믿습니다. **정치 앞에서**, 여러분을 밀쳐내고 우리를 너무 오래 갈라놓은 정치 앞에서 여러분은 우리가 하나가 되고, 가능한 것을 향해 손을 뻗어 더 **완벽한 화합을 이루어내리라는** 것을 압니다.

병치의 확장

오바마의 탁월한 스피치 테크닉의 등록상표라고 할만한 것 중 하나는 창의적으로 병치를 다양하게 활용하는 것이다. 가끔 오바마는 한 단락에서는 이런 생각을, 그 다음 단락에서는 이와 반대되는 의견을, 다시 그 다음 단락에서는 같은 생각을 담아내는 방법으로 생각을 배열한다. 아래 예에서 오바마는 이렇게 병치법의 확장을 통해 상반되는 생각을 엇갈리게 제시하면서 일련의 대비와 비교를 보여준다.

이번 선거에서 우리는 선택을 할 수 있습니다.

우리는 워싱턴의 로비스트들, 석유 로비스트, 의약품 로비스트, 보험 로비스트 등으로부터 돈을 받는 것이 아무 문제가 되지 않는다고 말하는 정당이 **될 수 있습니다. 우리는** 이들이 진정한 미국인을 대표한다고 생각하는 척 **할 수 있습니다.** 그리고 이들이 돈으로 영향력을 발휘하여 의료체계를 개선하거나, 재생가능 에너지에 투자하는 것을 앞으로 4년간 저지하는 것을 못 본 척 할 수도 있습니다.

아니면 이번에는 일하는 미국인들의 목소리를 묻어버리는 돈을 받는 정당은 일하는 미국을 대표할 수 없다는 사실을 **깨달을 수 있습니다.** 우리는 이번 선거에서 우리가 한 일을 할 수 있고, 우리가 이들로부터 한 푼도 받지 않겠다고 말할 수 있습니다. 우리는 제가 일리노이에서, 워싱턴에서 한 일을 하고, 양당을 한데 모아 힘을 합쳐 올바른 정부를 구성할 수도 있습니다. 그것은 **우리의 선택에 달려 있습니다.**

우리는 국가 안보에서 강한 모습을 보이려면 조지 부시나 존 매케인처럼 말하고, 행동하고, 투표해야 한다고 생각하는 정당이

될 수 있습니다. 공포를 전술로 이용하고, 테러의 위협을 강조하여 표를 긁어 모을 수도 있을 것입니다.

아니면 진정한 힘이란 우리의 병사들을 싸움터로 내보내기 전에 스스로 어려운 질문을 제기하는 데서 나온다고 **믿을 수도 있습니다.** 우리는 우리가 직면한 여러 가지 위협을 극복하기 위해 모든 미국인, 전인류가 21세기의 도전에 힘을 합쳐 응전하자고 호소할 수 있습니다. 테러와 핵무기가 이러한 위협입니다. 기후변화와 빈곤이 이러한 위협입니다. 인종청소와 질병이 이러한 위협입니다. 전미국과 전세계의 노력이 있어야 우리의 안전을 지킬 수 있습니다. 이것이 루즈벨트, 케네디, 트루먼이 남긴 진정한 유산입니다.

우리는 다음 선거에 이기기 위해서라면 무슨 말이든 하고 무슨 짓이든 하는 정당이 **될 수 있습니다.** 우리는 여론조사로 우리의 입장을 확인하고 이런 저런 계산을 해서 모든 사람들에게 듣고 싶은 바로 그 얘기만 해줄 수 있습니다.

아니면 어떻게 이길 수 있는가 뿐만 아니라 왜 이겨야 하는가에 초점을 맞추는 정당이 **될 수 있습니다.** 우리는 모든 사람을 향해 우리가 직면한 도전에 향하여 사람들이 들어야 할 이야기를 해줄 수 있습니다. 우리는 단순히 대통령직을 되찾으려 하는 것뿐만 아니라 워싱턴의 지도자들이 미국인들이 믿도록 할 수 있습니다. 이번 선거에서 우리가 선택할 수 있는 것은 이런 것들입니다.

우리는 우리와 똑같이 행동하고 우리의 모든 입장에 그저 찬성하기만 하는 사람들로만 이루어진 정당이 **될 수 있습니다**. 우리는 계속해서 미국을 붉은 주와 푸른 주로 나누는 행동을 계속할 수도 있습니다. 그리고 미국에 존재하는 분열을 순전히 정치적 이익을 위해 이용할 수도 있습니다.

아니면 이번에는 이번 선거에서 우리가 시작한 운동, 민주당, 독립당, 공화당을 한데 묶은 운동을 이어**갈 수 있습니다**. 이 운동은 청년과 노년, 부자와 빈자, 백인, 흑인, 히스패닉, 아시아계, 아메리카 원주민 등이 모두 참여한 운동입니다. 이런 운동을 전제할 수 있는 것은 이번 선거 기간에 46개 주를 둘러본 결과 우리가 정치인들이 말하는 것처럼 그렇게 분열되어 있지 않다는 사실을 알았기 때문입니다. 저마다 살아온 과정과 배경이 다를지라도 우리 모두는 미국의 미래에 대해 같은 희망을 품고 있습니다.

결국 이번 선거는 수십 년 동안 우리가 이야기해온 문제를 해결하는 최선의 기회가 될 것입니다. 하나의 국가로, 하나의 국민으로서 말입니다. 14개월 후에도 이번 선거의 의미는 같을 것입니다.

우리는 더 잘할 수 있다. 더 잘해야만 한다고 믿는 수백 만의 미국인들이 변화를 일으킬 수 있는 자리에 우리를 올려놓아 주었습니다. 인디애나 주민 여러분, 이제 여러분에게 달렸습니다. 여러분은 이제 우리가 똑같은 길을 걸을지 아니면 미래를 향한 진정한 희망을 주는 진정한 길을 개척할지를 결정할 수 있습니다.[iii] [볼드체는 저자의 강조]

단락을 병치하는 방법으로 긍정과 부정을 비교하는 이러한 구조는 서로 다른 시각의 차이를 선명하게 드러내며, 그 결과 오바마의 주장에 더 힘을 실어준다.

광범위한 병치

연설의 설득력을 강화하기 위해 오바마가 쓰는 또 한 가지 핵심적인 기술은 하나의 중심 축을 두고 상충하는 두 개의 생각을 대비시키는 것이다. 이렇게 광범위한 병치구조에서 오바마는 당초의 견해, 보통 자신이 동의하지 않는 견해를 설명하는데 상당한 시간을 할애한다. 그러고 나서 그와는 반대되는 생각 혹은 견해가 곧 따라올 것임을 보여주는 힘찬 반전의 문장을 말한다. 그러고 나서 자신이 지지하는 입장을 밝힌다. 이러한 구조를 이용해서 오바마는 자신이 지지하는 생각이 왜 당초의 생각보다 더 우월한가를 상세히 보여준다. 아래의 예를 보자.

존 매케인은 작년에 상원에서 95%의 경우에 조지 부시를 지지했는데, **그것은 변화가 아닙니다.**

부시의 경제 정책은 좋은 직장을 창출하지도 못했고, 근로자들에게 보험을 들어주지도 못했고, 미국인들이 천정부지로 치솟는 대학 등록금을 감당할 수 있게 해주지도 않았습니다. 부시의 정책은 보통 미국인 가정의 실질 소득을 떨어뜨렸고, 월스트리트와 메인 스트리트 사이의 격차를 벌려놓았으며, 우리 후손들에게 산더미 같은 빚을 남겨주었습니다. 이런 부시의 정책을 4년 더 지속시키겠다는 생각은 **변화가 아닙니다**.

부시의 대 이라크 정책은 용감한 우리의 남녀병사들에게는 모든 것을 요구하면서 이라크의 정치인들에게는 아무것도 요구하지 않는 정책입니다. 그리고 이라크에 그저 계속 병력을 주둔시키려고만 하지 한 달에 수십억씩 전비를 쓰면서도 미국인들을 더 안전하게 해주지도 못하고 있습니다. 이런 정책을 지속하겠다는 것은 **변화가 아닙니다**.

그러므로 저는 이렇게 말합니다. 존 매케인이 조지 부시의 정책을 지속해나가려는 것을 양당적이고 새로운 것이라고 설명할 수 있는 단어는 많습니다. 그러나 **변화는 그런 것이 아닙니다**.

변화는 허락되어서도 시작되어서도 안되었던 전쟁으로 시작해서 끝나는 외교정책이 **아닙니다**.

변화는 이라크에 대해 우리가 선택할 수 있는 것이 아직도 많은 척 하지는 않겠습니다만 적어도 선택이 아닌 것은 앞으로 백 년간 우리의 병사들을 이라크에 내버려두는 일입니다. 우리의 군사력이 너무 멀리 퍼져 있고, 미국이 고립되어 있고, 미국을 향한 거의 모든 위협이 무시당하고 있는 지금 같은 상황에서는 특히 그렇습니다.

이라크에 들어갈 때 부주의했던 것만큼 우리는 이라크에서 나오면서 신중해야 합니다. 그러나 떠나기 시작해야 합니다. 이제 이라크인들이 자신들의 미래를 책임질 때가 되었습니다. 우리의 군대를 재건하고, 참전용사들이 고향으로 돌아오면 그들을 보살펴주고 그들이 당연히 받아야 할 혜택을 제공해야 할 때입니다. 이제 다시 한 번 알 카에다 지도부와 아프가니스탄으로 시선을 돌려 전 세계의 노력을 결집하여 테러, 핵무기, 기후변화, 빈곤, 인종청소, 질병 같은 21세기의 공통의 위협에 대처해야 합니다. **그것이 변화입니다**.

변화는 오늘날의 위협에 대처하는 데는 군사력뿐만 아니라 외교력도 필요하다는 사실을 깨닫는 것입니다. 단호하고 직접적인 외교, 미국이 어떤 나라인지, 미국이 수호하는 가치가 무엇인지를 어떤 독재자가 깨닫도록 하는 데 있어 미국 대통령이 두려움을 느낄 필요가 없는 외교 말입니다. 우리는 다시 한 번 용기와 확신으로 무장하고 자유세계를 이끌어야 합니다. 그것이 루즈벨트, 트루먼, 케네디가 남긴 유산입니다. 그것이 바로 미국민이 원하는 바입니다. **그것이 바로 변화입니다**.

변화는 부를 존중할 뿐만 아니라 그 부를 창출한 노동과 근로자를 존중하는 경제를 건설하는 것입니다. **변화는** 근로자 가정이 직면한 어려움을 외면한 채 대기업이나 CEO들에게 수십억 달러씩 세제혜택을 주는 것이 아니라 중산층에게 세제혜택을 주고, 무너져가는 사회기반 사업에 투자하며, 에너지 사용방법을 개혁하고, 학교를 개선하고, 과학과 교육에 대한 우리의 헌신을 다시 한 번 다짐하는 것을 통해 해결된다는 사실을 이해하는 일입니다.

변화는 책임 있는 재정정책과 공동의 번영이 빌 클린턴이 대통령이었을 때 그랬듯이 서로 조화를 이룰 수 있다는 사실을 이해하는 것입니다.[iv] [볼드체는 저자의 강조]

이런 식의 병치와 단락을 평행하게 배치하는 구조를 통해서 오바마는 서로 다른 입장을 극명하게 드러내고 연설의 설득력을 강화시킨다. 2008년 3월 필라델피아에서 행한 "더욱 완벽한 단합"이라는 제목의 연설을 예로 들어보자.

우리는 미국에서 선택을 할 수 있습니다.

분열, 갈등, 냉소주의를 배가시키는 정치를 **받아들일 수 있습니다.** 우리는 인종을 오제이 심슨의 재판에서 그랬듯이 구경거리의 측면에서만 접근할 수 있고, 카트리나가 덮친 뒤처럼 비극의 와중에서 바라볼 수도 있습니다. 아니면 저녁 뉴스거리로 생각할 수도 있겠죠. 우리는 모든 채널에서 라이트 목사의 설교를 방영하고는 지금부터 선거날까지 계속 이에 대해 이야기하고, 제가 라이트 목사의 공격적인 말들을 어느 정도 믿거나 공감한다고 미국인들이 생각하는지 아닌지, 선거 내내 그 의문 한 가지에 **매달릴 수도 있습니다.** 힐러리 클린턴 지지자가 저지를 사소한 실수를 물고 늘어져 이것이 클린턴의 인종 차별적 노선의 증거라고 주장할 수도 있습니다. 아니면 백인 남성들은 존 매케인의 정책에 관계없이 모두 그의 편에 설 것이라고 추측**할 수도 있습니다**.

그렇게 할 수 있습니다.

그러나 이렇게 하면 다음 선거에서는 또 다른 일에 정신을 팔게 될 것입니다. 다음 선거에서는 또 다른 주제가 나타나겠지요. 그리고 또 그 다음 선거에서도. 그렇게 되면 어떠한 변화도 일어나지 않습니다.

그런 선택을 할 수도 있습니다.

아니면 지금 이 순간 이번 선거에서 우리는 목소리를 모아 "이번에는 아니다"라고 말할 수도 있습니다.

이번에는 흑인 어린이들, 백인 어린이들, 아시아계 어린이들, 히스패닉 어린이들, 아메리카 인디언 어린이들의 미래를 훔쳐가는 무너져가는 교육제도에 대해 이야기합시다. 이번에는 이 어린이들이 아무것도 배우지 못할 것이라는 냉소주의를 거부합시다. 우리와 다르게 생긴 아이들은 그저 부모의 문제일 뿐이라는 생각도 거부합시다. 미국의 어린이들은 남의 집 어린이들이 아니라 바로 우리 어린이들이고 21세기 경제에서 이들을 뒤떨어지게 내버려둬서는 안됩니다. 이번에는 안됩니다.

이번에 우리는 건강보험이 없는 흑인, 백인, 히스패닉계 미국인들이 응급실 앞에 길게 늘어선 것을 이야기하려고 합니다. 이들은 워싱턴의 특별한 이해관계를 이겨낼 힘은 없지만, 우리가 힘을 합치면 그렇게 할 수 있습니다.

이번에 우리는 한때 인종을 불문하고 많은 미국인 남녀들에게 일자리를 제공하던 공장에 셔터가 내려져 있는 것, 모든 종교, 모든 지역, 여러 사회분야에 속하는 미국인들이 한때 소유하던 집을 팔아야 하게 된 것을 이야기하려 합니다. 이번에 우리들은 나와 다르게 생긴 사람이 내 직장을 빼앗아갈 수도 있다는 것이 아니라는 사실에 대해 이야기하려 합니다. 그것이 아니라 여러분이 일하고 있는 회사가 오직 이익만을 위해 생산을 해외로 이전하려고 하기 때문이라는 것을 이야기하려고 합니다.

이번에는 자랑스럽게 하나의 깃발 아래에서 함께 근무하고 함께 싸우고, 함께 피 흘리는 여러 가지 피부색의 남녀에 대해 이야기하려고 합니다. 우리는 승인되어서도 시작되었어도 안되었던 전쟁으로부터 이들을 어떻게 집으로 데려올지 이야기하려고 하며, 이들과 이들의 가족을 돌보고, 이들이 당연히 받아야 할 혜택을 제공하는 것으로 어떻게 우리가 우리의 애국심을 보여줄지에 대해 이야기하려고 합니다.

이것이 압도적 다수의 미국인이 미국을 위해 원하는 것이라는 것에 대해 마음속 깊은 곳에서부터 믿지 않았으면 저는 대통령 선거에 출마하지 않았을 것입니다. [볼드체는 저자의 강조]

오바마는 병치와 함께 병행구조를 탁월하게 활용하여 자신의 주장과 존 매케인의 주장 사이의 차이를 두드러지게 하고 있다.

존 매케인은 미국의 영웅이고 훌륭한 맞수지만 다음과 같은 것들을 이해하지 못한다는 사실을 증명해 보였습니다. 주택압류 위기가 현실적 위기라는 사실을 이해하기까지 그는 일주일 동안 세 번이나 이해하려는 시도를 해야 했습니다. 지난 8년 동안 소득격차를 더욱 벌리고 우리의 후손들에게 산더미처럼 빚을 남겨주는 법이 입안되는 것을 바로 옆에서 지켜보았으면서도 매케인은 지금 같은 일을 4년간 더 계속하겠다고 **약속하고 있습니다**.

매케인은 부유한 소수를 위한 조지 부시의 세제혜택을 항구적인 것으로 만들겠다고 **약속하고 있습니다**. 그런데 이 부유한 사람들은 세제혜택이 필요도 없고 요구하지도 않았습니다. 그리고 이 세제혜택이 너무나 무책임한 것이라 존 매케인 자신도 한 번은 양심에 걸린다고 말하기까지 했습니다.

매케인은 미국의 근로자들에게 단 하나의 안전장치도 준비하지 않은 무역거래를 4년 더 하겠다고 **약속하고 있습니다.** 이런 거래는 미국 근로자들이 세계 경제에서 경쟁하고 승리하는데 도움이 되지 않습니다.

매케인은 사회보장 보험을 민영화하려는 정부를 4년 더 끌고 가겠다고 **약속하고 있습니다.** 이렇게 하면 사람들의 퇴직금이 주식시장에서의 도박으로 사라져버릴 수도 있습니다. 이 개혁은 이미 조지 부시 시절에 민주 공화 양당이 거부한 바 있습니다.

매케인은 미국 근로자들의 건강보험을 보장해주지 않는 정책, 상승하는 대학교육비를 잡을 수 없는 정책, 일터는 사라지고 공장은 문을 닫은 지역에 사는 미국인들에게는 아무것도 해줄 수 없는 정책을 4년 더 하겠다고 **약속하고 있습니다.**

이 모든 것에도 불구하고 저쪽 사람들은 아직도 존 매케인이 조지 부시의 세 번째 임기를 위해 출마했다는 사실을 미국인들이 모를 것이라고 생각합니다. 그들은 미국인들이 지난 8년간 일어난 일들을 모두 잊을 것이라고, 저나 민주당은 현실 감각이 없다는 주장에 속아넘어갈 것이라고 생각하고 있습니다.

그러나 제 생각은 다릅니다. 저는 미국인들을 믿습니다.

미국 전국의 작은 마을과 큰 도시에서 만난 남녀들은 모두 이번 선거가 우리 역사에서 획기적인 계기가 될 것이라고 생각하고 있습니다. 이들은 미국에서 무엇이 중요한지 알고 있습니다. 왜냐하면 매일 그것을 살아내고 있기 때문입니다. 그리고 미국인들은 헛된 논쟁으로 주의가 분산되는 데 지쳐있습니다. 미국인들은 정치적 이익을 위해 사람들을 갈라놓으려 하는 정객들에게 식상해 있습니다. 그리고 매년, 매 선거 때마다 우리의 두려움, 우리의 편견, 우리의 차이를 악용하려는 전술들을 꿰뚫어볼 것이라고 저는 생각합니다. 왜냐하면 지금보다 더 간절하게 미국인들이 변화를 원했던 시기는 없었으니까요.

선거기간 중 만나본 사람들은 정부가 우리의 문제를 모두 해결할 수 없다는 것도 알고 있고, 그런 기대도 하지 않습니다. 미국인들은 우리가 낸 돈들이 효과도 없는 사업에 낭비되기를 바라지도 않으며 미국인들을 위해 봉사하지도 않는 사람들에게 특혜가 돌아가기를 바라지도 않습니다. 또한 이들은 일자리가 하나도 해외로 나가지 못하게 할 수도 없고, 우리 경제에 장벽을 둘러칠 수도 없고, 또 그렇게 해서도 안 된다는 사실도 알고 있습니다.

그러나 **미국인들은** 마침내 의료혜택이 미국인 하나 하나에게 감당할 수 있는 비용으로 돌아갈 수 있어야 한다는 것, 근로자들과 기업이 지불하는 비용을 줄여야 한다는 것, 보험 수수료를 낮추고 보험회사들이 보험료 혜택을 가장 필요로 하는 사람들에게 보험금 지급을 거부하는 사태를 중단시켜야 할 때가 왔다고 **믿습니다.**

미국인들은 주택위기의 희생자들에게 실질적인 도움을 줘야 할 때가 왔다는 것, 각 가정이 대출금을 받아서 집에 그대로 살 수 있도록 도와줘야 할 때가 왔다는 것, 세제혜택을 실제로 필요로 하는 사람들, 그러니까 중산층 가정, 고령자들, 주택 대출금 갚느라 쩔쩔매는 사람들에게 줄 때가 왔다는 사실을 **믿습니다.**

미국인들은 세계경제가 일하는 미국인들에게 혜택이 주어지도록 돌아가게 할 수 있고 또 해야 한다는 것, 미국의 일자리가 해외로 하나로 빠져나가지 못하게 할 수는 없을지라도, 일자리를 해외로 보내는 회사들에게 세제혜택을 중단하고 대신에 여기 미국에서 일자리를 창출하는 회사들에게 세제혜택을 주기 시작해야 한다는 것을 **믿습니다.** 우리는 석유에 대한 의존도를 줄이고 지구를 구하는 데 그치는 것이 아니라 해외이전으로 대체할 수 없는 500만 개의 새로운 일자리를 창출할 수 있는 재생가능 에너지에 투자할 수 있습니다.

미국인들은 가능한 곳에 투자하는 한편 가능하지 않은 것들은 무엇인가를 찾아내어 우리가 공교육 시스템을 개선하면, 조기교육에 투자하고, 동시에 대학에 가고 싶은 사람은 누구나 갈 수 있게 한다면, 그리고 우리의 교사들이 얼마나 훌륭한가 말만 하지 않고 그만한 대우를 해준다면 방금 말한 새로운 일자리를 채울 근로자들을 훈련할 수 있고 세계에서 가장 생산력이 뛰어나고 경쟁력이 뛰어난 인력을 유지할 수 있다고 **믿습니다**. **미국인들은** 평생 일하고 나면 존엄성을 지니고 존경 받으며 은퇴할 수 있어야 한다고 **믿습니다.** 이는 신뢰할만한 연금제도와 항상 의지할 수 있는 사회보장 제도를 의미합니다.

제가 만난 사람들이 자신이 사랑하는 나라에 대해 믿는 바가 이런 것들입니다. 이들이 민주당 지지자든 공화당 지지자든 상관이 없었습니다. 소도시 사람이든 대도시 사람이든 마찬가지였습니다. 사냥이 취미든 아니든 마찬가지였습니다. 교회에 다니든, 절에 다니든, 모스크에 다니든, 아무데도 다니지 않든 아무런 상관이 없었습니다. 우리는 모두 출신지가 다르고 배경이 다를 수는 있지만 우리에게는 공통의 희망이 있고 공통의 아메리칸 드림이 있습니다.

이런 꿈을 되살리는 데 도움이 되고자 저는 이번 선거에서 나섰습니다. 이번 11월까지 기회 있을 때마다 제가 할 이야기가 이것입니다. 이것이 제가 미국인에게 제안하려는 선택입니다. 지난 8년과 똑같은 4년인가 또는 워싱턴의 근본적인 변화인가 사이의 선택 말입니다.[볼드체는 저자의 강조]

마지막으로, 다음 예에서 오바마는 마틴 루터 킹 목사의 경험을 빌리고 있다. 병치법을 이용하여 자신의 생각을 더욱 선명히 드러내고 더욱 큰 영향력을 발휘하는 모습을 살펴보자.

킹 목사가 그의 간수를 사랑할 수 있었다면, 지금 여러분이 앉아있는 자리에 앉아있던 신도들에게 개를 풀고 물대포를 쏜 사람들을 용서하라고 말할 수 있었다면, 이 시대에 우리를 갈라놓는 것들을 돌아보고, 상처를 싸매고, 우리 마음속의 텅 빈 부분을 공감으로 채워 넣을 수 있을 것이 분명합니다.

우리의 가슴과 머리를 바꾸는 것이 가장 중요한 첫 발자국이지만, 거기서 멈출 수는 없습니다. 가난한 어린이들의 고통을 안타

까워하기만 하고 정작 국회의원들을 독촉하여 학교교육을 개선할 재원을 마련하는 일을 주저하는 것으로는 **충분하지 않습니다.** 건강보험의 불평등을 성토하면서도 반드시 필요한 개혁을 가로막고 보험회사와 제약회사를 내버려두는 것으로는 **충분하지 않습니다.** 오도된 전쟁비용을 역겨워하면서도 공동의 노력을 제안하기보다는 테러의 위협으로 공포분위기를 조성하여 표를 얻어내는 정치에 우리가 끌려 다니도록 방치하는 것으로는 **충분하지 않습니다.**

성경은 우리가 말이 아니라 행동으로 판단 받는다고 가르칩니다. 오늘날 절실히 필요한 단합을 실현하려면 이를 우리 안에서 찾아야 합니다. 그리고 미국의 이상과 가능성을 따라 살려면 많은 노력과 헌신이 필요합니다. 희생과 에너지가 필요합니다.

그리고 이것이 오늘날 진행중인 대규모 정치적 논쟁의 주요 주제입니다. 우리에게 필요한 변화는 그저 가장자리만 좀 고친다고 해서 일어나지 않으며, 정치가들이 단순히 우리가 듣고 싶은 이야기만 해주어서는 이루어지지 않을 것입니다. 우리 모두가 조금씩 희생을 해야 합니다. 누구도 책임으로부터 벗어날 수 없습니다. 우리는 교육제도 개선을 위해 싸워야 **하지만** 동시에 더 좋은 부모가 되기 위해 스스로를 **단련해야 합니다**. 왜곡된 형사제도와 맞서 싸워야 **하지만**, 동시에 우리 공동체 자체 내에 깊숙이 자리잡은 폭력을 시인하고 그 멍에를 벗기 위한 의지를 **불러일으켜야 합니다**.

이런 방법으로 우리는 필요한 변화를 일으킬 것입니다.

이런 방법으로 킹 목사는 미국을 이끌고 광야를 가로질렀습니다. 그는 말로 이 일을 해냈습니다. 그리고 킹 목사는 노예의 아이들만이 아니라 노예 주인의 아이들에게도 똑같은 말을 했습니다. 그의 말은 흑인뿐만 아니라 백인도 감동시켰습니다. 그리스도교인뿐만 아니라 유대인도 감동시켰습니다. 남부 사람뿐만 아니라 북부 사람도 감동시켰습니다.

킹 목사는 **말뿐만 아니라 실천으로도 사람들을 이끌었습니다**. 그리고 모범을 보여서 **이끌었습니다**. 킹 목사는 행진을 주도하고, 투옥되고, 위협을 견디고, 가족으로부터 떨어져 있으면서 사람들을 **이끌었습니다**. 킹 목사는 전쟁에 반대하면 인기가 떨어지리라는 사실을 잘 알고 있었음에도 전쟁에 대한 분명한 반대 입장으로 사람들을 **이끌었습니다**. 킹 목사는 우리의 경제체제가 사람들을 불편하게 하리라는 것을 깨닫고 이 경제체제에 도전하는 것으로 사람들을 이끌었습니다. 킹 목사는 단결은 거저 얻는 것이 아님을 알고 있었습니다. 많은 노력과 굳건한 결의가 있어야 얻을 수 있다는 것을 알았던 것입니다.[v] [볼드체는 저자의 강조]

오바마는 다양한 병치 및 비교/대비 기법으로 여러 가지 최선의 관행을 만들어낸다. 연설로 사람들을 설득하려는 지도자들은 병치, 비교, 대비를 다양하게 변화시켜 볼 것을 권한다. 이러한 기법을 활용하여 논점을 분명히 하고 주장을 분명히 제시하며, 또한 내 입장이나 의견이 왜 가치가 있는가에 대해 사람들의 주의를 끌 수 있다.

이번 장에서 배운 것—설득의 실제

이번 장에서는 버락 오바마가 다른 사람들을 성공적으로 설득하는 중요한 연설기법에 대해 살펴보았다. 오바마는 사람들을 설득해서 고개를 끄덕이고 눈을 빛내도록 만드는 능력에 통달한 사람이다. 그러니까 "예스"를 끌어낸다는 뜻이다. 지도자들은 이런 기법으로부터 많은 것을 배울 수 있다. 예를 들어 연설문을 작성할 때 개념을 정리해보는 것은 좋은 일이다. 한 문장 안에서, 여러 개의 문장 안에서, 심지어 여러 개의 단락 안에서 생각들을 배열해보라. 이렇게 배열을 하다 보면 연설에 강력한 논리가 생기고 논점이 선명해져서 청중은 이러한 연설자가 "완벽하게 말이 되는 이야기"를 한다고 생각한다. 스스로 질문하고 대답하는 방법도 유효하다. 이렇게 하면 마치 양방향 대화를 하는 것 같은 효과를 창출할 수 있다. 뛰어난 연설가들은 종종 청중이 갖고 있음직한 의문을 찾아낸다. 그리고 그 의문에 대해 대답을 잘 준비해가면 청중에게 좋은 인상을 줄 수 있고 청중과의 정보교환이 가능해진다.

주요 반론에 대응하는 것도 중요한 설득 기법이다. 반론을 다루는 데 있어 능숙한 연설가는 그러한 반론에 대해 자신이 잘 알고 있음을 드러내면서 반론의 근거를 허물어 왜 자신이 더 우월한지 보여준다. 비교와 대비도 설득의 중요한 수단이다. 연설자는 비교 또는 대비 대상이 되는 개념들을 하나의 문장, 몇 개의 문장, 혹은 몇 개의 단락 속에 나란히 배열하여 차이를 드러내 보일 수 있다. 이 과정에서 능숙한 연설가라면 다양한 기법을 구사한다. 즉 상반되는 개념 사이를 왔다 갔다 하거나 중심축을 가운데 놓고 서로 반대되는 생각을 제시하거나 하는 것이다. 비교와 대비, 병치, 반명제 등은 다양한 형태로 연설에 무게감을 실어줄 수 있다. 그리고 이를 활용하여 훌륭한 연설가는 자신의 생각과 반대 의견 사이의 차이를 선명하게 부각하면서 청중에게 자신의 의견이 가장 훌륭함을 설득시킨다.

논란 뛰어넘기

"논란 뛰어넘기" 에서는 탁월한 연설 역량으로 버락 오바마가 어떻게 구설수라고 할 논란을 뛰어넘어 불을 끄고 피해를 최소화하는가를 살펴본다. 실언에 대처하거나 제러마이어 라이트 목사의 문제성 발언에 대한 진화 작업을 하는 과정에서 오바마가 어떻게 연설 역량을 발휘하여 논란을 극복하는가를 보게 될 것이다. 오바마의 진실함, 그리고 잘못을 정면으로 시인하고 책임을 인정하는 한편 자신의 입장을 공고히 견지하는 모습으로부터 많은 것을 배울 수 있다.

08

대부분의 지도자들은 어느 시점에선가 구설수라고 할 만한 논란에 부딪힌다. 연설 중 발음이 잘못되거나, 본의 아닌 실언을 하거나, 오해가 생기거나, 발언이 잘못 전달되거나 하는 것 말이다. 이런 일이 벌어지면 어려운 상황이 발생할 수 있다. 버락 오바마는 이러한 난관을 극복하고 나아가 전화위복의 계기로 삼는데 탁월한 역량을 보인다. 그리고 오바마는 많은 경우에 논란 자체보다 논란에 어떻게 대응하는가가 더 중요하다는 것을 잘 보여준다. 탄탄대로를 달리던 정치인들이 구설수 때문에 낙마한 사례는 많다. 개리 하트의 염문설, 포드가 닉슨을 사면해 준 일, 존 케리의 베트남전 공적을 둘러싼 "쾌속정" 논쟁으로 비롯된 대중의 의혹 등이 그 예이다. 버락 오바마도 예외가 아니었다. 단합을 외치던 오바마의 메시지에 찬물을 끼얹은 문제성 발언을 한 제러마이어 라이트 목사와의 친분, 이슬람 성직자 루이스 파라칸의 달갑지 않은 지지 선언, 총기와 종교에 집착하는 미국 중산층에 대한 부적절한 표현 등. 버락 오바마는 어떻게 해서 탁월한 연설 기법으로 이러한 폭풍우를 헤치고 나가 오히려 이들을 이용하여 명성을 지키고 이미지를 보호했을까?

오바마가 논란에 대처하고 이를 결국 극복하는 방법에서 소중한 교훈을 얻을 수 있다. 오바마는 공손한 어조로 시작하여 이야기의 톤을 바꾸면서 그의 목표에 집중하고 겸손함을 드러내보이면서 소도구도 활용한다. 논란에 정면으로 맞서고 적절한 경우 책임을 시인하는 능력으로 오바마는 비교적 빨리 사태를 해결한다. 논란의 와중에도 흔들리지 않는 신념을 바탕으로 계속 강력한 메시지를 내보내는 역량도 그의 성공에 한 몫 했다. 논란에 정면으로 맞서 이를 뛰어넘는 오바마의 능력을 살펴보자.

목표 분명히 하기—거부와 비난

논란에 대처할 때, 목표를 분명히 하는 것은 도움이 된다. 목표를 분명히 정해 놓으면 얼마나 겸손하게 행동할 것인가, 보디 랭귀지는 어떤 것이 적절한가, 주변에 어떤 소도구를 쓸 것인가, 사과의 말을 하기에 적절한 장소는 어디인가 등을 결정하는데 지침이 된다. 위의 요소들을 주의깊게 고려하면 이상적인 해결책을 찾아내는데 도움이 될 수 있다. 버락 오바마는 논란에 대처하기 전에 목표를 분명히 정의하는 탁월한 능력을 갖추고 있다. 힐러리 클린턴 상원의원과의 토론 중 이슬람 지도자 루이스 파라칸 이야기가 불거졌을 때 어떻게 대처했는가가 좋은 예가 된다. 그 토론이 있기 며칠 전 파라칸은 이슬람 전국 대회에서 오바마의 출마를 지지한다고 발언했다. 2008년 2월 26일의 토론에서 사회자였던 팀 루서트는 오바마에게 이렇게 물었다. "루이스 파라칸의 지지를 수

락하십니까?"

지지 발언을 이미 알고 있던 오바마는 원하지도 않은 지지로부터 발생할 수 있는 논쟁의 소지를 모두 제거하고 싶었다. 오바마는 이렇게 대답했다.

파라칸 지도자의 반 유대주의 발언을 저는 분명한 어조로 비난한 바 있습니다. 이러한 발언은 받아들일 수도 없고 비난 받아 마땅합니다. 그리고 저는 지지를 요청하지도 않았습니다. 파라칸 지도자는 미국을 하나로 단결시키는 듯한 한 사람의 흑인에 대한 자부심을 드러냈습니다. 물론, 누구나 하고 싶은 말을 할 권리가 있습니다. 그러나 저는 그의 지지를 원하지 않았으며, 공식적이든 비공식적이든 파라칸 지도자와 어떤 일도 함께 하고 있지 않습니다…

루서트씨, 저는 고향인 시카고, 그리고 이 선거운동에서 유대인 사회의 강력한 지원을 받고 있습니다. 그 이유는 내가 이스라엘의 변함없는 친구이기 때문입니다. 저는 이스라엘이 중동에서 가장 중요한 동맹국들 중 하나라고 생각하며 이스라엘의 안보가 지극히 중요하기 때문에 미국이 이스라엘과 특별한 관계를 유지한 것이라고 생각합니다. 마치 제가 유대인 사회와 긴밀한 관계를 유지하는 것처럼 말이죠.

이렇게 강력한 지지를 받는 이유는 제가 어떤 형태로든 반 유대주의를 용납하지 않을 뿐만 아니라 미국의 흑인 사회와 유대인 사회 사이의 역사적인 관계를 복원하려 한다는 사실을 이들이 알고 있기 때문입니다.

아시다시피 민권 운동을 지지하고 미국 남부에 정의가 구현되는데 도움을 준 미국 유대인들이 아니었다면 저는 이 자리에 앉아 있지 못할 것입니다. 그러나 흑인과 유대인 사이의 유대는 시간이 감에 따라 이런저런 문제가 불거지면서 느슨해졌고 이제 제게 주어진 임무는 이런 상호 소통과 이해의 문이 다시 열리도록 하는 것입니다.

그러나 오바마가 파라칸을 비난하는 과정에서 "거부"라는 단어를 사용하지 않았다는 점을 파고들며 힐러리 클린턴 상원의원은 이렇게 말했다.

한 가지 덧붙이고 싶습니다. 2000년에 뉴욕에서 상원의원 선거에 출마했을 때 저도 비슷한 상황을 겪었기에 드리는 말씀인데요…

독립당은 반유대주의자와 반이스라엘주의자의 지배 하에 있었습니다. 그리고 저는 그들의 지지를 원하지 않는다고 아주 분명히 말했습니다. 저는 지지를 **거부**했습니다… 기꺼이 그렇게 했던 것입니다…

루서트가 클린턴에게 "오바마 상원의원이 원칙을 따르지 않았다는 뜻인가"라고 묻자 클린턴은 이렇게 대답했다. "아닙니다. 지금 사회자께서 오바마 의원께 지지를 거부하겠느냐고 물었음을 지적하고 싶을 뿐입니다. **비난과 거부**는 다르니까요."

오바마는 자신이 난처한 입장에 처했으며 자칫하다간 이번 토론으로 인해 논란이 더 심각해질 수 있음을 직감했다. 여기서 오바마는 파라칸과 거리를 둠과 동시에 이스라엘에 대한 변함없는 지지를 분명히 한다는 목표를 계속 염두에 두고 신속하게 대응했다.

비난과 거부 사이에는 차이가 없다는 제 의견을 먼저 말씀 드리겠습니다. 파라칸 지도자로부터 어떤 공식적인 지원 제안도 없었기 때문에 따라서 거부할 대상도 없었습니다. 그러나 클린턴 의원께서 **"거부"가 "비난"보다 더 강력한 단어라고 생각하신다**면 그 점은 기꺼이 인정하겠습니다. 그리고 **저는 거부하고 비난합니다**.

청중은 박수 갈채를 보냈다. 청중은 오바마가 위험한 고비를 잘 넘겼음을 알았다. 목표를 염두에 두고 오바마는 확고한 태도로 적절한 발언을 하여 자칫하면 몇 주간씩 계속 되면서 선거 운동에 상당한 피해를 입힐 수 있는 논란을 차단했다. 여기서 중요한 교훈은 이렇다. 논란에 대응하기 전에 목표를 분명히 설정하라. **어려운 상황을 헤쳐나가는 과정에서는 자신의 행동, 발언 등을 목표와 계속 일치시켜라.**

어조 바꾸기—겸손함, 그리고 공손하게 시작하기

겸손함과 공손함도 오바마가 논란의 풍랑을 헤쳐나가는데 중요한 역할을 했다. 그의 성공을 보면 배울 점이 많다. 예를 들어 그의 태도를 보면 논란이 생긴 후 처음 사람들 앞에 나설 때의 모습이 매우 중요함을 알 수 있다. 어떤 면에서 이는 첫 인상을 처음부터 다시 새겨주는 것과도 비슷하다. 지금 떠도는 소문에 비추어 보면 연설자의 인격이나 판단력이 의심받을 수도 있다. 사람들에게 처음부터 다시 좋은 인상을 심어주어야 하는 것이다. 무엇보다도 중요한 것은 자신만만한 태도를 보이지 말라는 것이다. 또한 방어적인 태도를 취해도 보통 목적 달성에 방해가 된다. 가능하면 겸손하고 공손한 태도로 연설을 시작하라. "사람이니까 실수를 합니다"라는 문구는 널리 받아들여지며 보통 청중은 이 말을 들으면 용서할 태세가 된다. 그러나 **겸손하게 자책하는 모습을 보이면 용서 받을 가능성이 더 커진다**.

이러한 목적을 달성하려면 연설에서 보디 랭귀지가 성공에서 중요한 역할을 한다. 첫 인상을 줄 때와 마찬가지로 보디 랭귀지는 연설자가 미안해하는지, 공감하는지, 방어적인지, 거만한지를 청중에게 전달한다. 오바마는 자책하는 모습과 강한 모습의 중요성을 보여주었다. 이상적인 보디 랭귀지는 뉘우침 속에서 약해진 모습과 사과하지 않으면서 거만해 보이는 모습 사이의 희미한 경계선 근처에 자리잡고 있다. 어깨를 늘어뜨리고 고개를 숙인 채 연설장으로 들어오는 모습은 도움이 되지 않는다. 약한 모습이기 때문이다. 등을 꼿꼿이 펴고 턱을 치켜든 채 "시선을 정면으로 마주칠" 자세가 더 낫다. 강함을 보여주기 때문이다. 그러나 강하게 보이면서도 다른 비언어적 전달 수단인 겸손함이나 자책감을 담아내야 한다. 눈빛이나 음성이 그 예이다. 보디 랭귀지와 비언어적 전달 수단을 적절히 조화시켜 마치 "첫인상"을 줄 때처럼 주의

깊게 대비하라.

이미지 바꾸기—소도구의 활용

논란에 대처할 때 적절한 소도구를 주변에 배치해 두면 보디 랭귀지나 목소리 톤만큼이나 연설자의 감정을 잘 전달할 수 있음을 오바마는 잘 보여준다. 그 좋은 예가 제러마이어 라이트 목사 관련 논란에 대해 오바마가 한 발언이다. 많은 미국인들이 왜 오바마가 라이트 목사 같은 사람과 관계가 있는지를 알고 싶어했다. 오바마는 양쪽에 대형 성조기가 세워진 연단에서 해명 연설을 했다. 이러한 이미지는 애국심과 미국에 대한 깊은 존경심을 보여준다. 이렇게 만들어진 배경 속에서 오바마는 사과 발언을 했고 다양한 배경의 미국인들을 결집하여 미국의 소중한 목표를 달성하는데 헌신할 것임을 다시 한 번 확인했다. 그가 설정한 배경은 그의 입에서 나온 말의 내용과 매우 잘 일치하는 또 다른 메시지를 전달했고 언어에 의한 메시지를 보강하는 역할도 했다. 논란에 휘말릴 때 이러한 방법은 "최선의 관행"이 될 수 있다. 배경과 연설자 주변의 소도구는 그의 의도와 발언을 보강해주는 것이어야 한다.

국면을 전환하기: 표현의 선택

어려운 상황에 직면했을 때 논란을 빨리 종식시키기 위해 신속한 조치를 취하는 것도 또한 최선의 관행이다. 여기서 목표는 논란의 싹이 트자마자 잘라 버리는 것이다. 그러나 논란이 벌써 어느 정도 커진 다음이라면 정면으로 대처할 방법을 찾아야 한다.

오바마가 재빨리 국면을 전환한 좋은 사례는 제러마이어 라이트 목사와의 관계를 둘러싼 논란이 불거졌을 때였다. 그 전 몇 주 동안 라이트 목사가 분리주의적 발언을 한 상황에 비추어보아 오바마는 라이트 목사의 견해를 자신이 비밀리에 지지하고 있다는 비난을 불식해야만 했다. 이런 비난이 나오게 된 배경은 오바마가 라이트 목사의 교회에 몇 년간 다녔기 때문이다. 오바마는 강한 톤으로 연설을 시작했고 라이트 목사의 이른바 "인종 연설" 쪽으로 이야기를 끌고 가면서 청중의 애국심에 호소했다. 오바마는 독립 선언문 인용으로 이야기를 시작했다. "우리는 더욱 완벽한 단합을 이루기 위해."

다른 어떤 표현보다도 이 인용문을 먼저 말했다는 것은 그의 자세가 미국적 전통에 확고히 뿌리 박고 있고 그가 미국이 추구하는 핵심적 가치에 헌신할 자세가 되어 있음을 보여주었다. 이렇게 해서 오바마는 도덕적으로 한 차원 높은 위치로 올라섰고 국면의 전환이 가능해졌다. 오바마는 라이트 목사와의 관계에 있어 순전히 방어적인 입장이라기 보다는 더욱 높은 도덕적 차원에서 이야기를 할 수 있게 되었다. 계속해서 오바마는 미국 인종 관계의 복잡성과 평등을 향해 갈 때의 어려움을 지적했고 라이트 목사의 인종 차별적 발언에 자신이 얼마나 철저히 반대하는지를 분명히 했다.

실수에 정면 대응하기—책임을 인정

오바마 연설 스타일의 또 한 가지 장점은 논란에 대처할 때 보통 연설의 앞부분에서 사과 발언을 한다는 사실이다. 그의 사과는 항상 매우 분명하고 직선적이다. 적절하다고 생각하면 오바마는 자신이 틀렸음을 인정하며, 적절하다고 생각될 경우 책임을 인정한다. 예를 들어 2008년 4월에 오바마는 미국 중서부의 공업 도시에 사는 근로 계층 유권자들에 대해 언급하면서 적절하지 못한 표현을 썼다. 그는 이 지역에 사는 미국인들이 "불만에 차있고, 총이나 종교, 아니면 자신과 다른 사람들에 대한 반감, 이민자에 대한 반감, 반자유무역주의에 집착하며 이를 자신의 좌절을 표출하는 수단으로 삼는다." 이 언급은 대단한 반감을 샀다. 2008년 4월 24일, 워싱턴에서 열린 AP 오찬에 앞서 자신의 부적절한 발언에 대해 언급하면서 오바마는 자신의 실수를 직접 시인하는 것으로 이야기를 시작했다.

여러분 안녕하십니까? 지난 주에 제가 한 말 때문에 여러분이 이번 주말을 바쁘게 지내셨을 것으로 압니다. 여러분 중에는 아마 이 일을 불쾌하게 여기는 사람도 있을 것입니다.

어제도 이야기한 것처럼 저는 몇몇 부적절한 표현을 쓴 것을 후회합니다. 그 이유는 이 발언이 몇몇 사람들에게 불쾌감을 일으켰다고 해석되었기 때문이기도 하고, 저의 발언이 이번 선거에서 중요한 논제에 집중되어야 할 우리의 주의를 분산시켰기 때문입니다.

대중은 오바마의 솔직한 사과를 기꺼이 받아들였다. 기자들과 대중은 "실수를 했으면 그렇다고 말하라"는 모토에 공감하는 것으로 보였다.

신념 재확인하기와 강한 메시지 보내기

마지막으로, 오바마는 논란에 직면하거나 사과를 할 때 자신의 신념을 반복 강조하는 기법을 고수한다. 그는 자신의 신념 앞에서 결코 흔들리지 않고 굳건히 이를 지키며 자신의 실수를 부드러운 어조로 시인한 다음에 강력한 메시지로 연설을 이어간다. 예를 들어 미국 중서부 유권자들에 대해 부적절한 표현을 쓴 일을 사과하고 나서 오바마는 그 기회를 이용하여 자신의 진정한 신념을 강조하고 있다.

> 저는 신앙심이 깊은 사람이며 종교는 저의 삶에서 많은 부분을 떠받쳐왔습니다. 저는 대통령 선거에 출마하기 전에도 신앙에 관한 연설을 했고, 여기서 이렇게 말했습니다. "사람들의 삶 속에서 신앙이 차지하는 힘을 제대로 보지 못하면 민주당은 실수를 하는 것이다." 저는 사냥꾼과 스포츠맨이 많은 주를 대표하는 의원이며, 일리노이 뿐만 아니라 전 미국에 걸쳐 이러한 전통이 많은 가정에 얼마나 중요한지를 이해하고 있습니다."
>
> 제가 잘못 선택한 표현이 담고 있는 의미, 저의 적수들이 해석한 의미와는 반대로 이러한 전통이나 믿음이 사람들이 가진 돈과 어떤 관계가 있다고는 단 한 번도 생각해본 적이 없습니다.

그러나 제가 여러분에게 전달하려고 하는 진의는 변함이 없습니다. 지난 수십 년간, 미국 전역의 소도시, 대도시, 농촌 지역에 사는 모든 사람들의 삶은 글로벌화로 인해 달라졌습니다. 시카고의 사우스사이드에서 사회 운동가로 일을 시작했을 때 저는 그 지역의 제철소가 폐쇄되고 해외로 이전되자 어떤 일이 일어나는가를 보았습니다. 단순히 실업 상태가 되는 것만이 문제가 아니었습니다. 실업자가 생기기 시작하면 지역 사회 전체에서 경제가 위축되며 길거리는 텅 비고 교육에도 악영향이 미칩니다.

저는 일리노이 상원의원 선거에 출마했을 때도 비슷한 일을 겪었습니다. 당시 저는 메이택 제철소에서 20년, 30년을 일하다가 공장이 멕시코로 이전하는 바람에 55세에 해고된 노조원들과 대화할 기회가 있었습니다. 이들은 월급도 안 나오고 연금도 없는 상태에서 어떻게 해야 할지 막막해 했습니다. 이제 건강보험 혜택마저 받지 못하게 된 마당에 간 이식 수술이 필요한 아들을 어떻게 살려내야 할지 몰라 안타까워하는 사람도 있었습니다.

이번 선거 기간 중 저는 아이오와를 가든, 오하이오나 펜실베이니아를 가든 거의 매일 이런 이야기를 들었습니다. 그리고 제가 만난 사람들은 이런 이야기를 했습니다. 매년, 아니면 선거가 있을 때마다 정치인들이 찾아와서는 듣기 좋은 이야기를 하고 약속을 합니다. 그러나 선거 기간이 끝나 워싱턴으로 돌아가도 달라지는 것은 아무것도 없다는 이야기입니다. 글로벌화의 문제점을 보완하기 위한 계획은 전혀 없습니다. 천정부지로 치솟는 의료비와 대학 등록금, 사라져가는 연금에 대해서는 아무런 조치도

취해지지 않고 있습니다. 해외로 떠나간 일자리를 대체하기 위해 싸우기보다 워싱턴의 정치인들은 그저 코 앞의 정치 싸움에만 몰두해 있습니다.

이런 일이 몇 년이고 계속되자 많은 미국인들은 자신의 삶을 개선하기 위해 정부가 할 수 있는 일에 대해 냉소적이 되었습니다. 이들은 자신의 말에 귀를 기울이지 않고, 자신을 위해 싸우지 않고, 자신에게 진실을 말하지 않는 지도자들에 대해 분노하고 좌절하고 있습니다. 그리고 물론 이에 대해 반감을 갖고 있습니다.

지난 주에 제가 말 실수를 했는지는 몰라도, 저쪽 당은 지난 30년간 잘못된 정책과 생각으로 훨씬 더 큰 해를 끼쳤습니다.

이러한 생각은 세계 경제가 일하는 미국인들에게 기여하도록 하는데 정부가 할 일이 아무것도 없다는 생각이고 공장이 문을 닫고 일자리가 사라지는 것을 그저 바라보고 있어야 한다는 생각이고 건강보험이 없는 근로자, 또는 무너져 가는 학교에 다니는 아이들, 집을 잃은 가족들을 위해서 할 수 있는 일 또는 해야 할 일이 없다는 생각이고, 따라서 그저 세제혜택이나 좀 주고 나머지는 운에 맡기는 수 밖에 없다는 생각입니다.[i] [볼드체는 저자의 강조]

마찬가지로 2008년 3월 라이트 목사의 인종적 발언을 비난하면서 분열이 아닌 단합을 향해 가는 자신의 원칙을 재천명한 후 오바마는 당시로서는 라이트 목사와 완전히 결별할 수 없었음을 분명히 했다. 여기서 오바마는 그 때 이래 "영향력 있는" 연설로 불린 발언 속에서 미국의 인종 관계에 대해 상세히 설명하고 있다.

이번 선거 운동의 최초 1년 간 우리는 미국인들이 단결을 향한 메시지에 얼마나 굶주려 왔는지를 보았습니다. 다들 그 반대일 거라고 예측했는데 말입니다. 저의 출마를 순전히 인종적 프리즘으로만 바라보려는 사람들이 있음에도 불구하고 우리는 백인이 절대 우세한 몇몇 주에서도 압승을 거두었습니다. 남북 전쟁 당시의 남부의 깃발이 아직도 펄럭이는 사우스 캐롤라이나에서 우리는 흑인과 백인 사이의 공고한 유대를 구축했습니다.

인종이 선거 운동에서 중요한 이슈가 아니었다는 뜻이 아닙니다. 선거 운동의 이런저런 고비에서 어떤 사람들은 제가 "너무 검다"거나 "충분히 검지 않다"라고 평했습니다. 사우스 캐롤라이나 경선 전 주에 인종적 갈등이 표면으로 떠오르는 것도 보았습니다. 언론은 흑인-백인 사이뿐만 아니라 흑인과 흑백 혼혈인 사이의 인종적 갈등의 증거를 찾아 내려고 출구 조사에 몰두해 있었습니다.

그런데 이번 선거에서 인종에 관한 논의가 특히 분리주의적 색채를 띠기 시작한 것은 바로 몇 주 전의 일입니다…

저는 이미 큰 논란을 불러 일으킨 라이트 목사의 발언을 분명한 어조로 비난했습니다. 그러나 일부 사람들에게는 껄끄러운 의문이 남아 있습니다. 저는 그가 가끔 미국의 국내 정책 및 대외 정책을 치열하게 비판하는 것을 알고 있었을까요? 물론입니다. 제가 참석하는 예배에서 논란의 소지가 있는 라이트 목사의 발언을 들은 적이 있었을까요? 있습니다. 그의 몇 가지 정치적 견해에 관해 제가 강력히 반대했을까요? 당연합니다. 여러분도 여러분의 목사, 신부, 랍비 등으로부터 여러분의 의견과는 완전히 반대되는 이야기를 들은 적이 틀림없이 있을 것입니다.

그러나 최근에 큰 문제를 일으킨 그의 발언은 단순한 논란 거리가 아니었습니다. 그의 발언은 단순히 어떤 종교 지도자가 불의를 지적하려고 한 발언이 아니었습니다. 오히려 이 발언은 미국에 대해 심각하게 왜곡된 견해를 담고 있습니다. 이 견해는 백인 우월주의가 전염병처럼 퍼지고 있으며, 이 백인 우월주의가 미국에 대해 옳지 않은 일을 미국에 대해 옳은 일보다 더 높은 자리로 밀어 올리고 있다는 견해입니다. 이 견해는 또한 중동 갈등의 원인이 뒤틀리고 증오에 찬 이슬람 급진주의자들의 사상에서 나오는 것이 아니라 미국의 굳건한 우방인 이스라엘 같은 나라의 행동에서 주로 비롯된다는 견해입니다.

그러므로 라이트 목사의 발언은 틀렸을 뿐만 아니라 분리를 조장하고 있습니다. 단합이 필요한 시점에 분리를 조장하며, 두 개의 전쟁, 테러 위협, 기울어져가는 경제, 만성적인 의료 제도 위기, 대재앙의 위험을 안고 있는 기후 변화처럼 산적한 어려운 문제 앞에서 우리가 힘을 모아야 할 시점에 나온 인종적 발언이기도 합니다. 방금 말씀드린 문제들은 흑인, 백인, 라틴계, 아시아계 중 어느 하나의 문제가 아니라 우리 모두가 당면한 문제입니다.

제 배경, 정치적 노선, 제가 거듭 천명하는 가치와 이상에 비추어볼 때 저의 비난 발언이 불충분하다고 보시는 분들이 분명히 있을 것입니다. 그 분들은 이렇게 물을 것입니다. 애당초 왜 라이트 목사의 교회에 나갔는가? 왜 다른 교회를 다니지 않는가? 솔직히 말씀 드리자면 제가 라이트 목사에 대해서 알고 있는 바가 TV나 유튜브에 끊임없이 등장하는 설교의 한 부분이 전부였다면, 라이트 목사의 교회가 일부 논평가들이 그려내는 캐리커처와 같은 것이라면 저도 똑같은 식으로 대응했을 것이 틀림없습니다.

그러나 제가 라이트 목사에 대해서 알고 있는 것은 그것이 전부가 아닙니다. 20년 이상 제가 알고 지낸 그 사람은 저를 기독교 신앙으로 이끌어준 사람이며 이웃에 대한 사랑이라는 의무에 대해 이야기해준 사람입니다. 그리고 아픈 이를 돌보고 가난한 이를 북돋우라고 말해준 사람입니다. 그는 미 해병으로 나라에 봉사한 사람입니다. 미국 최고의 명문 대학과 신학교에서 공부하고 강의했으며 30여 년간 지상에서 하느님의 일을 수행하여 공동체에 봉사하는 교회를 이끌어왔습니다. 라이트 목사가 이끄는 교회는 노숙자에게 거처를 마련해주었고, 가난한 이를 돌보았으며, 탁아소를 운영했고, 장학금을 주었으며, 교도소 교화 활동을 펼쳤고, 에이즈로 고통 받는 이들에게 도움의 손길을 뻗었습니다…

그가 인간으로서 불완전하긴 하겠지만 라이트 목사는 제게는 가족 같은 사람입니다. 신앙심을 굳혀주었고 결혼식 주례를 섰으며 제 아이들에게 세례를 베풀었습니다. 저와의 대화 도중 라이트 목사는 단 한 번도 어떤 인종 집단을 깎아 내리는 발언 한 적이 없으며 그가 접하는 모든 백인들을 예의와 존경심을 가지고 대했습니다. 그의 마음 속에는 그렇게 오랫동안 그가 근면하게 봉사한 공동체의 모순, 그러니까 좋은 측면과 나쁜 측면이 모두 들어 있습니다.

제가 흑인 공동체를 저버릴 수 없는 것처럼 라이트 목사에게 등을 돌릴 수 없습니다. 저를 키워주시고, 저를 위해 몇 번이고 희생하셨고, 저를 누구보다도 사랑하셨지만 길거리에서 옆을 지나간 흑인 남성들이 무섭다고 말씀하신 적도 있고 제가 움찔할 정도로 인종적인 말씀을 여러 번 하신 적도 있는 제 백인 할머니를 외면할 수 없듯 라이트 목사에게 등을 돌릴 수 없습니다.

이 모든 사람들이 다 저의 일부입니다. 그리고 이들은 모두 내가 사랑하는 이 나라, 미국의 일부입니다…

라이트 목사 세대에 속하는 사람들에게 있어서 모욕, 의혹, 공포의 기억은 아직도 사라지지 않았습니다. 그 시기의 분노와 반감도 여전히 버티고 있습니다. 이러한 분노는 백인 동료라든가 백인 친구 앞처럼 공적인 장소에서는 드러나지 않을 수도 있습니다. 그러나 이발소나 부엌 식탁 주변이라면 드러날 수도 있겠죠. 가끔 정치인들은 인종 의식을 부채질 해서 표를 얻기 위해 이런 분노를 이용하기도 하고 자신의 단점을 보완하기 위한 수단으로 이용하기도 합니다.

그리고 가끔 일요일 아침 교회의 설교단이나 신도 좌석에서 밖으로 나오기도 합니다…

이것이 지금 이 순간의 우리 모습입니다. 이것이 오랫동안 우리가 마주쳐 있는 인종적 난국입니다. 저를 비난하는 일부 흑인 및 백인의 주장과는 달리 저는 한 번의 선거, 아니면 한 번의 출마, 특히 저처럼 부족한 사람의 출마를 통해 우리의 인종적 분열을 뛰어넘을 수 있다고 믿을 정도로 순진했던 적은 한 번도 없습니다.

그러나 저는 하느님에 대한 믿음과 미국인에 대한 신뢰에 뿌리 박은 확신이 있습니다. 힘을 합쳐서 우리는 과거의 인종적 상처 몇 가지를 뛰어 넘어 앞으로 나아갈 수 있고, 더욱 완벽한 단합을 향한 길을 걸으려면 이것밖에는 선택의 여지가 없다는 믿음이 그것입니다. [볼드체는 저자의 강조]

이러한 오바마의 해명은 상당히 과감한 것이었다. 이 해명을 들은 모든 사람들이 기뻐한 것은 아니었다. 그러나 전체적으로 볼 때 대중과 언론은 라이트 목사의 발언에 대한 분명한 비난, 그리고 오바마가 목사의 발언을 어떻게 생각하는가에 대한 해명을 듣고 만족하는 분위기였다. 오바마의 솔직함과 미국을 하나로 합치고 싶다는 그의 염원의 진실성에 비추어 대중과 언론은 당시에 그가 할머니를 저버릴 수 없었던 것만큼이나 라이트 목사에게 "등을 돌릴 수" 없었으며 오바마가 미국을 "과거의 인종적 상처"를 뛰어 넘는데 앞장서겠다는 생각을 대체적으로 받아들이는 것으로 보였다. 자신의 확신을 굳건히 지키겠다는 오바마의 선택은 많은 청중들의 존경심을 끌어냈다.

이번 장에서 배운 것–난관에 맞서고 이를 극복하는 기법

오바마는 논란에 대처하고 이를 극복하는데 탁월한 역량을 보여준다. 앞선 몇 가지 예에서 우리는 오바마가 뛰어난 연설 기법으로 폭풍우를 뚫고 나감과 동시에 전화위복의 기회로 만드는 방법을 배웠다. 특히 지도자들은 논란에 어떻게 대응하는가가 논란 자체만큼, 또는 그 보다 더 중요하다는 사실을 항상 염두에 두어야 한다. 지도자들은 논란에 정면으로 맞서야 하며, 적절하다고 판단될 경우 책임을 시인해야 한다. 사과를 할 때도 숙달된 연설가들은 자책감을 드러내지만 강한 면모를 유지한다. 인격과 판단력에 의문이 제기된 상황이므로 훌륭한 연설가들은 강한 인상을 처음부터 다시 만들어내야 함을 잘 이해한다. 그들은 거만하거나 방어적인 모습은 피해야 한다. 그리고 표현은 겸손하고 공손한 것으로 골라 써야 한다. 첫인상을 줄 때와 마찬가지로 보디 랭귀지, 이미지, 음성 등이 인상을 형성하는데 큰 영향을 미친다. 훌륭한 연설가들은 사과를 하기 전에 목표를 먼저 제시하고 이 목표를 달성하는데 필요한 표현들을 골라서 분명한 어조로 말해야 한다. 훌륭한 연설가들은 논란 속에서 자신의 이미지를 회복하고 말하고자 하는 바를 보강하기 위해 소도구와 연설 배경을 신중히 선택한다. 그리고 이들은 연설의 초기에 솔직한 방법으로 사과의 말을 한다. 또한 도덕성에 대한 신념이 흔들리는 것 같은 인상을 주는 일은 피한다. 오히려 이들은 굳건한 도덕성을 다시 한 번 천명하면서 자신의 강한 신념을 드러내 보인다.

동기 부여와 강렬한 마지막 인상 남기기

"동기 부여와 강렬한 마지막 인상 남기기"에서는 오바마가 사람들의 동기를 유발하여 행동으로 이끌어가는 기법을 검토한다. 또한 그가 긴박감을 이끌어내면서도 한편으로는 마치 일대일로 대화하는 것 같은 친근한 느낌을 불러 일으키는 스타일을 병행할 때 쓰는 도구도 검토한다. 버락 오바마가 어떻게 연설을 정점으로 끌고가 기억에 남을 만한 문구를 써서 강한 엔딩으로 마무리하는가도 탐구한다.

09

강력한 마무리는 듣는 사람의 마음을 흔들고 기억에 오래 남는 메시지를 전달하는데 반드시 필요하다. 가장 이상적인 것은 이야기를 하는 과정에서 연설의 목표를 성공적으로 달성하기에 충분할 만큼 연설자가 자신의 비전과 요지를 효과적으로 전달하는 것이다. 또 마무리 발언을 할 때 청중에게 동기를 부여하고, 강력한 영향을 주고, 강렬한 마지막 인상을 남긴다면 이상적일 것이다. 버락 오바마는 강력하고 효과적으로 스피치와 대중 연설을 마무리하는 뛰어난 기술을 보여주었다. 강하게 시작하는 것이 관심을 사로잡고 청중을 몰입시키는데 도움이 되는 것처럼, 멋진 마무리 역시 사람들의 의견, 선택, 행동에 영향을 주는 긍정적인 인상을 남긴다. 오바마는 강력한 마무리 발언으로 청중을 고무시키고, 연설의 추진력을 높이고, 행동에 나서는 것이 중요하고 시급하다는 느낌을 자아내고, 때로는 대의를 위해 즉시 취할 수 있는 작은 일들을 실천하도록 청중을 유도한다. 연설을 마칠 때쯤 오바마는 클라이맥스에 이른 뒤 최고 정점인 상태에서 끝낸다. 오바마가 강력하게 연설을 마무리하고, 단지 선거운동이 아니라 '오바마 열풍'을 일으키는데 도움이 됐던 스피치 기법을 배워보자.

사람들을 고무하여 위대한 성취로 이끌기

연설을 '강하게' 마무리할 때 오바마는 종종 원대한 포부를 제시하여 청중을 고무하고 자극한다. 이런 작업에 효과적인 몇 가지 언어 유형이 있다. 이런 말들은 때로는 단순히 감동적이다. 때로는 **애국심을 드러내는 표현**, **소중한 원칙**, **성서적 진실** 등을 쓰기도 한다. 대개의 경우, 이런 표현들은 정서적 반응을 불러일으킨다. 다음의 예를 보자.

> 저의 아버지가 바다를 건너 이곳으로 오도록 이끈 것은 기회의 빛입니다.
>
> 저의 할아버지의 관을 덮은 깃발이 상징하는 것은 생명, 자유, 행복 추구라는 건국 이념들입니다.
>
> 시카고 사우스사이드의 폐쇄된 제철소 그늘 속에서 일하던 시절 저는 단순한 진리를 배웠습니다. 그 진리는 바로 이 나라에서는, 아무리 가능성이 희박한 상황에서도 정의는 이길 수 있다는 것, 가장 어두운 곳에서도 희망은 찾아온다는 것, 우리가 추구하는 변화를 이룰 수 없다는 얘기를 들어도 '우리는 할 수 있다' 고 한 목소리로 말한다는 것입니다.
>
> 그러니 이번 선거의 초점은 저나 다른 후보가 아님을 결코 잊지 마십시오. 이번 선거의 중심은 바로 여러분, 여러분의 희망, **여러분의 꿈**, **여러분의 투쟁**, **여러분 몫의 아메리칸 드림을 이루는 것**에 있음을 절대 잊지 마십시오.

우리는 선택할 수 있음을 잊지 마십시오. 분열을 거부하겠다는 선택, 두려움에서 벗어나겠다는 선택, 이 순간 마침내 뜻을 모아 오랜 세월 수많은 선거에서 우리가 얘기해온 문제들을 해결하겠다는 선택을 할 수 있습니다.

이번에는 다를 수 있습니다. 이번에는, 갈 길이 너무 멀다고, 길이 너무 가파르다고, 우리가 추구하는 변화를 더 이상 성취할 수 없다고 말하는 사람들에게 용감하게 맞설 수 있습니다. 힘든 노력과 희생으로 아메리칸 드림은 계속될 것이라고 주장함으로써, 과거 미국의 수많은 세대들이 그랬던 것처럼 이제 우리가 부름에 응할 때입니다. 감사합니다. 미합중국에 신의 가호가 있기를 기원합니다![i] [볼드체는 저자의 강조]

또 다른 예에서 오바마는 청중을 고무하는 말로, 봉사의 부름에 응하게 하고, 개인보다 더 큰 대의를 생각하게 하고, 이런 것이 바로 미국의 위대한 역사의 유산임을 깨닫게 한다. 그의 강조 기법은 마지막 부분에서 '위대한 일을 성취하고 싶은 마음' 이 들게 한다. 이런 기법은 청중을 고무하고 자극한다.

저는 봉사를 하면서, 저를 받아주는 지역사회, 소속될 수 있는 교회, 소중한 시민권에서 제가 나아가야 할 방향을 찾았습니다. 봉사를 하면서, 저는 저 자신의 비현실적인 성공 스토리가 보다 큰 틀의 미국의 이야기에 잘 들어맞는다는 것을 알았습니다.

미국에서 우리는 각자 자신의 꿈을 추구하지만, 우리 모두의 꿈은 우리 자신을 초월하는 큰 꿈이어야 합니다. 우리가 물려받은 미국은 수많은 방법으로 힘겹게 싸우고 봉사했던 사람들이 물려준 유산이기 때문입니다.

미국은 예상치 못한 일단의 애국자들이 왕의 폭정을 타도하고 우리에게 물려준 유산입니다.

노예제도에 맞선 노예 폐지론자들, 보다 완전한 연방을 위해 싸운 군인들의 유산입니다.

학교에서 아이들을 가르치고 도시의 병자들을 돌보기 시작한 사람들, 서부 개척시대에 철도를 깔고 법을 수호한 사람들의 유산입니다.

민간자원보호단(도시 청년 실업자들이 전국의 공원과 숲, 농촌 등에 캠프를 만들어 군대와 유사한 환경에서 공원을 개발하고 농촌을 개간하는 사업을 함-옮긴이) 유니폼을 입고 대공황에 맞선 사람들, '민주주의병기창' (2차 세계대전 초, 전체주의의 공격에 맞서 민주주의를 수호해야 한다는 명분 하에 연합국에 무기 및 물자를 원조해야 한다는 미국의 외교 정책-옮긴이)을 위해 파시즘에 맞서 탱크, 배, 폭격기를 만든 여성들의 유산입니다.

그런 여성들의 참정권을 위해 싸운 사람들과 정의를 위해 싸운 자유의 기수들, 평화봉사단 참여를 촉구한 케네디 대통령의 부름에 대답한 젊은이들의 유산입니다.

앞선 세대들의 희생들은 결코 쉽지 않았습니다. 하지만 미국은 위대한 나라입니다. 미국인들은 힘들 때도 기꺼이 나서, 크고 작은 부분에서 봉사하고, 엄청난 도전과 끔찍한 시련의 순간들을 극복하고 일어났기 때문입니다.[ii]

흥분, 긴박감 주기

오바마가 '강한' 마무리를 위해 쓰는 또 다른 방법은 성공에 관심을 집중시키고, 흥분과 긴장감을 유발하고, 미래의 행동이 중요하며 급박하다는 느낌을 주는 것이다. 그는 사안의 중요성을 부각하고 청중 개개인의 역할이 중요하다는 느낌을 주는 언어를 사용한다. 다음 글에서 오바마가 어떻게 긴박감을 자아내는지 살펴보라.

제가 대선에 출마한 것은 오랫동안 간직한 야심을 이루기 위해서나 어쩐지 그게 제 의무라고 생각해서 그런 것이 아닙니다. 제가 바로 이 시기에 이 선거에 출마한 것은 킹 목사의 말처럼 "현재의 긴박한 상황" 때문입니다. 우리는 역사 속에서 중대한 순간에 있습니다. 우리 나라는 전쟁 중입니다. 지구는 위험에 처해 있습니다. 우리의 건강보험 제도는 망가졌으며, 경제는 흔들리고 있고, 교육 제도는 너무 많은 아이들을 망치고 있으며, 퇴직 제도는 엉망입니다.

이런 중요한 순간에, 우리는 건강보험 혜택이 모두에게 돌아가기를 그저 기다리고만 있을 수 없습니다. 우리 학교를 바로잡는 일을 늦출 수 없습니다. 좋은 일자리, 생계를 꾸릴 만한 임금, 기댈 수 있는 연금을 기다리고 있을 수 만은 없습니다. 지구 온난화를 멈추고 이라크 전쟁을 끝내는 일을 지체할 수 없습니다.[iii]

다음 예에서 오바마는 구체적인 사실을 상기시켜 분위기를 고조시킨다.

우리는 늘 분열을 조장하는 선거 결과를 바꾸어 더하기의 결과로 만들 수 있습니다. 민주당의 주와 공화당의 주를 초월하는 변화와 발전을 위한 협력 체제를 구축하도록 할 수 있습니다. 저는 그렇게 해서 일리노이주의 일부 공화당 우세 지역 카운티에서 승리했습니다. 그렇기 때문에 여론 조사에서도 공화당 대선 후보들에 맞서 제가 가장 잘한다는 결과가 나오는 겁니다. 우리는 다른 어떤 후보보다 독립당과 공화당으로부터 많은 지지를 얻고 있기 때문입니다. 그렇게 해서 우리는 11월에 승리할 것이며, 그렇게 해서 앞으로 4년 동안 이 나라를 변화시킬 겁니다.[iv]

아래의 예를 보면 구체적인 성취 사례를 들어 흥분과 긴장감을 높여가는 기법이 더욱 분명히 드러난다. 이처럼 구체적인 사항을 언급하면 청중은 자신들이 변화의 추진력을 유지하도록 도울 수 있고 자신들의 노력이 중요하다는 생각을 갖게 된다.

저와 15,000명의 가까운 친구들이 일리노이 스프링필드 옛 주의사당 계단에서 대선 선거운동을 시작한 지 이제 1년이 되었습니다.

당시에는 오늘 우리가 여기까지 올 거라고 생각한 사람은 많지 않았습니다. 저는 제가 워싱턴이 선호하는 후보가 아니라는 걸 알았습니다. 당장 대형 기부자가 생기거나 후보로서 지지를 얻지는 못할 것임을 알았습니다. 1월부터 6월까지 모든 싸움에서 저는 패할 줄 알았습니다. 저는 쉽지 않을 것임을 알았습니다.

하지만 무슨 일인가 일어나기 시작했습니다. 거실이나 농장, 교회나 시청 모임에서 사람들을 만났을 때 그들은 모두 오늘날 우리의 정치 현실에 대해 비슷한 얘기를 했습니다. 젊은이나 노인, 흑인이나 백인, 라틴계나 아시아계, 민주당이나 독립당, 심지어 공화당 사람들까지 요점은 똑같았습니다.

우리는 정치에 실망하는 일에 지쳤습니다. 낙심하는 데 지쳤습니다. 선거철만 되면 공약과 계획들을 쏟아놓고 워싱턴에 돌아가면 아무 것도 달라지지 않는 데 지쳤습니다. 로비스트들은 그저 돈만 더 쓰기 때문입니다. 정치인들은 다음 선거에서 이겨야 할 이유 대신 이길 방법만 걱정하기 때문입니다. 정치인들은 정말 중요한 사람이 누구인지 보다는 권력 구도에만 관심을 두기 때문입니다.

워싱턴 정치가 늘 똑같은 드라마와 분열, 엉뚱한 일에 몰두하는 동안, 마당에 '집 팝니다' 팻말을 세우는 가정이 또 하나 늘어납니다. 영원히 문을 닫는 공장이 또 하나 늘어납니다. 자식의 치료비를 낼 수 없어 파산을 신청하는 어머니가 또 하나 늘어납니다.

그리고 결코 승인하지 말았어야 할, 결코 시작하지 말았어야 할 전쟁의 새로운 임무를 위해 또 다른 병사가 작별인사를 하고 떠납니다. 이런 일은 다음 해에도, 그 다음 해에도 끝없이 계속됩니다.

하지만 바로 지금, 이번 선거에서 국민들은 미국 전역에서 이번만은 안 된다고 말하고 있습니다. 올해만은 안 된다구요. 똑같은 워싱턴 사람들로, 똑같은 워싱턴식 게임을 하면서 이전과 다른 결과를 기대하기에는 위험성이 너무 크고 도전이 너무나 엄청납니다. 그리고 오늘, 미국 서부 해안에서 멕시코 만 해안, 미국 내륙의 유권자들이 이제 역사의 페이지를 넘길 때라고 말했습니다. 우리는 루이지애나, 네브라스카, 워싱턴 주에서 승리했고, 여러분이 변화를 위해 나설 준비가 되었다면 화요일에 버지니아에서도 승리할 거라고 믿습니다.[v]

위의 연설을 살펴보면 특정 표현이 그의 스피치를 특별히 효과적으로 만들어주는 것을 볼 수 있다. '무슨 일인가 일어나기 시작했습니다' 라는 말로 오바마는 변화와 추진력에 관심을 집중시킨다. '거실, 교회, 시청 회의' 를 언급하며 자신의 지지층이 점점 늘어남을 지적한다. 마찬가지로, 젊은이, 노인, 흑인, 백인, 라틴계, 아시아계, 민주당원, 독립당, 공화당원들의 지지를 얘기하면서 자신의 지지 기반이 광범위하며 점차 확대되고 있다는 메시지를 강하게 전달한다. 루이지애나, 네브라스카, 워싱턴에서의 경선 승리를 언급하여 '일이 잘 굴러가고 있다' 는 인상을 준다. '이번만은 안 된다' 는 민심과 '위험성이 너무 크다' 는 점을 지적하며 현 상황과 국민 행동의 중요성과 긴박함을 강조한다.

오바마가 흥분과 긴박감을 조성하는 또 다른 좋은 예를 아래 연설에서 볼 수 있다. 여기서 그는 반복 기법을 능숙하게 사용하여 흥분과 긴박감을 조성한다.

몇 주 전만 해도 우리가 오늘밤과 같은 결과를 성취하리라 생각한 사람은 아무도 없었습니다. 선거운동 기간 중 우리는 대부분 뒤처진 상태였고, 또 힘겨운 싸움이 될 것임을 우리는 늘 알고 있었습니다.

하지만 기록적으로 많은 분들이 경선에 참여하고, 변화를 요구했습니다. 여러분의 목소리와 표로, 지금 이 순간, 이번 선거에서 **미국에서 무언가가 일어나고 있음**을 분명히 보여주셨습니다.

무언가가 일어나고 있습니다. 이 나라의 가능성을 믿기 때문에 디모인과 데븐포트, 레바논과 콩코드의 주민들이 1월의 눈보라를 뚫고 나와 길게 줄을 섰습니다.

무언가가 일어나고 있습니다. 젊고 패기에 찬 미국인들, 한 번도 정치에 참여해본 적이 없는 젊은이들이, 지금껏 우리가 한 번도 본 적 없는 엄청난 수가 투표장에 나오고 있습니다. 이번에는 달라야 한다는 것을 가슴으로 알고 있기 때문입니다.

무언가가 일어나고 있습니다. 사람들이 단지 자신이 소속한 당이 아니라 공통의 희망에 표를 던지고 있습니다. 그 희망이란 우리가 부자이든 가난하든, 흑인이든 백인이든, 라틴계든 아시아계든, 우리가 아이오와나 뉴햄프셔, 네바다나 사우스 캐롤라이나 출신이든, 우리는 이 나라를 근본적으로 새로운 방향으로 이끌 준비가 되어있다는 겁니다. **그것이 바로 지금 미국에서 일어나고 있는 일입니다. 지금 미국에서 변화가 일어나고 있습니다.**

여러분은 이 나라를 기나긴 정치적 암흑에서 빠져 나오도록 할 수 있는 새로운 다수가 될 수 있습니다. 그 다수는 워싱턴에 드리운 분열과 혼란의 구름에 신물이 난 민주당원, 독립당원, 공화당원들, 불쾌감을 주지 않고 반대할 수 있음을 아는 사람들, 모두 한 목소리를 내어 우리를 가로막았던 돈과 영향력에 도전하고 좀 더 나은 상태로 나아가도록 스스로 노력한다면 우리가 해결하지 못할 문제는 없다, 우리가 이루지 못한 뜻은 없다는 것을 이해하는 사람들입니다. [vi]

클라이맥스로 끌고 가기

소설 쓰기 같은 분야에서는 긴장을 고조시켜 클라이맥스에 도달한 다음 다시 내려오는 것이 좋은 방법이다. 하지만 효과적인 스피치나 연설에서는 그렇지 않다. 강한 마무리는 최고 정점에서 끝나는 것을 뜻한다. 뛰어난 연설자들은 연설의 절정에 도달한 다음 거기서 끝낸다. 청중에게 감동을 주고, 동기를 유발하고, 기억할 만한 개념이나 행동에 나서라는 연사의 촉구에 관심을 집중시킨 상태에서 끝내는 것이다. 오바마는 클라이맥스로 나아간 뒤 최고 정점에서 연설을 마치는 것이 얼마나 중요한지 잘 알고 있다. 2008년 펜실베이니아 경선에서 패한 뒤 오바마가 했던 연설을 한 번 살펴보자. 여기서 오바마는 어느 나이 든 흑인 남성과의 만남에 대한 일화로 연설을 끝낸다. 그 흑인은 이미 오바마의 지지자였던 한 젊은 백인 여성 애쉴리의 사례에 감명을 받아 오바마를 지지하기로 했다는 일화였다. 오바마는 이 일화를 통해 전통적인 분열을 초월하고 변화를 위해 단결할 수 있다는 가능성을 강조했다. 그는 이 일화를 얘기하면서 고점에 이른 뒤 연설을 마친다.

그 젊은 백인 여성과 그 나이 든 흑인 남성이 서로를 인정하는 순간만으로는 충분하지 않습니다. 병든 사람들에게 건강보험을 제공하고, 실직자에게 일자리를 주고, 우리 아이들을 가르치는 것만으로는 충분하지 않습니다.

하지만 여기서부터 시작하는 겁니다. 그래서 그 방의 벽에 금이 가고 흔들리기 시작했습니다.

그들이 그 방을 흔들 수 있다면 애틀랜타에서도 그럴 수 있습니다. 애틀랜타에서도 흔들 수 있다면 조지아주에서도 그럴 수 있습니다.

조지아주에서도 흔들 수 있다면, 미국 전역을 흔들 수 있습니다. 충분히 많은 목소리가 한 목소리를 낸다면 우리는 그 벽들을 무너뜨릴 수 있습니다. 여리고의 성벽도 결국 무너질 수 있습니다. 그것은 우리의 희망입니다. 하지만 우리 함께 기도하고, 함께 노력하고, 함께 걸어나가야 가능한 희망입니다.

형제 자매 여러분, 우리는 혼자 걸을 수 없습니다.

평화와 정의를 위한 이 투쟁에서 우리는 혼자 걸을 수 없습니다.

기회와 평등을 위한 투쟁에서 우리는 혼자 걸을 수 없습니다.

이 나라를 치유하고 세계를 바로잡기 위한 투쟁에서 우리는 혼자 갈 수 없습니다.

그래서 저는 여러분에게 저와 함께 걸어가자고, 저와 함께 행진하자고, 저와 함께 목소리를 내자고 부탁합니다. 우리를 갈라

놓고 있는 벽을 무너뜨리자고 함께 노래하고, 자유와 정의로서, 결코 분열시킬 수 없는 모두를 위한 미국을 만들자고 우리는 함께 노래할 것입니다. 이 교회의 훌륭하신 목사님에게 신의 축복이 있기를, 그리고 미합중국에 신의 가호가 있기를 기원합니다.[vii]

위의 연설에서 우리는 오바마가 **문장의 리듬과 반복 테크닉**을 사용하여 클라이맥스로 나아가는 것을 볼 수 있다. 또한 다소 약한 느낌의 단어 뒤에는 보다 강한 느낌의 단어들이 따라오도록 단어나 구절을 배치한 것을 군데군데 볼 수 있는데, 이것 역시 클라이맥스로 나아가는 과정이다. 위의 예에서 우리는 오바마가 행동을 촉구하며 연설을 마무리하는 것을 볼 수 있었다. 다음의 예를 보자.

이 나라에서 이러한 협력이 이루어지는 것은 우리가 모든 부분에서 의견이 일치하기 때문이 아니라, 우리를 규정짓는 그 모든 꼬리표와 잘못된 편가르기, 워싱턴에서 벌어지는 그 모든 사소한 논쟁과 점수 따기를 초월하여, 미국인들은 건실하고, 관대하고, 마음 따뜻한 국민으로서, 공통의 도전과 공통의 희망으로 뭉쳐있기 때문이라는 것을 저는 알게 되었습니다. 그리고 이 나라를 다시 위대하게 만들기 위해 그 근본적인 선함을 촉구하는 순간들이 종종 있었습니다.

필라델피아에서 일단의 애국자들이 보다 완벽한 연방 구성을 선언했을 때가 그랬고, 바로 그 연방을 위해 많은 사람들이 게티스버그와 앤티탐 전투에서 최선을 다해 싸웠을 때도 그랬습니다.

'가장 위대한 세대'(대공황 시절과 제2차 세계대전을 겪은 미국 세대를 말함-옮긴이)가 공포 그 자체를 정복하고, 폭정으로부터 한 대륙을 해방시키고, 이 나라를 무한한 기회와 번영의 고향으로 만들 때도 그랬습니다.

노동자들이 피켓 라인에서 투쟁을 하고, 여성들이 차별의 유리 천장을 깨뜨리고, 아이들이 자유라는 대의를 위해 셀마의 다리를 용감하게 건넜을 때도 그랬습니다.

모든 세대들이 자식들에게 더 나은, 더 친절한, 더 정의로운 세상을 물려주기 위해 엄청난 도전과 불가능한 상황에 용감히 맞섰을 때도 그랬습니다.

그리고 우리도 그래야 합니다.

국민 여러분, 이제 우리가 나설 순간입니다. 우리 차례입니다. 이제 과거 정책의 페이지를 넘겨야 할 때입니다. 우리가 직면한 도전에 새로운 에너지와 새로운 아이디어를 불어넣어야 할 때입니다. 우리가 사랑하는 나라를 위해 새로운 방향을 제시할 때입니다.

그 여정은 힘들 것입니다. 그 길은 아주 멀 것입니다. 저는 매우 겸손하게 유한된 지식을 가지고 이 도전에 맞섭니다. 하지만 저는 미국 국민의 역량에 대한 무한한 믿음을 가지고 이 도전에 맞섭니다. 우리가 기꺼이 그 도전을 위해 노력하고, 싸우고, 믿으면 몇 세대 후에는 우리가 지금을 돌아보며 자식들에게 말할 수 있을 것임을 확신하기 때문입니다. 바로 이 때부터 병든 사람들을 치료해주고 실업자들에게 좋은 일자리를 주고, 바로 이 때부터 해수면 상승이 늦춰지기 시작하고 우리 지구가 치유되기 시작하고, 바로 이 때부터 전쟁을 끝내고 나라를 안전하게 하고 국가 이미지를 지구상의 마지막, 최고의 희망으로 복구했다고 말입니다. 바로 이 때부터 국민들의 최선의 뜻과 최고의 아이디어들을 언제나 반영할 수 있도록 이 위대한 나라를 재건하기 위해 함께 뭉쳤다고 말입니다. 감사합니다. 여러분에게 신의 가호가 있기를, 미합중국에게 신의 가호가 있기를 기원합니다.[viii]

마음에 남을 구절과 슬로건 반복하기

강력하게 연설을 끝낼 때 오바마는 핵심 주제와 슬로건을 반복한다. 이 작업을 얼마나 훌륭하게 해냈는지는 그가 사용한 슬로건들이 얼마나 널리 알려져 있는지를 보면 분명해진다. "우리는 할 수 있습니다. 여러분을 위한 변화, 과거 대 미래, 아메리칸 드림을 회복합시다. 이제 때가 왔습니다. 우리가 믿을 수 있는 변화".

앞 장에서 보았듯이 반복구와 슬로건은 요지를 전달하는 좋은 방법이다. 연설 마지막 부분에서 특정 구절과 슬로건을 반복하면 연설이 끝나고 오랜 후에도 청중들의 마음에 주제들이 강하게 남는다. 다음의 예를 보면 오바마는 클라이맥스로 가서 고조된 분위기에서 연설을 끝내기 위해 '우리는 할 수 있습니다' 라는 구절을 반복적으로 사용한다. 그는 또 두운을 많이 사용하는데, 이는 마지막 부분의 감동을 더해준다.

우리는 냉소주의자들이 한 목소리로 우리가 이 일을 할 수 없다고 말하는 것을 들어왔습니다. 그 목소리는 앞으로 몇 주 동안 점점 더 크고 요란해질 것입니다. 잠시 멈추고 현실을 제대로 파악하라는 요구도 있었습니다. 이 나라에 잘못된 희망을 주지 말라는 경고도 받았습니다.

하지만 미국이라는 믿기 어려운 이야기에서 희망은 결코 틀린 적이 없었습니다. 불가능한 상황에 부딪쳤을 때, 우린 아직 준비가 되지 않았다거나 시도해서는 안 된다거나 할 수 없다는 얘기를 들었을 때, 미국의 선조들은 우리 국민의 정신을 집약한 단순한 신념으로 대응했기 때문입니다.

우리는 할 수 있습니다.

그 말은 미국의 사명을 선언했던 건국 기록에도 씌어진 신념입니다.

우리는 할 수 있습니다.

그 말은 노예들과 노예 폐지론자들이 어두운 밤을 헤치고 자유를 향한 길을 개척할 때 속삭였던 말입니다.

우리는 할 수 있습니다.

그 말은 이민자들이 머나먼 해안으로부터 새로운 길을 떠나며, 거친 황야에 맞서 서부로 향하던 개척자들이 부르던 노래였습니다.

우리는 할 수 있습니다.

그 말은 노조를 만든 노동자들, 투표소로 향하던 여성들, 달을 새로운 개척지로 선택한 대통령, 우리를 산꼭대기로 데려가 약속의 땅으로 가는 길을 가리켰던 킹목사의 외침이었습니다.

우리는 정의와 평등을 이룰 수 있습니다. 기회와 번영도 이룰 수 있습니다. 우리는 이 나라를 치유할 수 있습니다. 이 세계를 복구할 수 있습니다. **우리는 할 수 있습니다.**

그래서 내일, 우리가 이 선거운동을 남부와 서부로 전개하면서, 스파턴버그의 직물 노동자의 투쟁이 라스베이거스의 접시닦이의 고난과 다르지 않으며, 딜론의 무너져가는 학교에 다니는 어린 소녀의 희망이 로스앤젤레스 거리에서 배우는 소년의 꿈과 같다는 것을 알기에, 우리는 지금 미국에서 변화가 일어나고 있음을 명심할 것입니다. 정치인들 얘기처럼 우리가 그렇게 분열돼 있지 않으며, 우리가 한 국가라는 것을 명심할 것입니다. 그리고 우리는 힘을 모아 태평양 연안에서 대서양 연안까지 울려 퍼질 '**우리는 할 수 있다**' 는 정신으로 미국 역사의 위대한 새 장을 열 것입니다.[ix] [볼드체는 저자의 강조]

쉬운 과제로 인도하기

'강한 마무리' 를 위해 오바마가 사용하는 또 다른 중요한 기법은 행동을 촉구하여 청중을 '쉬운 과제' , 즉 대의를 위해 즉각 실천할 수 있는 작은 행동으로 이끄는 것이다. 때로는 아주 구체적인 행동을 요구하기도 하고, 때로는 단순히 적극적인 참여를 호소한다. 아래의 연설에서 오바마는 절정으로 나아가고, 핵심 포인트를 강조한 다음, 청중을 고무하고 행동을 촉구하는 말로 연설을 마무리한다.

바로 그런 이유로 이 선거운동은 저만의 일이 될 수 없습니다. 우리 모두의 일이어야 합니다. 우리가 함께 할 수 있음을 보여주어야 합니다. 이 선거운동은 여러분의 희망과 여러분의 꿈을 실현할 기회이자 도구가 되어야 합니다. 우리가 올바른 방향으로 가고 있을 때는 힘차게 밀어주시고 잘못된 방향으로 갈 때는 바로 지적해 주시려면 여러분의 시간, 에너지, 충고가 필요합니다. 이 선거운동의 목적은 시민권의 의미를 되찾고, 공통의 목표 의식을 회복하고, 변화를 요구하는 수백만의 목소리가 넘지 못할 장애물은 없다는 사실을 깨닫는 데 있습니다.

이런 변화는 저절로 일어나지 않을 것입니다. 흩어지면 실패할 수 밖에 없습니다.

하지만 키가 크고 호리호리한, 스프링필드의 자수성가한 변호사가 걸어온 삶은 지금과 다른 미래가 가능하다는 사실을 보여줍니다.

말에는 힘이 있다고 그는 말합니다.

신념에는 힘이 있다고 그는 말합니다. 인종과 지역, 종교와 소속이라는 그 모든 차이를 넘어 우리는 한 국민이라고 그는 말합니다.

희망에는 힘이 있다고 그는 말합니다.

링컨 대통령이 노예제도에 맞서 싸울 군대를 조직했을 때 그는 이런 얘기를 했다고 합니다. "서로 모르고, 잘 어울리지도 않고, 심지어 적대적인 집단들도 있었지만, 우리는 사방에서 모였고, 끝까지 싸우기 위해 대오를 짰습니다."

우리가 오늘 모인 목적도 바로 그것입니다.

바로 그 이유 때문에 제가 이 선거에 뛰어든 것입니다.

단지 백악관을 차지하기 위해서가 아니라 여러분과 함께 국가를 변화시키기 위해서입니다.

정의와 기회를 위해 저는 이 싸움에서 이기고 싶습니다.

더 나은 학교, 더 좋은 일자리, 모두를 위한 건강보험을 위해 저는 이 전투에서 이기고 싶습니다.

연방을 개선하고, 더 나은 미국을 건설하는 미완의 작업을 여러분이 다시 시작하기를 바랍니다.

여러분이 이 불가능해 보이는 여정을 저와 함께 하신다면, 운명의 부름을 **느끼신다면**, 우리 앞에 놓인 무한한 가능성의 미래를 **제가 보는 것처럼 여러분도 보신다면**, 이제는 졸음을 떨쳐버리고, 두려움을 밀어내고, 과거와 미래 세대에 진 빚을 갚아야 할 때임을 **제가 느끼듯이 여러분도 느끼신다면**, 저는 **이 대의를 위해 나서서, 여러분과 함께 행진하고, 여러분과 함께 노력할 준비가 되어 있습니다. 우리 함께 시작합시다.** 해야 할 일을 끝내고, 이 지구상에 새로운 자유의 탄생을 맞이합시다.[x] [볼드체는 저자의 강조]

위 연설에서 오바마는 마무리 발언을 하면서 도전을 제시하여 참여에 대한 지지를 이끌어냈다. 오바마가 선거전에서 열풍을 일으키고 유례없는 참여를 이끌어낸 사실에서 보여주듯이 이런 연설 기법은 오바마에게 대단히 효과적인 것으로 드러났다.

강력한 마무리

마지막으로, 2007년 12월 오바마의 '지금은 변화의 시기' 라는 제목의 연설에서 인용한 부분을 살펴보자. 이 연설은 '강력한 마무리' 를 위해 어떤 뛰어난 스피치 기법을 사용했는지 잘 보여준다. 여기서 오바마는 '벌목 후 불을 질러 농사를 짓는' 같은 사실적인 표현을 쓴다. 그는 '여러분에게 믿음이 있다면' 이란 구절을 반복적으로 사용해서 통일감을 준다. '한 블럭씩, 한 구역씩, 한 카운티씩, 한 주씩 차근차근 이 나라를 재건하는 과제' 라는 표현에서 보듯이 그는 마음 속에서 동영상을 보는 듯한 역동적인 표현을 사용하여 앞으로 전진하는 느낌을 준다. 또 '아메리칸 드림이 살아 있도록' , '역사의 흐름을 바꾼다' 등 애국심을 불러일으키는 표현으로 청중을 결집시킨다. '굶주린' , '목마른' 등 성경 구절을 연상시키는 표현도 사용한다. '그들은 우리에게 기회가 없을 거라고 했습니다, 우리는 거부했습니다, 이번에는 다를 수 있음을 저는 압니다' 에서 보듯이 오바마는 닥쳐온 도전과 그에 맞서 얻은 성취, 그 결과 얻은 추진력을 순차적으로 지적한다. 그는 또 성공을 위해 반드시 거쳐야 할 인식의 전환을 강조하는데, 의미상 밀접한 세 단어가 연속하는 구절을 사용하여 이 점을 전달한다. 가령 '두려움, 의심, 냉소주의를 떨쳐버리고…' 가 좋은 예다. '미국 국민이 믿음을 갖는 일은 반드시 이루어진다는 것을 저는 알기 때문입니다… 그리고 이제 7일 후, 우리는 다시 한 번 냉소주의자들이 틀렸음을 증명할 기회가 옵니다.' 이처럼 그는 긍정과 확신의 말을 하면서 동시에 긴박감을 준다. 오바마는 연설을 마치기 직전에 청중을 사로잡는 슬로건을 반복한다. '지금이 바로 그런 때입니다. 이번엔 우리가 나설 때입니다.' 그는 '7일 후 여러분이 저와 뜻을 모은다면…'이라는 말로, 실천에 옮길 수 있는 작은 행동을 촉구하며 연설을 마친다. 오바마가 어떻게 이 모든 기법을 탁월하게 조화시켰는지 살펴보자.

그 사람들은 우리도 똑같이 낡은 반대적인 공격을 하지 않으면 이번 선거전에서 이길 수 없을 거라고 했습니다. 하지만 우리는 패했을 때조차 그런 공격을 거부했으며, 상대측과의 진정한 차별성을 지적하고 벌목 후 불을 질러 농사를 짓는 화전식 정치를 거부하는 명확한 선거운동을 했습니다.

그리고 이제 7일 후, 우리는 다시 한 번 냉소주의자들이 틀렸음을 입증할 기회가 옵니다. 7일 후면, 워싱턴에서 불가피한 일이라고 했던 것을 뒤집을 수 있는 기회가 있습니다. 지난 몇 주 동안 워싱턴이 총력을 다해 싸우고 있는 것도 바로 그 때문입니다. 공격성 광고와 모욕, 방해 공작과 거짓말, 외부 단체와 비공개 기부자로부터 얻은 수백만 달러의 자금을 동원해 우리를 방해하려 하고 있습니다.

이런 식의 각본은 전에도 수없이 보았습니다. 하지만 이번에는 다를 수 있음을 저는 압니다.

미국 국민이 믿음을 갖는 일은 반드시 이루어진다는 것을 **저는 알고 있기 때문입니다**.

여러분에게 믿음이 있다면, 우리는 로비스트들이 워싱턴에서 목표를 정하던 시절은 끝났다고 **말할 수 있습니다**.

여러분에게 믿음이 있다면, 우리는 미국의 노동자들에게 헛된 공약 대신 일자리와 감당할 수 있는 건강보험, 기댈 수 있는 연금을 줄 수 있습니다. 일자리를 해외로 이전하는 기업 대신 일하는 미국인들에게 세금 감면 혜택을 **줄 수 있습니다**.

여러분에게 믿음이 있다면, 우리는 모든 아이들에게 세계 수준의 교육을 제공하고, 교사들의 급여를 인상하고, 모든 미국인에게 대학 진학이 실현 가능한 꿈이 되도록 **할 수 있습니다**.

여러분에게 믿음이 있다면, 우리는 이 지구를 구하고 외국산 원유에 대한 의존을 **끊을 수 있습니다**.

여러분에게 믿음이 있다면, 우리는 이 전쟁을 끝내고, 관타나모 수용소를 폐쇄하고, 미국의 위상을 회복하고, 외교를 쇄신하고, 다시 한 번 미합중국 헌법을 **존중할 수 있습니다**.

이 모든 것은 **우리가 이룰 수 있는 미래입니다**. 그게 바로 희망입니다. 우리 내면의 그 희망은 그 모든 부정적 증거에도 불구하고, 모퉁이만 돌아가면 뭔가 더 좋은 일이 기다리고 있다고 끈기 있게 말합니다. 하지만 열심히 노력하고 싸워야만 가능한 일이죠. 우리의 두려움과 의심과 냉소주의를 떨쳐버려야 가능합니다. 우리 앞에 놓인 과제, 한 블록씩, 한 구역씩, 한 카운티씩, 한 주씩 차근차근 이 나라를 재건하는 과제를 자랑스럽게 여겨야 가능합니다.

각 세대의 삶을 보면, 역사에 남을 중요한 일을 하기 위해서는 이런 정신이 표출되어야 할 때가 있습니다.

지금이 바로 그런 때입니다.

이번엔 우리가 나설 때입니다.

7일 후 여러분이 저와 뜻을 모은다면, 누군가 우리에게 주었던 것과 똑같은 기회를 우리 아이들에게 줄 수 있도록 변화를 위해 나선다면, 아직도 기회에 굶주리고 정의에 목마른 사람들에게 아메리칸 드림이 살아 있도록 여러분이 나서준다면, 현실을 받아들여야 한다는 냉소주의자들의 말에 더 이상 주저앉지 말고 가능한 일을 성취하려고 마침내 노력한다면, 우리는 이번 코커스에서 승리하고, 이번 선거에서 승리하고, **역사의 흐름을 바꿀 것입니다. 그리고 국가를 치유하고 세계를 회복하는 진정한 여정이 시작될 것입니다.**

감사합니다.[xi] [볼드체는 저자의 강조]

이번 장에서 배운 것-동기 부여 및 강렬한 마지막 인상을 남기는 테크닉

연설을 통해 청중들에게 영향을 주고 오래 남는 메시지를 전달하려면 몇 가지 기법이 유용하다. 공유하는 가치관, 애국적 가치들, 소중한 원칙, 성서적 진리를 연상시키는 표현들을 포함하여, 마음을 움직이는 표현들을 사용함으로써 연사는 사람들에게 위대한 성취를 하겠다는 동기를 부여할 수 있다. 실천할 행동에 대해 긴박감을 주는 방식으로 말하는 것도 중요하다. 오바마는 자신에게 힘을 실어준 성공 사례들을 지적하고, 지지 기반이 점차 넓어지고 있음을 언급하고, 구체적인 사실을 제시하여 '상황이 잘 풀리고' 있음을 보여주어 이 연설을 대단히 효과적으로 해냈다.

강렬한 마지막 인상을 남기기 위한 또 다른 최고의 기법은 '강력한 마무리' 이다. 뛰어난 연사는 클라이맥스에 도달한 뒤 바로 그 최고 정점에서 연설을 마무리하여, 청중이 흥분과 감동, 의욕에 충만하고 핵심 주제에 집중한 상태에서 끝낸다. 연사들은 또 마지막 부분에서 특정 구절이나 마음에 남을 슬로건을 반복할 수 있다. 이렇게 하면 핵심 주제와 아이디어가 청중의 마음 속에서 잊혀지지 않고 강하게 남을 수 있다. 행동을 촉구하거나 대의를 위해 실천할 수 있는 '작은 일' 에 나서도록 유도하는 것 역시 연설의 동기부여 효과를 높일 수 있다.

역사가 된 연설

■

"역사가 된 연설"에서는 전 미국과 전세계를 흥분시킨 2008년 4월 28일 오바마의 대통령 후보 지명 수락연설로 앞의 여러 장에서 분석해 본 오바마의 연설의 테크닉을 기억하며 되집어 본다.

10

이 책의 마지막 장에는 또 다른 역사적인 연설이 실려 있다. 바로 2008년 4월 28일, 전국 민주당 전당대회 마지막 날 오바마가 했던 대선 후보 지명 수락연설이다. 뛰어난 스피치 능력을 과시하며 오바마는 풍부하고 다양한 연설 기법을 사용하여 장벽을 허물고, 유대감을 형성하고, 가슴과 마음을 흔들고, 비전을 제시하고, 요지를 전달하고, 설득하고, 강렬한 마지막 인상을 남기는 탁월한 연설을 했다. 이렇게 하기 위해 오바마는 불편할 수도 있는 이슈들을 거론하고, 공통의 가치관과 역사를 강조하고, 성경 구절을 이용하고, 소중한 원칙들을 강조하고, 미국의 소중한 아이콘들의 말을 인용하고, 자신의 경험을 언급하며 메시지를 개인화시키고, 구체적인 사실을 제시하여 요지를 전달하고, 생생한 이미지와 역동적인 이미지, 상징적 표현을 사용하고, 반대 의견을 거론하고, 첫머리 어구 반복 등 반복 기법을 능숙하게 활용하고, 두운, 대조, 문장을 같은 길이의 세 부분으로 구성하기, 연속해서 여러 개의 접속사 사용하기, 수사적 의문, 스스로 질문을 제시하고 이에 대답하기 등의 기법을 능숙하게 사용했다. 여러분은 이 모든 테크닉을 알아볼 수 있을까? 연설을 살펴보자.

2008년 대통령 후보 지명 수락연설

버락 오바마가 당당한 걸음으로 환한 미소를 머금고 무대로 걸어 나오며 덴버에서 온 8만 여명의 청중과 TV를 통해 이 장면을 지켜보는 수백만 시청자들에게 손을 흔든다. 그는 '대통령다운' 위엄을 풍기며 걸어 나온다. 때때로 청중과 함께 박수를 치며 처음부터 청중과 유대감을 형성하고 편안한 자신감을 드러낸다. 그는 연설대 쪽으로 가서 어깨를 곧게 펴고 당당한 자세로 선다. 짙은 정장에 받쳐 맨 넥타이는 푸른색과 붉은색 줄무늬가 섞인 것으로, 통합이라는 중요한 메시지를 은근하게 전달하는데, 옷깃을 장식한 미국 성조기 핀은 이런 메시지를 더욱 강조한다.

연설장의 소품과 주위의 배경은 지도자의 인상을 심어주려는 오바마의 이미지와 보디 랭귀지를 돋보이게 한다. 수많은 대형 성조기들이 오바마 뒤 연단에 세워져 있다. 커다란 기둥들로 장식된 무대 연출은 1963년 마틴 루터 킹이 '나에게는 꿈이 있습니다' 연설을 했던 워싱턴 링컨 기념관의 기억을 불러 일으킨다. 오바마가 나무로 만든 연설대 앞에 선 가운데 한참 동안 박수가 계속되고, 오바마는 입을 다문 채 조용히 미소를 짓는다. 만족스럽다는 표정이 아니라 겸손의 표정이다. 감사와 진지함이 담긴 표정이다. 한참 후 박수 소리가 잦아들자 오바마는 깊이 숨을 들이쉬고 낭랑한 목소리로 역사적인 2008년 민주당 대선 후보 지명 수락연설을 시작한다.

연설문중 본문 볼드체는 연설자의 강조이고 색괄호는 연설자의 보디랭귀지와 저자의 설명이고 먹괄호는 청중의 반응이다.

감사합니다. [박수가 계속된다]

여러분, 대단히 감사합니다. [더 큰 박수가 이어진다]

딘 의장님, 제 좋은 친구 딕 더빈, 그리고 이 위대한 나라의 존경하는 모든 국민 여러분께 감사드립니다. 그리고 **깊은 감사와 끝없이 겸허한 마음으로** 미국 대통령 선거 후보 지명을 수락합니다. [목소리를 높인다] [그의 수락 발언에 청중이 열광한다. 청중은 환호와 박수를 보내며 성조기를 흔든다]

저와 이 역사적인 경선의 여정을 함께 해준 후보들께 감사를 드리고 싶습니다. [목소리에서 감사의 마음이 전해진다] 특히, 이 여정을 가장 오랫동안 함께 해주신 분으로, 미국 근로자들의 **대변인**이자 제 딸들과 또 여러분의 딸들에게 희망이 되어주신 힐러리 로드햄 클린턴 의원에게 감사를 드립니다. [손가락으로 집는 동작을 하며 클린턴의 중요성을 강조한다] [박수가 터져 나온다]

그리고 어젯밤, 오직 훌륭한 전직 대통령인 그 만이 할 수 있는 변화를 이끌어내신 빌 클린턴 대통령에게 감사를 드립니다. [두 손을 벌리며 진심에서 우러난 감사를 표현한다.] [박수] 또 공인으로서 헌신하는 정신을 보여주시는 테드 케네디 의원에게도 감사드립니다. [박수] 그리고 차기 미국 부통령 조 바이든 의원에게 감사드립니다. [열렬한 박수가 쏟아진다]

우리 시대의 가장 훌륭한 정치가 중 한 사람인 그와 함께 이 여정을 마치게 된 것을 **감사하게** 생각합니다. 그는 세계 지도자들로부터, 아직도 매일 밤 귀가할 때 타는 앰트랙 열차 차장에 이르기까지 [두 손을 벌린다] 누구와도 편하게 지내는 사람입니다.

제 인생의 소중한 사랑이자[감정이 담긴 두 눈이 반짝인다] 차기 퍼스트 레이디인 미셸 오바마에게[박수가 쏟아지자 잠시 멈춘다. 오바마가 환하게 미소 짓는다], 또 두 딸 말리아와 사샤에게 감사를 전합니다. 너희를 **너무나** 사랑하고 또 **너무나** 자랑스럽단다. [사랑의 감정이 가득한 어조다.] **[박수]**

4년 전[길게 발음한다], 저는 여러분 앞에 서서 제 얘기를 했습니다. 케냐에서 온 젊은 남자와 캔자스 출신의 젊은 여성의 짧은 만남에 대한 얘기였지요. 두 사람은 부유하지도 유명하지도 않았지만 미국에서는 당신들의 아들이 마음만 먹으면 무엇이든 이룰 수 있다는 믿음을 공유했습니다. [손가락으로 집는 동작을 한다. 희망과 동경의 어조다]

그것이 바로 미국을 언제나 특별하게 만드는 **약속**[약속이라는 단어의 끝부분에서 잠시 멈춰서 '약속' 이라는 말에 좀 더 관심을 집중시킨다]입니다. [두 손을 벌려 미국의 위대함을 강조한다] 부단한 노력과 희생을 통해 우리 **개개인**은[각 단어를 특별히 강조해서 말한다] 각자의 꿈을 추구할 수 있으며, 그러면서도 미국이라는 한 가족으로 뭉쳐[두 손을 합치는 동작을 한다] 다음 세대 역시 그들의 꿈을 추구할 수 있도록[검지 손가락으로 가리키며 강조한다] 하는 약속 말입니다. 이것이 오늘밤 제가 이 자리에 선 이유입니다. 지난 232년 동안[손을 벌리는 동작을 하여 긴 시간의 느낌을 전달하고 또 숫자를 하나하나 분명하게 발음한다] 이 약속이 위기에 처하는 순간마다 **평범한**[손가락으로 가리키며 그 단어를 강조한다] 사람들, 학생과 군인, 농부와 교사, 간호사와 청소부들[목소리를 올렸다 내려서 하면서 다양한 계층의 사람들을 표현한다]이 나서서 그 약속을 살려냈기 때문입니다.

우리는 이런 아주 중요한 순간[손가락으로 집는 동작을 하여 강조한다]에 함께 모였습니다. 나라는 전쟁 중이고 경제는 혼란에 빠졌으며 미국의 약속은 다시 한번 위협을 받고 있습니다.

오늘밤에도[강조를 위해 낮은 목소리로 말한다] 많은 미국인들이 직장을 잃고, 많은 사람들이 더 열심히 일하는데도 임금은 줄고 있습니다. 많은 사람들이 집을 잃었고 더 많은 사람들이 집값 폭락을 경험하고 있습니다. 많은 사람들이 차가 있어도 운전할 엄두가 나지 않고, 신용카드, 각종 청구서를 감당할 여유가 없으며 학자금 마련은 꿈도 못 꿀 정도입니다. [두 손을 벌린다]

이런 문제들이 모두 정부의 잘못만은 아닙니다. 하지만 이 문제들에 적절히 대처하지 못한 것은 [꾸짖는 것처럼 검지 손가락을 움직이며] 워싱턴의 고장 난 정치 관행과 조지 W. 부시의 실패한 정책이 낳은 직접적인 결과입니다. [손가락으로 다시 가리키는 동작을 하며 목소리를 높인다] [박수]

미국 국민 여러분! [노래를 하듯이 발음하며 도전을 제시하는 느낌을 준다] 우리는 지난 8년보다 더 잘 할 수 있습니다. **우리는 이보다 더 잘 할 수 있는 나라입니다**. [도전을 제시하는 어조다.] [박수]

은퇴를 앞둔 오하이오의 한 여성은 평생을 열심히 일한 끝에 이제 고단하고 불우한 삶에서 벗어나는가 했는데 병에 걸렸음을 알게 되었습니다.[검지 손가락으로 가리키는 동작을 한다] 미국은 **이보다 더 잘 할 수 있습니다**. [두 손을 벌린다] 인디애나의 한 근로자는 20년 동안 일하면서 쓰던 장비를 직접 포장한 뒤 그것이 중국으로 실려가는 것을 지켜봐야 했습니다. [한 손을 옆으로 들었다 내린다] 그리고 집에 돌아가 가족들에게 그 일을 전할 때 자신이 얼마나 낙오자처럼 느껴졌는지 이야기하며 목이 메었습니다. [이런 현실을 용인할 수 없다는 듯 목소리를 떨어뜨려 낮게 말한다] **미국은 이보다 더 잘 할 수 있습니다**. [두 손을 벌린다]

우리는 퇴역 장병들이 노숙자 신세가 되고, 국민들이 가난에 허덕이고, [박수] 눈 앞에서 큰 도시 하나가 물에 잠겨도 뒷짐지고 있는 정부보다는 마음이 따뜻합니다. [허리케인을 겪은 뉴올리언스의 위기를 언급하며 불만을 드러내자 청중이 박수를 보낸다]

오늘밤, 저는 미국 국민에게 말씀드립니다. 이 위대한 나라 전역에 계신 민주당원, 공화당원, 독립당원[목소리를 올렸다 내리며 다양한 정치 배경을 강조한다] 유권자분들께 선언합니다. **이제 겪을 만큼 겪었습니다!** [목소리를 크게 높인다. 그리고 드라마틱하게 잠시 말을 멈춘다] **이 순간**,[강조하여 말한다] [박수] **지금 이 순간**[잠시 멈춘다] [박수], **이번 선거**는 21세기[검지 손가락으로 가리키는 동작을 한다]의 우리가 미국의 약속을 살릴 수 있는 기회입니다. [손가락으로 집는 동작을 하여 그 중요성을 강조한다]

다음 주면 미네소타에서, 여러분에게 조지 부시와 딕 체니의 연임을 선사한 바로 그 당이 이제 세 번째 집권을 요구할 것이기 때문입니다. [청중이 야유를 보낸다]

그리고 우리는 여기 모였습니다.[두 손을 자기 쪽으로 향한다] 우리는 이 나라를 **너무나** 사랑하기에 다음 4년이 지난 8년처럼 되도록 놔둘 수 없어 여기 모였습니다. [목소리를 자연스럽게 올렸다 내리며 자신의 말을 강조하여 청중으로부터 강한 지지 반응을 이끌어낸다] [박수]

11월 4일, 우리는 일어나 외쳐야 합니다. **'8년이면 충분하다!'** [박수] [오바마가 자신감에 찬, 환한 미소를 지으며 가볍게 웃는다] [환호가 계속된다]

이제 확실히 해둡시다. 공화당 대선 후보 존 매케인은 용기와 탁월함을 보여준 미국의 군인이었습니다. [존경과 감사가 담긴 목소리다] 우리는 그런 그에게 감사와 존경을 표합니다. [머리를 숙여 자신의 주장을

더욱 강조한다] [박수]

그리고 다음 주에 [검지 손가락으로 가리키며] 매케인은 자신이 공화당 노선과 다른 길을 선택한 구체적인 사례들을 증거로 제시하며 자신이 당선되면 우리가 원하는 변화를 이룰 수 있다고 말할 것입니다. 하지만 기록은 분명합니다. 존 매케인은 조지 부시의 정책에 90% 찬성표를 던졌습니다. [손가락으로 집는 동작을 한다] 매케인 의원은 판단력에 대해 논하기를 좋아하는데, [목소리가 높아진다. 검지 손가락을 흔들며 인정할 수 없다는 뜻을 표현한다] 조지 부시가 지금까지 90%나 옳았다고 생각하는 사람의 판단력에 대해 여러분은 어떻게 생각하십니까? [비웃는 듯한 어조다] [박수] 여러분은 어떠실지 모르지만 저는 확률이 10%에 불과한 변화는 받아들이기 어렵습니다. [손가락으로 집는 동작을 한다] [박수]

[검지 손가락을 가볍게 흔들며] 건강보험, 교육, 경제와 같은 민생을 결정하는 중요한 사안 사안마다 [두 손을 벌리며 이런 사안의 범위와 중요성을 나타낸다] 매케인 의원은 기껏해야 중도를 유지했을 뿐이라는 게 진실입니다.

매케인은 부시 대통령 임기 동안 미국 경제가 많은 발전을 이루었다고 했습니다. 그가 **말하기를** [단어를 늘이듯이 발음하여 강조한다] 미국 경제의 기초는 튼튼하다고 했습니다. 그리고 그의 경제 정책을 작성한 수석보좌관은 미국민들이 느끼는 경제적 불안에 대해 얘기하면서, 우리는 그저 **'정신적인 불황'** [단어를 또박또박 발음하여 인정할 수 없다는 뜻을 전달한다]을 겪고 있을 뿐이고, 그대로 인용하자면[검지 손가락을 올리며] 우리는 '칭얼거리는 사람들의 나라'가 되고 있다고 했습니다. [청중이 야유한다]

칭얼대는 사람들의 나라라고요? 공장이 곧 문을 닫는다는 것을 알면서도 자신들이 만든 브레이크를 믿고 사용하는 사람들이 있다는 것을 알기에 [검지 손가락으로 가리키며] 여전히 매일 출근해서 그 어느 때보다 열심히 일하는 미시간의 공장 노동자들에게 그렇게 말해 보십시오. [화난 듯한 목소리다] 사랑하는 가족이 3차, 4차, 5차로 파병되어 떠나는 모습을 보면서도 묵묵히[목소리를 떨어뜨리며] 고통을 짊어지고 살아가는 군인 가족들에게 그렇게 말해 보십시오. **이 분들은 칭얼대는 사람들이 아닙니다.** 이 분들은 **열심히** 일을 합니다. **또** 나눌 줄 알며, 불평 없이 자신의 일에 충실합니다. 제가 아는 미국인들은 바로 이런 분들입니다. [박수]

저는 매케인 의원이 미국인들의 삶이 어떻게 되든 개의치 않는다고는 생각하지 않습니다. 제 생각에 그는 그저 모를 뿐입니다. [재치 있는 결정타를 빠르게 말한다] [청중 사이에서 웃음 소리가 들린다]

그렇지 않다면 어떻게 중산층을 연소득 500만 달러 이하인 사람들로 정의할 수 있겠습니까? [검지 손가락을 가볍게 흔든다] 그렇지 않다면 어떻게 대기업과 정유회사에게는 수천억 달러[비웃는 듯 가볍게 웃으며]에 이르는 세금 감면을 제안하면서 1억 명 이상의 미국인들에게는 단 **한 푼**[단어 하나하나를 강조하듯 말한다]의 세금 감면도 약속하지 않을 수가 있습니까? [비난하듯 검지 손가락으로 가리킨다] 그렇지 않다면 어떻게 실제로는 보험 혜택에 **세금을 부과하는**[손가락으로 집는 동작을 한다] 식의 건강보험 제도를 제안하고, 대학 학자금을 지불해야 하는 가정에 **전혀** [두 손을 벌려 '전혀' 라는 말을 강조한다] 도움이 안 되는 교육 제도를 제안하며, [리듬을 빨리 하여 이런 사례를 끝없이 들 수 있다는 느낌을 준다] 사회보장 제도를 민영화하여 국민의 퇴직 연금으로 도박을 하는 식의 제도를 제안할 수 있겠습니까? [청중이 야유를 보낸다]

그것은 존 매케인이 관심이 없어서가 아닙니다. [목소리를 낮춘다] 존 매케인이 상황을 모르기 때문입니다. [박수]

20년 넘게 그는 신뢰를 잃은 공화당의 낡은 철학과 함께 해 왔습니다. 그 철학이란 가장 많이 가진 자들에게 더 많이 주면 [목소리를 높여 요지를 강조한다] 위에서 축적된 부가 모든 사람들에게까지 흘러내릴 것이라 기대하는 것입니다. [인정할 수 없다는 듯 목소리를 낮춘다]

워싱턴에서는 이 철학을 가리켜 '소유권 사회' [손가락으로 집는 동작을 한다]라고 하지만 이 말의 진정한 의미는 이겁니다. '알아서 잘 해봐.' [경고하듯 검지 손가락을 들어 가볍게 흔든다] [청중이 웃는다] 실직했다고? 운이 나쁘군. [그 말을 흉내 내며 별 일 아니라는 듯한 손 동작을 한다] 알아서 잘 해봐. [비웃는 듯한 어조로 말한다] 건강보험이 없어? 시장 경제가 잘 조정해 줄 거야. [별 일 아니라는 듯한 손동작을 한다] 알아서 잘 해봐. 가난하게 태어났어? 신발끈 바짝 조이고 열심히 뛰어봐. 뭐 신발이 없더라도 **알아서 잘 해봐**. [각 단어를 또박또박 발음한다] [청중으로부터 강한 반응을 일으킨다]

이제[길게 발음한다], 그들은 자신들의 실패를 **인정**해야 할 때입니다. [엄하고 꾸짖는 듯한 어조로 손가락으로 가리키며 말한다] 이제 **우리가 미국을 바꾸어야 할 때**입니다. [단호한 목소리로 손가락으로 가리키며] 그리고 이것이 제가 미합중국 대선에 출마하는 이유입니다. [결연한 어조로 말한다. 열렬한 박수가 터져 나온다]

아시다시피[길게 발음한다], 우리 민주당은 미국의 발전[손가락으로 집는 동작을 하며]을 가늠할 때 아주 다른 평가 기준을 적용합니다. 우리는 얼마나 많은 사람들이 주택 담보대출을 갚아나갈 만한 일자리를 얻을 수 있는지[목소리에 자부심이 느껴진다], 아이들을 대학에 보내 학위를 마칠 수 있도록 매달 조금씩 여유 돈을 저축할 수 있는가로[손가락으로 집는 동작을 하여 요지를 강조한다] 미국의 발전을 평가합니다. **클린턴 행정부 시절** [마이크에 약간 가까이 다가가 검지 손가락으로 가리키며 요지를 강조한다] 새로 창출된 2,300만 개의 일자리에서 우리는 발전이 있었다고 평가합니다. [박수] 당시 미국 가정의 평균 소득은 7,500달러가 올랐습니다. [손을 위로 향한다] 반면 조지 부시 재임 기간에는 2천 달러가 떨어졌습니다. [다른 손을 밑으로 향한다] [박수]

우리는 억만장자의 숫자나 포춘지 선정 500대 기업들의 수익률로 미국의 경제력을 평가하지 않습니다. 좋은 아이디어를 가진 분들이 도전해서 새로운 사업을 시작할 수 있는지, 팁[검지 손가락으로 가리키며]으로 살아가는 웨이트리스가 직장을 잃지 않고도 아픈 아이를 돌보기 위해 하루 쉴 수 있는지를 보고 우리는 경제를 평가합니다. 노동의 존엄성을 소중히 여기는 경제인지를 평가합니다.

우리가 경제를 평가하는 근본 기준은 [손동작으로 '근본' 이 소중하다는 점을 전달한다] 우리가 이 나라를 위대하게 하는 기본 약속에 부응하며 살고 있느냐 하는 것입니다. 그 약속이 바로 제가 오늘밤 여기 서 있는 유일한 이유입니다. [한 손을 가슴으로 가져간다]

이라크와 아프가니스탄에서 돌아오는 젊은 군인들의 얼굴에서 제 할아버지를 보기 때문입니다. 할아버지는 진주만 공습 후 자원하셨고, 패튼 장군의 부대에서 복무하셨고, 이에 대한 보상으로 국가에서 제대군인원호법에 의거하여 대학에 진학할 기회를 제공했습니다.

겨우 세 시간 자고 야간 근무를 시작하는 젊은 학생의 얼굴에서 저는 제 어머니를 떠올립니다. 어머니는 일을 하고 학위를 따면서 저와 여동생을 혼자 힘으로 키우셨습니다. 한때 생활이 어려워 배급표에 의존하기도 했지만 학자금 대출과 장학금을 지원받아 우리를 **미국 최고의 학교**에 보낼 수 있었습니다. [박수]

다니던 공장이 문을 닫았다는 근로자의 이야기를 들을 때면 시카고 사우스 사이드의 사람들이 생각납니다. 20년 전, 그 지역 철강 공장이 문을 닫은 후 저는 **그 분들 편에 서서 함께 싸웠습니다.**

또 자기 사업을 시작하거나 사회적 성공을 꿈꾸는 여성의 어려움을 듣고 있으면 제 할머니가 생각납니다. 할머니는 여자라는 이유로 오랜 세월 승진에서 누락됐지만 결국 비서에서 중간 관리자까지 올라가셨습니다.

제 할머니는 제게 **근면**[손가락으로 집는 동작을 하며 강조한다]을 가르쳐 주신 분입니다. 할머니는 제게 더 나은 삶을 누리게 해주시려고 새 차나 새 옷 구입을 자제하셨습니다. [두 손을 가슴에 올리며 할머니의 희생에 깔린 소중한 의미를 강조한다] 할머니는 당신의 모든 것을 제게 쏟아 부어 주셨습니다. 더 이상 여행은 못하시지만 오늘밤 분명 저를 지켜보고 계실 것입니다. 오늘밤은 제 **할머니를 위한 밤**이기도 합니다. [열렬한 박수]

존 매케인이 생각하는 유명인의 삶이 어떤 것인지 저는 모르지만, [매케인이 오바마를 가리켜 '시시한 유명인'이라고 한 주장을 암시하며 비웃는 듯한 어조로 말한다] 이런 삶이 제가 살아온 삶입니다. [박수]

이 분들이 제 영웅들입니다. 이 분들의 이야기가 바로 제 인생을 만들었습니다. 이 분들을 위해 저는 이 선거에서 승리하고 미합중국 대통령으로서 우리의 약속을 지켜내려 합니다. [목소리를 높인다. 단호함이 느껴진다] [박수]

미국의 약속은 무엇일까요? [효과를 위해 잠시 멈춘다] 그 약속은 우리가 각자 자신이 원하는 대로 삶을 영위할 자유가 있고, 그러면서도 서로의 **존엄성을 인정하고** [잠시 멈춘다] **존중**해야 할 의무가 있다는 것입니다.

그 약속은 시장은 추진력과 혁신의 손을 들어주어 성장을 유도하고, 기업들은 미국의 일자리를 창출하고 미국 근로자들에게 관심을 갖고 원칙에 따라 활동해야 할 기업의 의무에 충실해야 한다는 것입니다. [손동작을 하며 요점을 강조한다]

우리의 약속은 정부가 모든 문제를 해결할 수는 없지만[목소리를 떨어뜨린다] 우리가 스스로 [두 손을 자기 쪽으로 향하며] 할 수 없는 일들은 **해주어야 한다**는 것입니다. 정부는 위험으로부터 우리를 보호하고, [손바닥을 세워 들어올리며] 모든 어린이들에게 양질의 교육을 제공하며, [두 손을 벌리며 그 중요성을 강조한다] 우리의 수자원을 깨끗하게 유지하고, 아이들의 장난감을 안전하게 관리하고, 새 학교, 새 도로, 과학과 기술에 투자해야 합니다.

정부는 **우리를 위해** [강조해서 말한다] 일해야지 우리와 대립해서는 안됩니다. [목소리를 올렸다 내리며 강조한다] 정부는 **우리를 도와야지** [강조해서 말한다] 해를 끼쳐서는 안됩니다. [목소리를 올렸다 내린다] 정부는 돈과 권력을 쥔 소수만이 아니라 일하고자 하는 모든 국민에게 기회를 보장

해야 합니다. [리듬을 빠르게 하여 요점을 강조한다]

그것이 미국의 약속입니다. 우리는 각자 스스로에 대한 책임이 있지만, 한 나라의 국민으로서 흥망성쇠를 함께 한다는 생각 말입니다. 그것은 내가 내 남동생을 지키는 사람이며, 내가 내 여동생을 지키는 사람이라는 근본적인 신념입니다. [손을 들어 움직이며 이 원칙의 정당성을 강조한다]

그것이 우리가 지켜야 할 약속입니다. [검지 손가락으로 가리킨다]

그것이 바로 지금 우리에게 필요한 변화입니다. [다른 쪽 손 검지 손가락으로 가리킨다] [박수]

그럼 제가 대통령이 되면 그 변화가 **정확히** 무엇을 의미하는지[비난에 대처하듯 손가락으로 집는 동작을 한다] 말씀 드리겠습니다. [박수]

변화는 입법에 영향력을 행사한 로비스트가 아니라 미국 근로자와 중소기업에 혜택을 주는 세금 제도를 의미합니다. [손을 청중 쪽으로 내민다] [박수가 터져 나온다] 아시다시피, 존 매케인과는 달리 저는 일자리를 외국으로 옮기는 기업들에게 **더 이상** 세금 감면 혜택을 주지 않을 것입니다. 저는 바로 여기 미국에서 일자리를 창출하는 기업들에게 세금 감면 혜택을 주겠습니다. [검지 손가락으로 가리킨다] [박수] **고임금**, **첨단 기술** 일자리를 [손을 C 모양으로 만들어 허공에 단어를 놓는 것처럼 한다] [박수] 창출하는 중소기업과 신규기업을 위해 자본 소득세를 없애겠습니다. 분명히 말씀 드립니다. [손가락으로 가리키며] 저는 [잠시 멈춘다] **전체** 근로자 가정의 95% [검지 손가락을 들어 흔들며]를 대상으로 세금을 감면하겠습니다. 지금처럼 어려운 경제 상황에서 [마이크에 몸을 가까이 기울이며 요점을 강조한다] 정부가 절대 하지 말아야 할 것은 중산층의 세금 인상이기 때문입니다. [목소리를 높인다] [박수가 쏟아진다] 그리고 우리 경제와 안전, 지구의 미래를 위해 저는 대통령으로서 확실한 목표를 세울 것입니다. [손으로 가르는 동작을 한다] 10년 후에는 미국의 중동산 석유 의존을 [반대쪽 손 검지 손가락으로 가리키는 동작을 하며] 끝내겠습니다. [열렬한 박수]

우리는 이 목표를 달성할 것입니다. 워싱턴은 지난 30년 동안 우리의 석유 중독에 대해 떠들어 왔습니다. 그리고 그 30년 중 26년 동안 존 매케인은 그 곳에 있었습니다. [비웃는 듯한 어조다] [청중에서 웃음 소리가 들린다] 그리고 그 기간 동안 그는 자동차에 대한 고연비 규정에 **반대**했고, [잠시 멈춘다] 재생가능 에너지 투자에 **반대**했고, 재생가능 연료에 대한 투자에도 **반대**했습니다. 그리고 지금 우리는 존 매케인이 상원의원으로 취임하던 때의 **3배**에 달하는 석유를 수입하고 있습니다.

이제[길게 끌듯이 발음한다] 이 석유 중독을 **끝내고** 석유 채굴은 궁여지책이지 절대 장기적인 해결책이 아니라는 것을 깨달아야 할 때입니다. [손바닥을 밑으로 해서 옆으로 가르는 동작을 한다] [박수] 대통령으로서 저는 [한 손을 청중에게 내밀며 진심을 담아 말한다] 천연가스 자원을 개발하고, [두 손을 벌리며 그 중요성을 전달한다] 청정 석탄 기술에 투자하고, 원자력 기술을 안전하게 활용하는 방법을 찾겠습니다. 저는 미래의 고효율 자동차들이 바로 이곳 [자신이 서 있는 땅을 가리키듯이 검지 손가락으로 가볍게 두드리는 동작을 한다] 미국에서 생산될 수 있도록 우리 자동차 회사들의 재정비를 돕겠습니다. [박수]

또 미국 국민들이 이런 신기술 자동차를 쉽게 구입할 수 있도록 하겠습니다. [검지 손가락으로 가리키며] 그리고 저는 앞으로 10년 동안 경제적이고 재생 가능한 에너지 자원, 즉 풍력, 태양력, 차세대 바이오 연료에 1,500억 달러를 투자하겠습니다. 이런 투자는 새로운 산업을 일으키고 보수 조건이 좋고 아웃소싱할 수 없는 **500만** 개의 일자리를 창출할 것입니다. [목소리의 높낮이를 다양하게 한다. 잠시 말을 멈춘다] [박수]

국민 여러분, [길게 끌듯이 말한다] **지금은** 사소한 계획을 세울 때가 아닙니다. **지금은** [검지 손가락을 올리며] 우리 아이들에게 세계 수준의 교육 [두 손을 벌리며]을 제공해야 한다는 **도덕적 의무** [단어를 또박또박 발음한다]를 **마침내** 이행해야 할 때입니다. 세계 경제에서 제대로 경쟁하기 위해서는 그런 교육이 반드시 필요하기 때문입니다. [검지 손가락으로 가리킨다] 아시다시피, 미셸과 저는 교육의 기회를 얻었기에 오늘밤 이 자리에 올 수 있었습니다. 저는 미국에서 일부 아이들은 그런 기회를 얻지 못하는 현실에 만족하지 않겠습니다. [단호한 어조로 말한다] [박수]

저는 조기 교육에 투자하겠습니다. [두 손을 벌린다] 저는 신규 교사 채용을 늘리고, [팔을 옆으로 뻗어 멀리 있는 뭔가를 잡아당기는 동작을 한다] **급여**를 인상하고, 더 많은 **지원**을 하겠습니다. [손을 벌려 그 중요성을 강조한다] 그 대신 저는 그들에게 더 높은 기준과 더 많은 책임을 묻겠습니다. 그리고 우리는 모든 미국 젊은이들에게 약속을 지키겠습니다. 여러분이 지역 사회나 국가에 봉사하면 반드시 대학교육을 받을 수 있도록 하겠습니다. [음량과 높낮이를 다양하게 하여 핵심 단어를 강조한다] [박수가 쏟아진다]

이제 [잠시 멈춘다], 마침내 모든 미국인에게 저렴하고 편리한 건강보험 혜택을 제공하겠다는 약속을 지킬 때입니다. [박수]

만약 지금 건강보험에 가입되어 있다면 보험료가 인하되도록 할 계획입니다. 만약 건강보험이 없다면 국회의원들이 받는 것과 같은 수준의 혜택을 받을 수 있도록 하겠습니다. [박수]

그리고 [길게 끌듯이 발음한다] 병상에서 암으로 죽어가시면서도 보험회사와 언쟁을 벌이는 어머니의 모습을 지켜봐야 했던 사람으로서, 저는 보험회사들이 병들고 또 가장 혜택이 필요한 사람들을 차별하지 못하도록 하겠습니다. [목소리를 높인다. 화난 듯한 어조로 말한다] [박수]

이제 [길게 끌듯이 발음한다] 유급 병가와 개선된 육아간호휴가로 미국 가정을 도울 때입니다. 미국에서는 누구도 [손으로 가르는 동작을 하며] 직장을 잃지 않기 위해 아픈 아이나 병든 부모의 간호를 포기하는 일은 없어야 하기 때문입니다.

이제 우리의 파산 관련법을 바꿔야 할 때입니다. 그래서 여러분의 연금이 CEO의 보너스보다 우선적으로 보호되도록 해야 합니다. 그리고 다음 세대들을 위한 사회보장 제도를 지켜내야 할 때입니다.

그리고 이제 **동일한 노동** [검지 손가락을 들어올리며]에 **동일한 임금** [목소리를 높인다]을 지급한다는 약속을 지킬 때입니다. 저는 제 딸들이 여러분의 아들들과 똑같은 기회를 갖기 바라기 때문입니다. [다시 검지 손가락을 올린다] [열렬한 박수가 터져 나온다]

이런 많은 계획을 실행하는 데는 많은 비용이 소요됩니다. 그래서 저는 어떻게 비용을 충당할지 상세한 계획을 세웠습니다.

우선 미국의 성장에 도움이 되지 않는 대기업 관련법의 허점과 조세피난처를 이용한 탈세를 차단하겠습니다. 또 연방 예산 항목을 **하나하나** [강한 어조로 말한다] 재검토하여 더 이상 실효성이 없는 사업들은 폐지하고, 꼭 필요한 사업들은 **더 효과적이고 더 저렴하게** 운영되도록 하겠습니다. **20세기**의 행정 제도로 **21세기**의 문제들을 해결할 수는 없기 때문입니다. [박수]

그리고 민주당원 여러분, 우리는 미국의 약속을 돈만으로는 이행할 수 없음을 인정해야 합니다. 존 F. 케네디가 '지적 도덕적 힘' 이라 부른 것을 회복하려면 우리 하나하나가 새로운 책임감으로 무장해야 합니다. [손가락 끝을 닿게 하며 부드러운 어조로 엄숙하게 말한다]

그렇습니다. 정부는 에너지 독립을 주도해야 합니다. 하지만 **우리 각자** [각 단어를 강조하며] 가정과 일터에서 에너지 효율을 높이도록 나름의 역할을 해야 합니다.

그렇습니다. 우리는 범죄와 절망의 삶에 빠져드는 젊은이들에게 좀 더 많은 성공의 기회를 [두 손을 벌리며] 제공해야 합니다. 하지만 제도 자체가 부모의 역할을 대신할 수 없고 [공감하는 어조로 말한다] 정부가 거실의 텔레비전을 끄고 아이들이 숙제를 하도록 만들 수는 없다는 것도 [한 손을 밑으로 하며] 인정해야 합니다. **아버지들이** 좀 더 많은 책임감을 갖고 [한 손을 청중을 향해 내밀어 그 중요성을 강조한다] 아이들에게 사랑을 주고 길잡이 역할을 해야 합니다. [목소리를 높여 단어들이 공중에 잠시 머물도록 한다]

개인의 책임[한쪽 손으로 집는 동작을 하며]과 서로에 대한 책임 [다른 쪽 손으로 집는 동작을 하여 두 가지 의무가 똑같이 중요함을 강조한다], 이것이 미국의 약속의 **본질**입니다. 그리고 우리가 미국 내의 다음 세대에 대한 약속을 지키는 것처럼 국제 무대에서의 미국의 약속도 반드시 지켜야 합니다. [검지 손가락을 들어올린다]

만약 존 매케인이 누가 차기 군 통수권자로서 **자질과 판단력**을 갖추었는지 토론을 원한다면 저는 이미 준비되어 있습니다. [강력하고 직접적인 도전이 느껴진다. 단호한 어조는 열렬한 박수를 이끌어낸다]

[멈추라는 것처럼 손을 들어올리며 다음에 나올 말의 중요성을 강조한다] 911 테러가 발생하고 바로 며칠 후 매케인 의원이 이라크 [한쪽 팔을 뻗어 가리키며 '아주 먼 곳'을 나타낸다]에 관심을 쏟는 동안, 저는 분연히 일어나 이 전쟁을 반대했습니다. 전쟁은 우리가 직면한 진짜 위협에 집중하지 못하고 주의를 분산시킬 것임을 알았기 때문입니다. [꾸짖는 것처럼 손가락으로 가리키는 동작을 한다]

존 매케인이 아프가니스탄에서 우리가 그럭저럭 [두 손을 벌려 자신의 말을 강조한다] 헤쳐나갈 수 있을 것이라고 했을 때, 저는 911 테러를 감행한 테러범들에 대한 싸움을 끝내기 위해서는 더 많은 자원과 병력을 투입해야 한다고 주장했습니다. 또 오사마 빈 라덴과 참모들의 소재가 파악되면 그들을 제거[단호한 태도로 청중 쪽으로 손가락을 가리키며]해야 한다고 강력히 주장했습니다. 아시다시피, 존 매케인은 빈 라덴을 잡기 위해서라면 지옥 입구까지도 쫓아갈 수 있다고 이야기하지만 그는 아마 **빈 라덴이 살고 있는 동굴조차도 가려 하지 않을 것입니다.** [실망스럽다는 어조로 말한다] [박수가 터져 나온다]

그리고 이라크에서의 철군 일정을 제시하라는 제 요구에 이라크 정부는 물론 부시 행정부조차 동조하고 있고, 미국이 적자에

허덕이는 동안 이라크 정부는 **790억 달러의 흑자**를 냈다는 사실을 **알고 난 후에도**, 존 매케인은 잘못된 전쟁을 끝내는 것을 혼자서 **고집스럽게** 거부하고 있습니다.

우리가 필요로 하는 판단력은 이런 게 아닙니다. [화난 듯한 어조다] 이런 판단력으로 미국을 안전하게 할 수는 없습니다. 우리는 과거의 사고방식에 매달리는 대통령이 아닌[음높이를 낮추고 손바닥을 밑으로 해서 팔을 뻗어 반대의 뜻을 전달한다], 미래의 위협에 대처할 수 있는 [목소리를 높인다] 대통령이 필요합니다. [박수]

이라크를 점령하는 것으로 80여 개국에서 활동하는 테러 조직을 이길 수 없습니다. [청중이 웃는다] 워싱턴에서 강경한 발언을 하는 것으로 이스라엘을 보호하거나 이란을 견제할 수 없습니다. [청중이 환호한다] 오랜 우방들과의 관계를 소원하게 만들어놓고 그루지아를 위해 진정으로 나설 수는 없습니다.

만약 존 매케인이 강경 발언과 뒤떨어진 전략으로 부시의 전철을 밟는다면 그것은 그의 선택입니다. [두 손을 왼쪽으로 향하여, 그들의 선택이 자신과는 상관없음을 암시한다] 하지만 그것은 미국이 필요로 하는 변화는 아닙니다. [손가락을 집는 동작을 한다] [박수]

우리는 루즈벨트의 정당입니다. [두 손을 가슴에 가져가며 목소리를 높인다] 우리는 케네디의 정당입니다. 그러니 민주당원들은 미국을 보호하지 못할 것이라고 말하지 마십시오. [목소리를 더 높이며 분노를 나타낸다] 민주당원들은 우리를 안전하게 보호하지 못할 것이라고 말하지 마십시오. [민주당은 약하다는 생각을 경멸하는 어조다]

부시와 매케인의 외교 정책은 여러 세대에 걸쳐 미국 국민과 민주당과 공화당이 이룩해 온 유산을 **탕진해 왔으며**, 우리는 그 유산을 복구하기 위해 여기 모였습니다. [결연하게 손으로 가르는 동작을 한다]

[박수]

군 통수권자로서 [엄격한 표정으로] 저는 이 나라를 수호하는데 결코 주저함이 없을 것입니다. 그러나 우리의 군대를 위험한 곳으로 보낼 때는 반드시 명확한 임무를 제시하고, 전투에 필요한 장비를 지급하고 귀향했을 때는 마땅히 누려야 할 지원과 혜택을 제공하겠다는 신성한 약속을 지킬 수 있을 때에만 그렇게 하겠습니다. [결연한 어조로 말한다] [박수]

저는 책임지고 이라크 전쟁을 종결시킬 것이며 아프가니스탄의 알 카에다와 탈레반과의 싸움을 끝낼 것입니다. 저는 미래의 분쟁에 대처할 수 있도록 [청중을 향해 검지 손가락을 가리키며] 우리 군을 재건할 것이며, 또 이란이 핵무기를 입수하는 것을 막고 러시아의 침략을 억제할 수 있도록 [다른 손 검지 손가락으로 청중을 가리킨다] 그간의 거칠고 직접적인 외교를 쇄신할 것입니다.

저는 테러리즘, 핵확산, 빈곤과 인종학살, 기후변화와 질병 등 21세기의 위협들을 이길 수 있는 새로운 동반자 관계를 [두 손을 벌리며 그 중요성을 강조한다] 구축할 것입니다.

그리고 저는 미국의 도덕적 위상을 **회복**하여, 자유라는 대의를 위해 나선 사람들, 평화로운 삶을 **갈망**하는 사람들, 더 나은 미래를 **열망**하는 모든 사람들에게 [손바닥을 밑으로 해서 팔을 뻗어 단어를 강조한다] 다시 한 번 미국이 **최후의, 최고의 희망이** 되도록 하겠습니다. [연설의 효과를 위해 목소리를 점차적으로 높여나가자 우뢰 같은 환호가 쏟아진다. 청중이 "USA! USA!" 를

외치기 시작한다]

이런 것들이 제가 추진할 정책입니다. 그리고 앞으로 몇 주 후, 이런 정책에 대해 존 매케인과 토론할 것을 기대하고 있습니다. [목소리에서 결연함이 느껴진다]

하지만 [잠시 멈춘다] 저는 매케인 의원이 단지 정치적 목적을 위해 어떤 입장을 취한다고 주장하지는 않겠습니다. [공정함이 전해지는 어조다] 우리가 정치 분야에서 바꿔야 할 것 중 하나는 상대방의 인격이나 애국심을 공격하지 않고서는 반론을 제시할 수 없다는 고정 관념이기 때문입니다. [박수]

지금은 너무나 심각한 때입니다. [잠시 말을 멈춘다] 과거와 똑같은 당파적 전략을 따르기에는 감수할 위험이 너무 큽니다. 그러니 애국심은 당을 초월한다는 점에 동의합시다. 저는 이 나라를 사랑합니다. [한 손을 가슴에 올린다] 여러분도 마찬가지며, [손가락으로 청중을 가리킨다] 존 매케인도 마찬가지입니다. [매케인을 의미하는 뜻으로 다시 손가락으로 가리킨다]

전쟁터에서 복무 중인 남성과 여성들은 민주당원이나 공화당원, 혹은 독립당원일 것입니다. 하지만 그들은 **자랑스러운** 하나의 깃발 아래, 함께 싸우고 함께 **피 흘리고**, 때로는 함께 **전사했습니다**. 그들은 **공화당의** 미국이나 **민주당의** 미국을 위해 봉사한 것이 아닙니다. 그들은 **미합중국을** 위해 봉사했습니다. [손가락으로 연설대를 두드리며 '미합중국'을 또박또박 발음한다. 우렁찬 환호와 박수가 터져 나오며 청중이 "USA! USA!"를 외친다. 스타디움 곳곳에서 청중들이 성조기를 흔든다]

[멈추라는 뜻으로 손을 들어올린다] 그런 의미에서 존 매케인, 당신에게 알

려 드리겠습니다. [단호한 표정으로 목소리를 높이며] 우리 **모두** 나라를 최우선으로 생각합니다. [손으로 가르는 동작을 하고 잠시 말을 멈춘다] [박수]

미국 국민 여러분, 우리 일은 쉽지 않을 것입니다. 우리가 직면한 도전은 어려운 선택을 요구합니다. 민주당원은 물론 공화당원들도 과거의 낡은 생각과 [손으로 낡은 생각을 밀어내는 듯한 동작을 한다] 정치에서 벗어나야 합니다. 지난 8년 동안 잃어버린 것 중에는 사라진 임금이나 확대된 무역적자만으로는 측정할 수 없는 것도 있기 때문입니다. 우리는 또 공통의 목적 의식을 잃어버렸습니다. [목소리를 부드럽게 하여 그 중요성을 강조한다] **그것이야말로** 우리가 회복해야 할 것입니다.

우리는 낙태에 대해 의견이 다를지 모르지만, 이 나라에서 원치 않는 임신을 줄여야 한다는 점에는 분명히 동의할 수 있습니다. [말을 빨리 하여 요점을 강조한다] [박수]

오하이오 시골 마을의 사냥꾼들과 클리블랜드에서 갱단 폭력에 시달리는 사람들에게 총기 소유의 현실은 아마 다를 것입니다. **하지만** 우리가 범죄자들의 손에서 AK-47 소총을 빼앗는다면 미국 헌법 수정 2조를 지킬 수 없다는 식의 비난은 하지 마십시오. [이렇게 할 수 없다는 생각을 비웃는 어조로 말한다] [청중에서 박수가 터져 나온다]

동성 간 결혼에 대해 이견이 있다는 것은 알지만, 우리의 게이와 레즈비언 형제 자매들이 사랑하는 이를 보기 위해 병원을 방문할 수 있고 차별로부터 자유로운 삶을 누릴 자격이 있다는 점에는 **분명히** 동의할 수 있습니다. [박수]

이민 문제에 대해 격론을 벌일 수도 있지만, 어머니와 갓난아이를 떼어놓거나 [두 손을 벌리며] 고용주가 불법 노동자를 고용하여 미국민의 임금이 줄어들면 누구한테 이익이 되는지 저는 모르겠습니다.

하지만 이 또한 미국의 약속의 일부입니다. [두 손을 가볍게 마주하며 그 약속의 소중함을 강조한다] 우리가 공동의 노력으로 서로의 간극을 메우고 단결할 수 있는 힘과 [잠시 멈춘다] 은혜[단어의 끝부분을 약간 끌듯이 발음하여 '은혜' 라는 단어를 강조한다]를 찾을 수 있는, 민주주의의 약속입니다.

이러한 믿음을 그저 가벼운 화젯거리로 치부해버리는 사람들이 있음을 압니다. 그들은 우리가 공인으로서 무언가 더 크고, **더 견고하고**, **더 정직한 것을** 요구하는 것이 세금 인상과 전통적 가치 포기를 위한 트로이의 목마일 뿐이라고 주장합니다. 예상했던 바입니다. 신선한 아이디어가 없으니 유권자를 겁주기 위해 진부한 전략을 구사해야 할 테니까요. [비난하듯 손가락을 가리킨다] [박수]

계속 밀고 나갈 근거가 없으면 [검지 손가락을 흔들며] 상대편을 멀리하고 피해야 할 인물로 왜곡합니다. 사소한 문제[두 손을 합치는 동작을 하여 작다는 의미를 전달한다]를 가지고 선거를 크게 만듭니다. [두 손을 벌려 크다는 느낌을 전달한다] 아시다시피 전에는 이런 방식이 먹혔습니다. 그런 선거는 우리 모두가 정부에 대해 품고 있는 냉소주의를 부추기기 때문입니다. 워싱턴이 제대로 일하지 않으면 이 모든 약속은 공허해 보입니다. [거짓된 약속을 멀리 밀어버리듯이 한 손을 옆으로 움직인다] 여러분의 희망이 몇 번이고 벽에 부딪쳤다면 희망을 갖기를 포기하고 이미 익숙한 것을 받아들이는 것이 최선입니다. [목소리를 약간 떨어뜨려 반대의 뜻을 나타낸다]

압니다. 제가 백악관에 어울리지 않는 대통령 후보라는 것을 알고 있습니다. [두 손을 가슴으로 가져가며] 저는 전통적인 대통령의 계보에 맞지 않고, 워싱턴 정가에서 경력을 쌓아오지도 않았습니다. 하지만 미국 전역에서 [두 손을 벌리며] 무언가 변화가 일어나고 있기에 저는 오늘밤 여러분 앞에 섰습니다. 반대하는 분들이 이해하지 못하는 것이 있는데, 저 자신이 이번 선거의 초점이었던 적은 한번도 없습니다. [목소리를 떨어뜨리고 잠시 멈춘다] 이번 선거의 초점은 여러분입니다. [목소리를 높이고 손가락으로 청중을 가리킨다] [열렬한 박수와 환호가 터져 나온다]

바로 여러분입니다. [박수 소리가 더 커진다]

18개월 동안, 여러분은 한 사람씩 일어나 과거의 낡은 정치는 "이제 그만 됐다"고 말했습니다. 여러분은 [길게 끌듯이 발음하며 손가락으로 청중을 가리킨다] 이번 선거에서, 예전과 **똑같은 낡은 인물**들로 예전과 **똑같은 낡은 정치**를 하면서 다른 결과를 기대하는 것이 가장 큰 도박임을 잘 압니다.

역사가 가르쳐주는 교훈을 여러분은 직접 보여주셨습니다. 지금과 같은 중요한 순간에, 우리가 필요로 하는 변화는 **워싱턴으로부터** 오지 않는다는 사실 말입니다. 변화가 **워싱턴으로** 가는 것입니다. [두 손을 벌린다] [박수]

변화는 [노래하듯이 발음하며 손으로 가르는 동작을 하여 강조한다] 일어납니다. 미국 국민이 변화를 **요구하기** 때문에, 미국 국민이 일어나 [강조하듯이 두 손을 움직이며] **새로운 시대**에 맞는 **새로운** 생각과 [잠시 멈춘다] **새로운** 리더십 [잠시 멈춘다], **새로운** 정치 [손으로 가르는 동작을 한다]를 요구하기 때문에 변화가 일어납니다. [손가락으로 집는 동작을 한다]

국민 여러분, 지금이 바로 그런 순간입니다.

저는 믿습니다. [노래하듯이, 길게 끌듯이 발음한다] 엄청나게 힘들겠지만 우리가 필요로 하는 변화는 오고 있다고 믿습니다. 그런 변화를 실제로 보았고 [두 손을 가슴으로 가져가며 잠시 말을 멈춘다] 그런 삶을 살았기 때문입니다. [잠시 멈춘다]

저는 일리노이주에서 그 변화를 보았습니다. 우리는 더 많은 아이들에게 건강보험 혜택을 제공하고 [두 손을 벌리며] 복지 보조금으로 생활하던 많은 가정을 일터로 보냈을 때 변화를 보았습니다. 워싱턴에서도 변화를 보았습니다. 우리는 정부를 개방시키고 로비스트에게 더 많은 책임을 묻기 위해, 전쟁에서 돌아온 장병들에게 더 나은 지원을 제공하고, 핵무기가 테러범들 손에 들어가지 않도록 하기 위해 당파를 초월해 함께 일하면서 그런 변화를 보았습니다. [목소리를 높였다 낮췄다 하며 변화의 폭을 강조한다] 그리고 저는 이번 선거전에서 변화를 보았습니다. [존경스럽다는 어조로 말한다] **처음으로** [자랑스럽다는 어조로] 투표권을 행사한 젊은이들에게서, **아주 오랜 만에** 선거에 참여한 이들에게서, 민주당 후보에 투표하리라고는 [살짝 웃으며 가볍게 미소 지으며] 결코 생각해본 적도 없지만 [극적으로 잠시 멈추어 그 중요성을 강조한다] 그렇게 했던 공화당원들에게서 말입니다. [미소를 짓는다] [박수가 쏟아진다]

저는 변화를 보았습니다. 동료들이 실직하는 걸 지켜보느니 자신도 여유가 없지만 근무 시간을 하루 줄이기로 한 근로자들에게서[손가락으로 집는 동작을 한다], 팔다리를 잃은 다음에도 재입대한 군인들에게서, 허리케인이 강타하고 홍수가 밀어닥칠 때 낯선 사람을 자기 집에 받아들이는 친절한 이웃들에게서 저는 변화를 보았습니다.

우리가 살고 있는 이 나라는 어느 나라보다도 부유하지만, 그것이 우리를 부유하게 만들지는 않습니다. 우리는 지구상 최강의 병력을 보유하고 있지만 그것이 우리를 강하게 만들지는 않습니다. [목소리를 올렸다 내렸다 하며 그 중요성을 강조한다] 우리의 대학과 문화는 세계의 부러움을 사지만 [목소리가 정점에 이른다. 두 손을 벌리며 미국의 위대함을 나타낸다] 그것이 세계를 우리 나라로 이끄는 것은 아닙니다.

그런 것을 가능하게 하는 것은 [음높이를 다시 떨어뜨린다] 미국의 정신, [잠시 멈춘다] 미국의 약속입니다. 그것은 나아갈 길이 불확실할 때조차 우리를 앞으로 나아가게 하며, 서로의 차이에도 불구하고 우리를 하나로 묶어주며, 눈에 보이는 것이 아니라 **보이지 않는 것**, 모퉁이 너머 더 좋은 곳에 시선을 고정시키는 것입니다. [동경과 희망이 담긴 목소리다]

그 약속[단어의 뒷부분을 끊듯이 발음하여 '약속' 을 강조한다]은 우리가 물려받은 가장 위대한 유산입니다. 이것이 제가 밤에 두 딸을 재울 때 하는 약속[약속이란 단어의 뒷부분을 강조해서 발음한다]이고, 여러분이 여러분의 딸들에게 하는 약속입니다. 이민자들이 바다를 건너고[이런 행동의 위대함을 강조하듯 목소리를 높인다] 개척자들을 서부로 이끌고, 노동자들이 권리를 위해 피켓을 들게 하고, 여성들이 투표권을 위해 싸우도록 이끈 약속입니다. [리듬을 빠르게 하고 음높이를 올렸다 내린다] **[박수가 터져 나온다]**

그리고 [잠시 멈춘다] 45년 전 오늘, 이 나라 방방곡곡에서 모여든 사람들이 워싱턴 링컨 기념관 앞에 모여 조지아주에서 온 어느 젊은 목사가 자신의 꿈에 대해 연설하는 것을 듣게 한 것도 바로 그 약속입니다. [목소리를 점차 높여가며 연설의 힘을 불어넣고 마틴 루터 킹 목사를 언급하여 청중을 흥분시킨다] [청중에게서 열렬한 환호와 박수가 터져 나온다]

거기 모였던 사람들은 많은 얘기를 들었을지 모릅니다. 분노와 불화의 말을 들었을지도 모릅니다. 자꾸만 유예되는 수많은 꿈에 대한 공포와 좌절에 굴복하라는 얘기를 들었을 수도 있습니다.

그러나 온갖 교리와 피부색을 망라한, 각계 각층에서 온 그 사람들이 들은 얘기는, **미국에서** 우리의 운명은 빠져나올 길 없이 서로 연결되어 있으며, 우리의 꿈은 하나일 수 있다는 것이었습니다. [손가락으로 집는 동작을 하여 요점을 강조한다]

"우리는 홀로 걸을 수 없습니다." [강조하듯이 손으로 가르는 동작을 한다] 그 목사는 이렇게 말했습니다. "그리고 걸어갈 때 우리는 언제나 앞으로 나아갈 것임을 맹세해야 합니다. [다시 손을 올려 가르는 동작을 한다] 우리는 **돌아설 수 없습니다.**" [단어 하나하나를 강조해서 발음한다]

국민 여러분, 우리는 돌아설 수 없습니다. [검지 손가락을 높이 들어 흔들며 결연한 어조로 말한다] [박수가 쏟아진다] 아직 할 일이 너무 많고, [목소리를 높이고 계속 그런 상태로 말한다. 도전을 제시하듯이 반복해서 청중을 가리킨다] 많은 아이들에게 교육을 제공해야 하며, 돌봐야 할 퇴역군인도 많고, 경제도 손봐야 하고, 도시를 재건해야 하고, 농가를 구해야 하고, 수많은 가정을 보호해야 하며 많은 사람들의 삶을 개선해야 합니다.

국민 여러분, 우리는 돌아설 수 없습니다. [도전을 제시하는 어조다. 잠시 말을 멈춘다] 우리는 홀로 걸을 수 없습니다. [확고하고 결연한 어조로 연설의 클라이맥스로 나아간다]

바로 이 순간, 이번 선거에서, [연설의 절정에 이르면서 긴박감을 주는 어조로 말한다] 우리는 다시 한번 미래를 향해 나아갈 것을 맹세해야 합니다. 우리 다 함께 그 약속을, 미국의 약속[동경하는 어조로]을, 성경[경외하는 어조로 '성경' 이라는 단어를 말한다] 말씀 안에서 흔들림 없이, 우리가 고백한 그 희망을 굳게 지켜냅시다. [도전을 제시하는 어조다]

감사합니다. 여러분에게 신의 은총을! [잠시 멈춘다] 그리고 미합중국에 신의 은총이 있기를 기원합니다!

[청중이 기립박수를 한다] [오바마가 팔을 뻗어 청중을 향해 손을 흔든다. 청중과 함께 잠시 박수를 치며 청중과의 단결을 강조한다. 박수가 계속 이어진다]

연설을 들은 많은 사람들과 언론, 정치 전문가들은 즉각 오바마의 2008년 대선 후보 지명 수락연설을 '훌륭하다', '탁월하다', '전율을 일으킨다', '흥분되는 연설', '통합의 연설', '케네디 대통령 이후 최고' 라고 격찬했다. 이 훌륭하고 강력한 연설은 오바마를 당대의 가장 유능하고 뛰어난 연설가 반열에 오르게 했다.

추가 분석을 원한다면

여러분은 연설에서 오바마의 스피치 기법을 모두 파악할 수 있었는가? 이 역사적 연설에 대한 보다 폭넓은 분석과 수락연설에 쓰인 소중한 스피치 기법들에 대한 분석을 원한다면 www.shelleanne.com이나 www.sayitlikeobama.com을 방문해보기 바란다.

각주

● 서문

i. The Times, "Europe Shows Love for Barack Obama-Unfortunately it Has No Vote," June 7, 2008.
ii. Such as in May 2008 at a Portland, Oregon rally.
iii. Interview on ABC News, "This Week with George Stephanopoulos," 8/10/08.

● 2장

i. Full text of Senator Barack Obama' s announcement for president, Springfield, IL, February 10, 2007.
ii. Remarks of Senator Barack Obama: primary night, Raleigh, NC, May 6, 2008.
iii. Remarks of Senator Barack Obama: Pannsylvania Primary Night, Evansville, IN, April 22, 2008.
iv. Full text of Senator Barack Obama' s announcement for president, Sprinfield, IL, February 10, 2007.
v. Remarks of Senator Barack Obama: Final Primary Night, St. Paul, MN, June 03, 2008.

● 3장

i. Jesse Jackson, CNN interview, July 10, 2008.
ii. Remarks of Senator Barack Obama: Virginia Jefferson-Jackson dinner, Richmond, VA, February 9, 2008.
iii. CNN Interview immediately following the keynote address.
iv. New York Times, "As Quickly as Overnight, a Democratic Star is Born," March 18, 2004.
v. New York Times, "The Demoncrats; The conversion in Boston—The Illinois candidate, Day After, Keynote Speaker Finds Admirers Everywhere." July 29, 2004.
vi. Remarks of Senator Barack Obama: Kennedy endorsement event, Washington, DC, January 28, 2004.
vii. Reported in New York Times, "As Quickly as Overnight, a Democratic Star in Born," March 18, 2004.
viii. Remarks of Senator Barack Obama: AP annual luncheon, Washington, DC, April 14, 2008.
ix. Remarks of Senator Barack Obama: primary night, Raleigh, NC, May 06, 2008.
x. CNN, June 3, 2008.
xi. Remarks of Senator Barack Obama: "A More Perfect Union," Philadelphia, PA, March 18, 2008.
xii. Remarks of Senator Barack Obama: Kennedy endorsement event, Washington, DC, January 28, 2008.
xiii. Remarks of Senator Barack Obama: Kennedy endorsement event, Washington, DC, January 28, 2008.
xiv. Remarks of Senator Barack Obama: discussion with working women, Albuquerque, NM,

June 23, 2008.

xv. Remarks of Senator Barack Obama: A Metropolitans Strategy for Ametica' s Furtune, Miami, FL, June 21, 2008.

xvi. Keynote Address at the 2004 Democratic National Convertion, July 7, 2004.

xvii. Remarks of Senator Barack Obama: "A More Perfect Union," Philadelphia, PA, March 18, 2008.

xviii. Remarks of Senator Barack Obama: The Great Need of the Hour, Atlanta, GA, January 20, 2008.

xix. Remarks of Senator Barack Obama: Remembering Dr. Martin Luther King, Jr., Fort Wayne, IN, April 04, 2008.

● 4장

i. Remarks of Senator Barack Obama: Our Moment Is Now, Des Moines, JA, December 27, 2007.

ii. Remarks of Senator Barack Obama: South Carolina victory speech, Columbia, SC, January 26, 2008.

iii. Remarks of Senator Barack Obama: Our Moment Is Now, Des Moines, IA, December 27, 2007.

iv. Remarks of Senator Barack Obama: Our Kids, Our Furtune, Mavchester, NH, November 20, 2007.

v. Remarks of Senator Barack Obama: A Cal to Serve, Mt. Vernon, IA, December 5, 2007.

vi. Remarks of Senator Barack Obama: Final primary night, St. Paul, MN, June 3, 2008.

vii. Remarks of Senator Barack Obama: Our Moment Is Now, Des Moines, IA, December 27, 2007.

● 5장

i. Houston Chronicle.

ii. Remarks by Barack Obama at the Robert F. Kennedy Human Rights Award Ceremony, November 16, 2005.

iii. Remarks by Barack Obama: final primary night, St. Paul, MN, June 03, 2008.

iv. Remarks of Senator Barack Obama: Iowa Caucus Night, Des Moines, IA, January 03, 2008.

v. Remarks by Barack Obama: Kennedy endorsement event, Washington, DC, January 28, 2008.

vi. Also known as fictio.

vii. Keynote address at the 2004 Democratic Nationanl Convention, July 27, 2004.

viii. Remarks by Barack Obama: Iowa caucus night, Des Monies, IA, January 3, 2008.

ix. Remarks by Barack Obama: The Great Need of the Hour, Atlas, GA, January 20, 2008.

x. Remarks by Barack Obama: Our Kids, Our Furtune, Manchester, NH, November 20, 2007.

xi. Remarks by Barack Obama: Our Kids, Our Furtune, Manchester, NH, November 20, 2007.

xii. Remarks by Barack Obama: Our Kids, Our Furtune, Manchester, NH, November 20, 2007.

● 6장

i. Remarks by Barack Obama: final primary night, St. Paul, MN, June 3, 2008.

ii. Remarks by Barack Obama: Virginia Jefferson-Jackson dinner, Richmond, VA, February 09, 2008.
iii. Barack Obama' s announcemont for president, Springfield, IL, February 10, 2007.
iv. Remarks by Barack Obama: Iowa caucus night, Des Monies, IA, Jabuary 3, 2008.
v. Remarks by Barack Obama: Our Moment Is Now, Des Monies, IA, December 27, 2007.
vi. Remarks by Barack Obama: Our Moment Is Now, Des Monies, IA, December 27, 2007.
vii. Remarks by Barack Obama: New Hampshire Primary, Nashua, NH, January 08, 2008.
viii. Remarks by Barack Obama: South Carolina victory speech, Columbia, SC, January 26, 2008.

● 7장

i. Remarks by Barack Obama: Our Moment Is Now, Des Monies, IA, December 27, 2007.
ii. Remarks by Barack Obama: Virginia Jefferson-Jackson dinner, Richmond, VA, February 09, 2008.
iii. Remarks by Barack Obama: Pannsylvania Primary Night, Evansville, IN, April 22, 2008.
iv. Remarks by Barack Obama: Final Primary Night, St. Paul, MN, June 03, 2008.
v. Remarks by Barack Obama: The Great Need of the Hour, Atlanta, GA, January 20, 2008.

● 8장

i. Remarks by Barack Obama: AP annual luncheon, Washington, DC, April 14, 2008.

● 9장

i. Remarks by Barack Obama: primary night, Raleigh, NC, May 6, 2008.
ii. Remarks by Barack Obama: A Call to Serve, Mt. Vernon, IA, December 5, 2007.
iii. Remarks by Barack Obama: Our Moment Is Now, Des Monies, IA, December 27, 2007.
iv. Ibid.
v. Remarks by Barack Obama: Virginia Jefferson-Jackson dinner, Richmond, VA, February 09, 2008.
vi. Remarks by Barack Obama: New Hampshire Primary, Nashua, NH, January 08, 2008.
vii. Remarks by Barack Obama: The Great Need of the Hour, Atlanta, GA, January 20, 2008.
viii. Remarks by Barack Obama: Final primary night, St. Paul, MN, June 3, 2008.
ix. Remarks by Barack Obama: New Hampshire Primary, Nashua, NH, January 08, 2008.
x. Barack Obama' s announcement for president, Springfield, IL, February 10, 2007.
xi. Remarks by Barack Obama: Our Moment Is Now, Des Moines, IA, December 27, 2007.

2004 Democratic National Convention, July 27, 2004

http://kr.youtube.com/watch?v=_fMNlofUw2I

On behalf of the great state of Illinois, crossroads of a nation, Land of Lincoln, let me express my deepest gratitude for the privilege of addressing this convention.

Tonight is a particular honor for me because, let' s face it, my presence on this stage is pretty unlikely. My father was a foreign student, born and raised in a small village in Kenya. He grew up herding goats, went to school in a tin-roof shack. His father, my grandfather, was a cook, a domestic servant to the British.

But my grandfather had larger dreams for his son. Through hard work and perseverance my father got a scholarship to study in a magical place, America, that shone as a beacon of freedom and opportunity to so many who had come before.

While studying here, my father met my mother. She was born in a town on the other side of the world, in Kansas. Her father worked on oil rigs and farms through most of the Depression. The day after Pearl Harbor my grandfather signed up for duty; joined Patton' s army, marched across Europe. Back home, my grandmother raised a baby and went to work on a bomber assembly line. After the war, they studied on the G.I. Bill, bought a house through F.H.A., and later moved west all the way to Hawaii in search of opportunity.

And they, too, had big dreams for their daughter. A common dream, born of two continents. My parents shared not only an improbable love, they shared an abiding faith in the possibilities of this nation.

They would give me an African name, Barack, or "blessed," believing that in a tolerant America your name is no barrier to success. They imagined me going to the best schools in the land, even though they weren' t rich, because in a generous America you don' t have to be rich to achieve your potential. They' re both passed away now. And yet, I know that on this night they look down on me with great pride.

I stand here today, grateful for the diversity of my heritage, aware that my parents' dreams live on in my two precious daughters. I stand here knowing that my story is part of the larger American story, that I owe a debt to all of those who came before me, and that, in no other country on earth, is my story even possible.

Tonight, we gather to affirm the greatness of our Nation, not because of the height of our skyscrapers, or the power of our military, or the size of our economy. Our pride is based on a very simple premise, summed up in a declaration made over two hundred years ago: We hold these truths to be self-evident, that all men are created equal, that they are endowed by their Creator with certain inalienable rights, that among these are Life, Liberty and the pursuit of Happiness.

That is the true genius of America, a faith in simple dreams, an insistence on small miracles; that we can tuck in our children at night and know that they are fed and clothed and safe from harm; that we can say what we think, write what we think, without hearing a sudden knock on the door; that we can have an idea and start our own business without paying a bribe; that we can participate in the political process without fear of retribution, and that our votes will be counted—at least most of the time.

This year, in this election we are called to reaffirm our values and our commitments, to hold them against a hard reality and see how we're measuring up to the legacy of our forbearers and the promise of future generations. And fellow Americans—Democrats, Republicans, Independents—I say to you tonight: We have more work to do. More work to do for the workers I met in Galesburg, Illinois, who are losing their union jobs at the Maytag plant that's moving to Mexico, and now are having to compete with their own children for jobs that pay seven bucks an hour; more to do for the father that I met who was losing his job and choking back the tears, wondering how he would pay 4,500 dollars a month for the drugs his son needs without the health benefits that he counted on; more to do for the young woman in East St. Louis, and thousands more like her, who has the grades, has the drive, has the will, but doesn't have the money to go to college.

Now, don't get me wrong. The people I meet in small towns and big cities, in diners and office parks, they don't expect government to solve all their problems. They know they have to work hard to get ahead, and they want to. Go into the collar counties around Chicago, and people will tell you they don' t want their tax money wasted, by a welfare agency or by the Pentagon. Go into any inner city neighborhood, and folks will tell you that government alone can' t teach our kids to learn; they know that parents have to teach, that children can' t achieve unless we raise their expectations and turn off the television sets and eradicate the slander that says a black youth with a book is acting white. They know those things. People don' t expect government to solve all their problems. But they sense, deep in their bones, that with just a slight change in priorities, we can make sure that every child in America has a decent shot at life, and that the doors of opportunity remain open to all. They know we can do better. And they want that choice.

In this election, we offer that choice. Our Party has chosen a man to lead us who embodies the best this country has to offer. And that man is John Kerry. John Kerry understands the ideals of community, faith, and service because they' ve defined his life. From his heroic service to Vietnam, to his years as a prosecutor and lieutenant governor, through two decades in the United States Senate, he' s devoted himself to this country. Again and again, we' ve seen him make tough choices when easier ones were available. His values and his record affirm what is best in us.

John Kerry believes in an America where hard work is rewarded; so instead of offering tax breaks to companies shipping jobs overseas, he offers them to companies creating jobs here at home.

John Kerry believes in an America where all Americans can afford the same health coverage our politicians in Washington have for themselves. John Kerry believes in energy independence, so we aren' t held hostage to the profits of oil companies, or the sabotage of foreign oil fields. John Kerry believes in the Constitutional freedoms that have made our country the envy of the world, and he will never sacrifice our basic liberties, nor use faith as a wedge to divide us. And John Kerry believes that in a dangerous world war must be an option sometimes, but it should never be the first option.

A while back, I met a young man named Shamus in a V.F.W. Hall in East Moline, Illinois. He was a good-looking kid six-two, six-three, clear-eyed, with an easy smile. He told me he' d joined the Marines and was heading to Iraq the following week. And as I listened to him explain why he' d enlisted, the absolute faith he had in our country and its leaders, his devotion to duty and service, I thought this young man was all that any of us might ever hope for in a child. But then I asked myself, "Are we serving Shamus as well as he is serving us?" I thought of the 900 men and women sons and daughters, husbands and wives, friends and neighbors, who won' t be returning to their own hometowns. I thought of the families I' ve met who were struggling to get by without a loved one' s full income, or whose loved ones had returned with a limb missing or nerves shattered, but still lacked long-term health benefits because they were Reservists. When we send our young men and women into harm' s way, we have a solemn obligation not to fudge the numbers or shade the truth about why they' re going, to care for their families while they' re gone, to tend to the soldiers upon their return, and to never ever go to war without enough troops to win the war, secure the peace, and earn the respect of the world.

Now, let me be clear. Let me be clear. We have real enemies in the world. These enemies must be found. They must be pursued. And they must be defeated. John Kerry knows this. And just as Lieutenant Kerry did not hesitate to risk his life to protect the men who served with him in Vietnam, President Kerry will not hesitate one moment to use our military might to keep America safe and secure. John Kerry believes in America. And he knows that it' s not enough for just some of us to prosper for alongside our famous individualism, there' s another ingredient in the American saga.

A belief that we' re all connected as one people. If there is a child on the south side of Chicago who can' t read, that matters to me, even if it' s not my child. If there is a senior citizen somewhere who can' t pay for their prescription drugs, and having to choose between medicine and the rent, that makes my life poorer, even if it' s not my grandparent. If there' s an Arab American family being rounded up without benefit of an attorney or due process, that threatens my civil liberties. It is that fundamental belief—I am my brother' s keeper. I am my sister' s keeper—that makes this country work. It' s what allows us to pursue our individual dreams and yet still come together as one American family. "E pluribus unum." Out of many, one.

Now even as we speak, there are those who are preparing to divide us, the spin masters, the negative ad peddlers who embrace the politics of "anything goes." Well, I say to them tonight, there is not a liberal America and a conservative America—there is the United States of America. There is not a Black America and a White America and Latino America and Asian America; there' s the United States of America. The pundits, the pundits like to slice-and-dice our country into Red States and Blue States; Red States for Republicans, Blue States for Democrats. But I' ve got news for them, too. We worship an "awesome God" in the Blue States, and we don' t like federal agents poking around in our libraries in the Red States. We coach Little League in the Blue States and yes, we' ve got some gay friends in the Red States. There are patriots who opposed the war in Iraq and there are patriots who supported the war in Iraq. We are one people, all of us pledging allegiance to the stars and stripes, all of us defending the United States of America.

In the end, that' s what this election is about. Do we participate in a politics of cynicism or do we participate in a politics of hope? John Kerry calls on us to hope. John Edwards calls on us to hope. I' m not talking about blind optimism here—the almost willful ignorance that thinks unemployment will go away if we just don' t think about it, or the health care crisis will solve itself if we just ignore it. That' s not what I' m talking about. I' m talking about something more substantial. It' s the hope of slaves sitting around a fire singing freedom songs; the hope of immigrants setting out for distant shores; the hope of a young naval lieutenant bravely patrolling the Mekong Delta; the hope of a millworker' s son who dares to defy the odds; the hope of a skinny kid with a funny name who believes that America has a place for him, too. Hope in the face of difficulty. Hope in the face of uncertainty. The audacity of hope!

In the end, that is God' s greatest gift to us, the bedrock of this nation. A belief in things not seen. A belief that there are better days ahead. I believe that we can give our middle class relief and provide working families with a road to opportunity. I believe we can provide jobs to the jobless, homes to the homeless, and reclaim young people in cities across America from violence and despair. I believe that we have a righteous wind at our backs and that as we stand on the crossroads of history, we can make the right choices, and meet the challenges that face us. America! Tonight.

If you feel the same energy that I do, if you feel the same urgency that I do, if you feel the same passion that I do, if you feel the same hopefulness that I do—if we do what we must do, then I have no doubt that all across the country, from Florida to Oregon, from Washington to Maine, the people will rise up in November, and John Kerry will be sworn in as President, and John Edwards will be sworn in as Vice President, and this country will reclaim its promise, and out of this long political darkness a brighter day will come.

Thank you very much everybody. God bless you. Thank you.

Barack Obama' s 2008 Acceptance Speech

http://kr.youtube.com/watch?v=vZCrleRkMhA

Thank you!

Thank you, everybody.

To Chairman Dean and my great friend Dick Durbin, and to all my fellow citizens of this great nation, with profound gratitude and great humility, I accept your nomination for presidency of the United States.

Let me express express my thanks to the historic slate of candidates who accompanied me on this journey, and especially the one who traveled the farthest, a champion for working Americans and an inspiration to my daughters and to yours, Hillary Rodham Clinton.

To President Clinton, to President Bill Clinton, who made last night the case for change as only he can make it. To Ted Kennedy, who embodies the spirit of service. And to the next vice president of the United States, Joe Biden, I thank you.

I am grateful to finish this journey with one of the finest statesmen of our time, a man at ease with everyone from world leaders to the conductors on the Amtrak train he still takes home every night.

To the love of my life, our next first lady, Michelle Obama. And to Malia and Sasha, I love you so much, and I am so proud of you.

Four years ago, I stood before you and told you my story, of the brief union between a young man from Kenya and a young woman from Kansas who weren' t well off or well known, but shared a belief that in America their son could achieve whatever he put his mind to.

It is that promise that' s always set this country apart, that through hard work and sacrifice each of us can pursue our individual dreams, but still come together as one American family, to ensure that the next generation can pursue their dreams, as well. That' s why I stand here tonight. Because for 232 years, at each moment when that promise was in jeopardy, ordinary men and women—students and soldiers, farmers and teachers, nurses and janitors—found the courage to keep it alive.

We meet at one of those defining moments, a moment when our nation is at war, our economy is in turmoil, and the American promise has been threatened once more.

Tonight, more Americans are out of work and more are working harder for less. More of you have lost your homes and even more are watching your home values plummet. More of you have cars you can' t afford to drive, credit cards, bills you can' t afford to pay, and tuition that' s beyond your reach.

These challenges are not all of government' s making. But the failure to respond is a direct result of a broken politics in Washington and the failed policies of George W. Bush.

America, we are better than these last eight years. We are a better country than this.

This country is more decent than one where a woman in Ohio, on the brink of retirement, finds herself one illness away from disaster after a lifetime of hard work. We' re a better country than one where a man in Indiana has to pack up the equipment that he' s worked on for 20 years and watch as it' s shipped off to China, and then chokes up as he explains how he felt like a failure when he went home to tell his family the news.

We are more compassionate than a government that lets veterans sleep on our streets and families slide into poverty ... that sits on its hands while a major American city drowns before our eyes.

Tonight, tonight, I say to the people of America, to Democrats and Republicans and independents across this great land: Enough. This moment—this election is our chance to keep, in the 21st century, the American promise alive.

Because next week, in Minnesota, the same party that brought you two terms of George Bush and Dick Cheney will ask this country for a third.

And we are here—we are here because we love this country too much to let the next four years look just like the last eight.

On November 4th, we must stand up and say: Eight is enough.

Now, now, let there be no doubt. The Republican nominee, John McCain, has worn the uniform of our country with bravery and distinction, and for that we owe him our gratitude and our respect.

And next week, we' ll also hear about those occasions when he' s broken with his party as evidence that he can deliver the change that we need. But the record' s clear: John McCain has voted with George Bush 90 percent of the time. Senator McCain likes to talk about judgment, but, really, what does it say about your judgment when you think George Bush has been right more than 90 percent of the time? I don' t know about you, but I am not ready to take a 10 percent chance on change.

The truth is, on issue after issue that would make a difference in your lives—on health care, and education, and the economy—Senator McCain has been anything but independent.

He said that our economy has made great progress under this president. He said that the fundamentals of the economy are strong. And when one of his chief advisers, the man who wrote his economic plan, was talking about the anxieties that Americans are feeling, he said that we were just suffering from a mental recession and that we' ve become, and I quote, "a nation of whiners."

A nation of whiners? Tell that to the proud auto workers at a Michigan plant who, after they found out it was closing, kept showing up every day and working as hard as ever, because they knew there were people who counted on the brakes that they made. Tell that to the military families who shoulder their burdens silently as they watch their loved ones leave for their third, or fourth, or fifth tour of duty. These are not whiners. They work hard, and they give back, and they keep going without complaint. These are the Americans I know.

Now, I don' t believe that Senator McCain doesn' t care what' s going on in the lives of Americans; I just think he doesn' t know.

Why else would he define middle-class as someone making under $5 million a year? How else could he propose hundreds of billions in tax breaks for big corporations and oil companies, but not one penny of tax relief to more than 100 million Americans? How else could he offer a health care plan that would actually tax people' s benefits, or an education plan that would do nothing to help families pay for college, or a plan that would privatize Social Security and gamble your retirement?

It' s not because John McCain doesn' t care; it' s because John McCain doesn' t get it.

For over two decades, he' s subscribed to that old, discredited Republican philosophy: Give more and more to those with the most and hope that prosperity trickles down to everyone else.

In Washington, they call this the "Ownership Society," but what it really means is that you' re on your own. Out of work? Tough luck, you' re on your own. No health care? The market will fix it. You' re on your own. Born into poverty? Pull yourself up by your own bootstraps, even if you don' t have boots. You are on your own.

Well, it' s time for them to own their failure. It' s time for us to change America. And that' s why I' m running for president of the United States.

You see, we Democrats have a very different measure of what constitutes progress in this country. We measure progress by how many people can find a job that pays the mortgage, whether you can put a little extra money away at the end of each month so you can someday watch your child receive her college diploma. We measure progress in the 23 million new jobs that were created when Bill Clinton was president ... when the average American family saw its income go up $7,500 instead of go down $2,000, like it has under George Bush.

We measure the strength of our economy not by the number of billionaires we have or the profits of the Fortune 500, but by whether someone with a good idea can take a risk and start a new business, or whether the waitress who lives on tips can take a day off and look after a sick kid without losing her job, an economy that honors the dignity of work.

The fundamentals we use to measure economic strength are whether we are living up to that fundamental promise that has made this country great, a promise that is the only reason I am standing here tonight.

Because, in the faces of those young veterans who come back from Iraq and Afghanistan, I see my grandfather, who signed up after Pearl Harbor, marched in Patton' s army, and was rewarded by a grateful nation with the chance to go to college on the G.I. Bill.

In the face of that young student, who sleeps just three hours before working the night shift, I think about my mom, who raised my sister and me on her own while she worked and earned her degree, who once turned to food stamps, but was still able to send us to the best schools in the country with the help of student loans and scholarships.

When I listen to another worker tell me that his factory has shut down, I remember all those men and women on the South Side of Chicago who I stood by and fought for two decades ago after the local steel plant closed.

And when I hear a woman talk about the difficulties of starting her own business or making her way in the world, I think about my grandmother, who worked her way up from the secretarial pool to middle management, despite years of being passed over for promotions because she was a woman.

She' s the one who taught me about hard work. She' s the one who put off buying a new car or a new dress for herself so that I could have a better life. She poured everything she had into me. And although she can no longer travel, I know that she' s watching tonight and that tonight is her night, as well.

Now, I don' t know what kind of lives John McCain thinks that celebrities lead, but this has been mine.

These are my heroes; theirs are the stories that shaped my life. And it is on behalf of them that I intend to win this election and keep our promise alive as president of the United States.

What is that American promise? It' s a promise that says each of us has the freedom to make of our own lives what we will, but that we also have obligations to treat each other with dignity and respect.

It' s a promise that says the market should reward drive and innovation and generate growth, but that businesses should live up to their responsibilities to create American jobs, to look out for American workers, and play by the rules of the road.

Ours is a promise that says government cannot solve all our problems, but what it should do is that which we cannot do for ourselves: protect us from harm and provide every child a decent education; keep our water clean and our toys safe; invest in new schools, and new roads, and science, and technology.

Our government should work for us, not against us. It should help us, not hurt us. It should ensure opportunity not just for those with the most money and influence, but for every American who' s willing to work.

That' s the promise of America, the idea that we are responsible for ourselves, but that we also rise or fall as one nation, the fundamental belief that I am my brother' s keeper, I am my sister' s keeper.

That' s the promise we need to keep. That' s the change we need right now.

So let me spell out exactly what that change would mean if I am president.

Change means a tax code that doesn' t reward the lobbyists who wrote it, but the American workers and small businesses who deserve it. You know, unlike John McCain, I will stop giving tax breaks to companies that ship jobs overseas, and I will start giving them to companies that create good jobs right here in America. I' ll eliminate capital gains taxes for the small businesses and start-ups that will create the high-wage, high-tech jobs of tomorrow. I will—listen now—I will cut taxes—cut taxes—for 95 percent of all working families, because, in an economy like this, the last thing we should do is raise taxes on the middle class. And for the sake of our economy, our security, and the future of our planet, I will set a clear goal as president: In 10 years, we will finally end our dependence on oil from the Middle East.

We will do this. Washington—Washington has been talking about our oil addiction for the last 30 years. And, by the way, John McCain has been there for 26 of them. And in that time, he has said no to higher fuel-efficiency standards for cars, no to investments in renewable energy, no to renewable fuels. And today, we import triple the amount of oil than we had on the day that Senator McCain took office.

Now is the time to end this addiction and to understand that drilling is a stop-gap measure, not a long-term solution, not even close. As president, as president, I will tap our natural gas reserves, invest in clean coal technology, and find ways to safely harness nuclear power. I' ll help our auto companies re-tool, so that the fuel-efficient cars of the future are built right here in America.

I' ll make it easier for the American people to afford these new cars. And I' ll invest $150 billion over the next decade in affordable, renewable sources of energy—wind power, and solar power (OTCBB:SOPW) , and the next generation of biofuels—an investment that will lead to new industries and 5 million new jobs that pay well and can' t be outsourced.

America, now is not the time for small plans. Now is the time to finally meet our moral obligation to provide every child a world-class education, because it will take nothing less to compete in the global economy. You know, Michelle and I are only here tonight because we were given a chance at an education. And I will not settle for an America where some kids don' t have that chance.

I' ll invest in early childhood education. I' ll recruit an army of new teachers, and pay them higher salaries, and give them more support. And in exchange, I' ll ask for higher standards and more accountability. And we will keep our promise to every young American: If you commit to serving your community or our country, we will make sure you can afford a college education.

Now—now is the time to finally keep the promise of affordable, accessible health care for every single American.

If you have health care, if you have health care, my plan will lower your premiums. If you don' t, you' ll be able to get the same kind of coverage that members of Congress give themselves.

And—and as someone who watched my mother argue with insurance companies while she lay in bed dying of cancer, I will make certain those companies stop discriminating against those who are sick and need care the most.

Now is the time to help families with paid sick days and better family leave, because nobody in America should have to choose between keeping their job and caring for a sick child or an ailing parent.

Now is the time to change our bankruptcy laws, so that your pensions are protected ahead of CEO bonuses, and the time to protect Social Security for future generations.

And now is the time to keep the promise of equal pay for an equal day' s work, because I want my daughters to have the exact same opportunities as your sons.

Now, many of these plans will cost money, which is why I' ve laid out how I' ll pay for every dime: by closing corporate loopholes and tax havens that don' t help America grow. But I will also go through the federal budget line by line, eliminating programs that no longer work and making the ones we do need work better and cost less, because we cannot meet 21st-century challenges with a 20th-century bureaucracy.

And, Democrats, Democrats, we must also admit that fulfilling America' s promise will require more than just money. It will require a renewed sense of responsibility from each of us to recover what John F. Kennedy called our intellectual and moral strength.

Yes, government must lead on energy independence, but each of us must do our part to make our homes and businesses more efficient.

Yes, we must provide more ladders to success for young men who fall into lives of crime and despair. But we must also admit that programs alone can' t replace parents, that government can' t turn off the television and make a child do her homework, that fathers must take more responsibility to provide love and guidance to their children.

Individual responsibility and mutual responsibility, that' s the essence of America' s promise. And just as we keep our promise to the next generation here at home, so must we keep America' s promise abroad.

If John McCain wants to have a debate about who has the temperament and judgment to serve as the next commander-in-chief, that' s a debate I' m ready to have.

For while Senator McCain was turning his sights to Iraq just days after 9/11, I stood up and opposed this war, knowing that it would distract us from the real threats that we face.

When John McCain said we could just muddle through in Afghanistan, I argued for more resources and more troops to finish the fight against the terrorists who actually attacked us on 911, and made clear that we must take out Osama bin Laden and his lieutenants if we have them in our sights. You know, John McCain likes to say that he' ll follow bin Laden to the gates of Hell, but he won' t even follow him to the cave where he lives.

And today, today, as my call for a timeframe to remove our troops from Iraq has been echoed by the Iraqi government and even the Bush administration, even after we learned that Iraq has $79 billion in surplus while we are wallowing in deficit, John McCain stands alone in his stubborn refusal to end a misguided war.

That' s not the judgment we need; that won' t keep America safe. We need a president who can face the threats of the future, not keep grasping at the ideas of the past.

You don' t defeat a terrorist network that operates in 80 countries by occupying Iraq. You don' t protect Israel and deter Iran just by talking tough in Washington. You can' t truly stand up for Georgia when you' ve strained our oldest alliances.

If John McCain wants to follow George Bush with more tough talk and bad strategy, that is his choice, but that is not the change that America needs.

We are the party of Roosevelt. We are the party of Kennedy. So don' t tell me that Democrats won' t defend this country. Don' t tell me that Democrats won' t keep us safe.

The Bush-McCain foreign policy has squandered the legacy that generations of Americans, Democrats and Republicans, have built, and we are here to restore that legacy.

As commander-in-chief, I will never hesitate to defend this nation, but I will only send our troops into harm' s way with a clear mission and a sacred commitment to give them the equipment they need in battle and the care and benefits they deserve when they come home.

I will end this war in Iraq responsibly and finish the fight against Al Qaida and the Taliban in Afghanistan. I will rebuild our military to meet future conflicts, but I will also renew the tough, direct diplomacy that can prevent Iran from obtaining nuclear weapons and curb Russian aggression.

I will build new partnerships to defeat the threats of the 21st century: terrorism and nuclear proliferation, poverty and genocide, climate change and disease.

And I will restore our moral standing so that America is once again that last, best hope for all who are called to the cause of freedom, who long for lives of peace, and who yearn for a better future.

These are the policies I will pursue. And in the weeks ahead, I look forward to debating them with John McCain.

But what I will not do is suggest that the senator takes his positions for political purposes, because one of the things that we have to change in our politics is the idea that people cannot disagree without challenging each other' s character and each other' s patriotism.

The times are too serious, the stakes are too high for this same partisan playbook. So let us agree that patriotism has no party. I love this country, and so do you, and so does John McCain.

The men and women who serve in our battlefields may be Democrats and Republicans and independents, but they have fought together, and bled together, and some died together under the same proud flag. They have not served a red America or a blue America; they have served the United States of America.

So I' ve got news for you, John McCain: We all put our country first.

America, our work will not be easy. The challenges we face require tough choices. And Democrats, as well as Republicans, will need to cast off the worn-out ideas and politics of the past, for part of what has been lost these past eight years can' t just be measured by lost wages or bigger trade deficits. What has also been lost is our sense of common purpose, and that' s what we have to restore.

We may not agree on abortion, but surely we can agree on reducing the number of unwanted pregnancies in this country.

The reality of gun ownership may be different for hunters in rural Ohio than they are for those plagued by gang violence in Cleveland, but don' t tell me we can' t uphold the Second Amendment while keeping AK-47s out of the hands of criminals.

I know there are differences on same-sex marriage, but surely we can agree that our gay and lesbian brothers and sisters deserve to visit the person they love in a hospital and to live lives free of discrimination.

You know, passions may fly on immigration, but I don' t know anyone who benefits when a mother is separated from her infant child or an employer undercuts American wages by hiring illegal workers.

But this, too, is part of America' s promise, the promise of a democracy where we can find the strength and grace to bridge divides and unite in common effort.

I know there are those who dismiss such beliefs as happy talk. They claim that our insistence on something larger, something firmer, and more honest in our public life is just a Trojan horse for higher taxes and the abandonment of traditional values. And that' s to be expected, because if you don' t have any fresh ideas, then you use stale tactics to scare voters.

If you don' t have a record to run on, then you paint your opponent as someone people should run from. You make a big election about small things. And you know what? It' s worked before, because it feeds into the cynicism we all have about government. When Washington doesn' t work, all its promises seem empty. If your hopes have been dashed again and again, then it' s best to stop hoping and settle for what you already know.

I get it. I realize that I am not the likeliest candidate for this office. I don' t fit the typical pedigree, and I haven' t spent my career in the halls of Washington. But I stand before you tonight because all across America something is stirring. What the naysayers don' t understand is that this election has never been about me; it' s about you.

It' s about you.

For 18 long months, you have stood up, one by one, and said, "Enough," to the politics of the past. You understand that, in this election, the greatest risk we can take is to try the same, old politics with the same, old players and expect a different result.

You have shown what history teaches us, that at defining moments like this one, the change we need doesn' t come from Washington. Change comes to Washington.

Change happens—change happens because the American people demand it, because they rise up and insist on new ideas and new leadership, a new politics for a new time.

America, this is one of those moments.

I believe that, as hard as it will be, the change we need is coming, because I' ve seen it, because I' ve lived it.

Because I' ve seen it in Illinois, when we provided health care to more children and moved more families from welfare to work. I' ve seen it in Washington, where we worked across party lines to open up government and hold lobbyists more accountable, to give better care for our veterans, and keep nuclear weapons out of the hands of terrorists. And I' ve seen it in this campaign, in the young people who voted for the first time and the young at heart, those who got involved again after a very long time; in the Republicans who never thought they' d pick up a Democratic ballot, but did.

I' ve seen it—I' ve seen it in the workers who would rather cut their hours back a day, even though they can' t afford it, than see their friends lose their jobs; in the soldiers who re-enlist after losing a limb; in the good neighbors who take a stranger in when a hurricane strikes and the floodwaters rise.

You know, this country of ours has more wealth than any nation, but that' s not what makes us rich. We have the most powerful military on Earth, but that' s not what makes us strong. Our universities and our culture are the envy of the world, but that' s not what keeps the world coming to our shores.

Instead, it is that American spirit, that American promise, that pushes us forward even when the path is uncertain; that binds us together in spite of our differences; that makes us fix our eye not on what is seen, but what is unseen, that better place around the bend.

That promise is our greatest inheritance. It' s a promise I make to my daughters when I tuck them in at night and a promise that you make to yours, a promise that has led immigrants to cross oceans and pioneers to travel west, a promise that led workers to picket lines and women to reach for the ballot.

And it is that promise that, 45 years ago today, brought Americans from every corner of this land to stand together on a Mall in Washington, before Lincoln' s Memorial, and hear a young preacher from Georgia speak of his dream.

The men and women who gathered there could' ve heard many things. They could' ve heard words of anger and discord. They could' ve been told to succumb to the fear and frustrations of so many dreams deferred.

But what the people heard instead—people of every creed and color, from every walk of life—is that, in America, our destiny is inextricably linked, that together our dreams can be one.

"We cannot walk alone," the preacher cried. "And as we walk, we must make the pledge that we shall always march ahead. We cannot turn back."

America, we cannot turn back... Not with so much work to be done; not with so many children to educate, and so many veterans to care for; not with an economy to fix, and cities to rebuild, and farms to save; not with so many families to protect and so many lives to mend.

America, we cannot turn back. We cannot walk alone.

At this moment, in this election, we must pledge once more to march into the future. Let us keep that promise, that American promise, and in the words of scripture hold firmly, without wavering, to the hope that we confess.

Thank you. God bless you. And God bless the United States of America.

감사의 말

남 아프리카에서 연구를 진행하는 동안 넬슨 만델라, 데스몬드 투투 대주교, 고인이 되신 월터 시술루와 고반 음베키 등 여러 분의 남 아프리카 지도자들을 만날 수 있었다. 그들이 보여준 모범과 그들과의 교류에서 얻은 가르침은 그 후 내가 리더십 개발 연구에서 얻은 결과물들을 후진들에게 가르칠 때 큰 도움이 되었다. 그들이 추구하는 새로운 세계에 대한 비전을 공유할 수 있었던 것은 나에게는 큰 영광이었다. 그들의 이상은 내가 성장하면서 배웠던 마틴 루터 킹 목사의 이상과 닮은 점이 많다. 나는 10대 초반이던 그 당시 코레타 스콧 킹 여사를 만나는 영광을 누렸다. 그분은 내 원고를 읽고 작가로서 싹이 보인다는 격려를 해 주셨다. 미국과 해외에서 나는 세계의 위대한 지도자들이, 킹 목사의 말과 같이 사람들이 "피부색이 아니라 그들의 품성으로" 판단되는 세계를 추구한다는 같은 목표를 가지고 있는 것을 직접 목격하였다. 이러한 배경을 생각해 볼 때, 버락 오바마 상원의원을 현시대 최고의 지도자이자 소통자라는 지금의 자리에 있게 만든 요소들을 분석하는 이 책을 내가 쓰게 된 것은 행운이 아닐 수 없다. 인종을 초월하여 통합을 이야기하고 있는 오바마는 여러 면에서 전대의 영향력 있는 지도자들이 그려 왔던 지도자의 표상이다.

이 자리를 빌어 지난 몇 년 간 크고 작은 도움을 주신 많은 분들께 감사드린다. 내 삶의 빛인 아들 조슈아에게 고마움을 전한다. 나의 부모님, 바바라 가이거 여사와 고 데이비드 가이거 박사와 내 자매들과 그들의 배우자들, 스태샤 가이거-알스톤과 토마스 알스톤, 데이비드 가이거 주니어와 킴 가이거, 그리고 샌드라 가이거에게 특별한 감사를 드린다. 자상하신 마음으로 사랑과 지원을 아끼지 않으신 크리스틴 베이커와 밀드레드 가이거 고모님께도 감사한다. 최근 삶의 시련으로 힘들었던 동안 변함없는 사랑을 보여준 내 친구와 가족들, 테드 스몰, 오드리 그로스-스트래트포드, 이본 창, 루비 루 홀로웨이, 레지날드 브라운, 제인 태너, 데이비드 화이트, 수잔 와타나베와 줄리 테일러 바즈에게도 감사드린다.

삼촌, 외삼촌, 고모, 이모들, 윌리엄 가이거, 앤 루이스, 에드워드 가이거 1세, 조이스와 조 몬트거메리, 토마스와 유니스 홀로웨이, 셀마 가이거와 그 가족, 샌드라와 샘 쿡, 앤드루 가이거와 그 가족, 조니 스콧과 그 가족, 그리고 제랄딘 로비와 그 가족께도 진심 어린 고마움을 전한다. 나의 자랑스런 사촌들, 부치와 토냐 가이거, 데렉 가이거, 마티 가이거, 알파 래번, 냇과 베리타 홀로웨이, 팩과 키시 홀로웨이, 캐롤린 홀로웨이, 셀마 가이거와 그 가족, 재키 콜먼, 욜란다 스티븐스와 그 가족, 루완다 갠디와 그 가족, 안드레아 몽고메리와 그 가족, 그리고 애틀란타 전역의 가이거 가족들에게도 감사드린다.

아낌없는 지지를 보내 준 마거리타 로드리게즈와 신시아 헤인즈에게 감사의 인사를 드린다. 격려의 말씀을 해준 오초로 오투누에게도 감사드린다. 내 친구 헬렌-클레어 시버즈, 바이런 오거스트와 에밀리 블룸필드, 고인이 된 우르슐라 귀드리와 그 가족, 로리 클라우스, 퀘쿠 암피아, 폴 루다치키라, 로렐리 도지, 안드레아

치프먼, 줄리 캐터슨, 헬렌 메컬러스 수녀님, 캐롤린 크레이머, 그리고 에이프릴 프리쳇에도 특별한 고마움을 전한다. 그간 내게 마음의 양식을 채워 주신 H. 비처 힉스 목사님, 놀란 윌리엄스 목사님, 레이먼드 웹 목사님과 재닛 여사 내외분께도 심심한 감사를 드린다. 어바인 장로교회 목사님과 신도들께도 감사를 드린다.

하버드대와 옥스포드대에서 같이 일했던 동료들과 비영리 교육재단인 월드워치에서 같이 근무하는 동료들에게도 사의를 표한다. 서부 케냐의 시골에 사는 루오족 와냥구 가족에도 감사드린다. 케냐 시골의 자택으로 나를 초대해 한 가족으로 대해 주고 여러 가지 정보를 제공한 데 대한 고마움은 말로 다 표현할 길이 없다. 내가 남아프리카공화국 크로스로즈를 배경으로 한 근간 에이즈 관련 저술을 집필할 때 같이 작업했던 사람들에게도 마음에서 우러난 고마움을 전한다. 삶과 일에서 빛나는 모범을 보여 주신 '뷰티풀 게이트' 의 토비와 아우케 브루어, 희망찬 미래에 대한 신념으로 내게 용기를 불어넣어 주신 '뷰티풀 게이트' 의 카야 디안티, 항상 넘치는 열정으로 나에게 세계에 긍정적 변화를 일으킬 수 있다는 꿈을 심어 주신 '에이즈에 감염된 아이들' 의 레슬리 스자보 박사가 그분들이다. 내가 함께 일했던 수많은 의사들, HIV 봉사단체 지도자들, 고아원장들과 자원봉사자들께도 감사드린다. 그분들은 내 삶을 풍요하게 만들어 주신 소중한 분들이다. 아무쪼록 나의 저술과 리더십 개발 연구가 여러분들의 삶에도 그분들만큼 좋은 영향을 미칠 수 있길 바란다.

마지막으로 성심 성의껏 지도해주신 메리 글렌과 귀중한 조언을 해주신 앨리스 펙에게 크나큰 감사를 보낸다. 피터 매커디와 태니아 로마니의 든든한 지지에 대해서도 감사를 드리는 바이다.